山西古村镇系列丛书

薛林平　石　玉　著

中国建筑工业出版社

图书在版编目(CIP)数据

皇城古村／山西省住房和城乡建设厅组织编写.
-北京：中国建筑工业出版社，2017.6
（山西古村镇系列丛书）
ISBN 978-7-112-20674-2

Ⅰ.①皇… Ⅱ.①山… Ⅲ.①乡镇-古建筑-介绍-晋城 Ⅳ.①K928.71

中国版本图书馆CIP数据核字（2017）第079407号

责任编辑：费海玲　张幼平
责任校对：李欣慰　焦　乐

山西古村镇系列丛书
山西省住房和城乡建设厅组织编写
皇城古村
薛林平　石　玉　著

*

中国建筑工业出版社出版、发行（北京海淀三里河路9号）
各地新华书店、建筑书店经销
北京方舟正佳图文设计有限公司制版
北京中科印刷有限公司印刷

*

开本：787×960毫米　1/16　印张：15¾　字数：295千字
2017年10月第一版　2017年10月第一次印刷
定价：58.00元
ISBN 978-7-112-20674-2
(30333)

《山西古村镇系列丛书》

《皇城古村》

著　者： 薛林平　石　玉

丛书总序

我曾多次到过山西，这里丰富的历史遗存和深厚的人文底蕴，令人赞叹，给人的印象非常深刻。山西省建设厅张海同志请我为《山西古村镇系列丛书》作个序，在这里我就历史文化遗产和古村镇保护等有关问题谈一些粗浅的想法。

国际经济社会发展的经验证明，一个国家城镇化水平达到30%以后，城镇化进程不断加快，随之出现城市建设的高潮；人均生产总值达到1000～3000美元时，进入经济发展的黄金期，也是多种矛盾的爆发期，这个时期不仅可能引发各种社会矛盾，还会出现许多问题。我国城镇化水平2003年就已经超过了40%，人均生产总值2006年已经超过了2000美元，国民经济快速发展，城镇化进程不断加速；在城市建设日新月异的发展中，中央又审时度势提出了“两个趋势”的科学判断，作出了加强小城镇和新农村建设的决策。过去，我国城市的大批建筑遗存，正是在大搞城市建设中遭到毁灭性破坏。现在，我国农村许多建筑遗产，能否在小城镇和新农村建设中有效保护，正面临着严峻考验。处理好小城镇和新农村建设与古村镇保护的关系，保护祖先留下的非常宝贵、不可再生的文化遗产，是历史赋予我们义不容辞的责任。

对于建筑历史文化遗产的保护，人们的观念不断创新、思路逐步调整、方法正在改进，从注重官府建筑、宗教建筑的保护，向关注平民建筑保护的转变；从注重单体建筑的保护，向关注连同建筑周边环境保护的转变；尤其是近年来，特别关注古村镇的保护。因为，古村镇是区域文化的“细胞”，是一个各种历史文化的综合载体，不仅拥有表现地域、历史和民族风情的民居建筑、街区格局、历史环境、传统风貌等物质文化遗产，还附着居住者的衣食起居、劳动生产、宗教礼仪、民间艺术等非物质文化遗产。我国现存有大量的古村镇，其历史文化价值和社会经济价值都是巨大的，按照英格兰的统计方法，古村镇的价值应占到GDP的30%以上。然而，认识到这一点的人并不多，甚至有人认为古村镇、古建筑是社会发展的绊脚石，这种观点对于文化的传承和社会的进步都是极为不利的。在快速推进的城乡建设浪潮中，我们所面临的最大问题就是，大批历史古迹被毁坏，大批古村镇被过度改造，使中华民族的历史文化遗产严重损坏。在这个时候提出古村镇的保护，实际上是一项带有抢救性的工作。

2008年1月1日开始实施的《城乡规划法》，突出强调了保护历史文化遗产的重要性；2008年4月又颁布了《历史文化名城名镇名村保护条例》。历史文化名城保护工作已开展近30年，历史文化名镇名村保护工作也已启动，现在大家基本达成共识，保护有价值的古村镇，其实就是“保护文化遗产，弘扬优秀的传统文化……保持民族性，体现时代性”。但是，当前全国历史文化村镇保护的形势仍然不容乐观，保护工作极不平衡，一些地方还未认识到整体保护历史文化村镇的重要性，忽视了周边环境风貌和尚未列入文物保护单位的优秀民居的保护，制定和完善保护历史文化村镇规划的任务还十分艰巨；一些地区片面追求经济效益，对历史文化村镇进行无限度、无规划的盲目开发；一些地方擅自改变国有文物保护单位的管理体制，交给企业经营管理。

作为华夏文明的发祥地之一，山西有着丰厚的文化积淀和历史遗存，不仅有数量众多的古建筑，还保存有大量的古村镇。由于山西历史悠久、民族聚居、文化融合、地形差异等多因素影响，再加之较为发达的古代经济，建造了大量反映农耕文明时代、各具特色的古村镇。这些古村镇，一是分布在山西中部汾河流域，以平遥古城为中心，以晋商经济为支撑，体现晋商文化特色；二是分布在晋城境内沁河流域，以阳城县的皇城、润城为中心，以冶炼工业及商贸流通为支撑，体现晋东南文化特色；三是分布在吕梁山区黄河沿岸，以临县碛口古镇为中心，以古代商贸流通、商品集散为支撑，体现晋西北黄土高原文化；四是沿山西省内外长城，在重要边关隘口，以留存了防御性村堡，体现边塞风情和边关文化，在山西统称为“三河一关”古村镇。这些朴实生动和极富文化内涵的古村镇，是人类生存聚落的延续，是中国传统建筑的精髓；保存有完整的古街区、大量的古建筑，体现着先人在村镇选址、街区规划、院落布局、建筑构造、装饰技巧等方面的高超水平；真实地反映了农耕文明时代的乡村经济和社会生活，凝聚了劳动人民的智慧，沉淀了中华民族的优秀文化，传承了丰富的历史信息；具有浓郁的地方特色和很高的研究价值，是人类共同的文化遗产和宝贵财富。

山西省建设厅一直对古村镇及其文化遗产的保护非常重视，从2005年开始，对全省的古村镇进行了系统普查，根据普查的初步成果，编辑出版了《山西古村镇》一书；同年，主办了“中国古村镇保护与发展碛口国际研讨会”，并通过了《碛口宣言》。报请省政府下发了《关于历史文化名镇名村保护工作的意见》，并分两批公布了71个“山西省历史文化名镇名村”，其中18处已经成为“中国历史文化名镇名村”。为大部分古村镇制定了科学的保护规划，开展了多层次的保护工作，逐步形成了科学、合理、有效的保护机制。为了不断提高人们的保护意识，他们又组织编写了《山西古村镇系列丛书》，本系列丛书撷取山西有代表性的古村镇，翔实地介绍了其历史文化、选址格局、建筑特色、非物质文化遗产，内容较为丰富。为了完成书稿的写作，课题组多次到现场调查，在村落中居住生活了相当一段时间，积累了大量第一手资料。通过细致的测绘图纸和生动的实物照片，可以看到他们极大的工作热情和辛勤劳动。这套丛书不仅是对古村镇保护工作的反映，更有助于不断增强全社会的文化遗产保护意识。让我们以此为契机，妥善处理保护与发展的关系，做到科学保护、有效传承、永续利用历史文化遗产，不断开创历史文化名镇名村保护工作的新局面。

是为序。

仇保兴

原住房和城乡建设部　副部长

目　录

丛书总序

引述：传奇皇城村 1

上篇：笔述皇城村 9

一、皇城村社会发展简史 10

1.明朝 10

2.清朝 14

3.民国时期 18

4.新中国成立后－旅游开发 19

二、传统聚落环境 20

1.“山水形势颇属可佳” 20

（1）樊山 21

（2）樊溪 25

（3）祖茔 25

2.“乐其山岩水泉” 33

（1）“山岩”——“家在山岩中，清晖带林樾” 34

（2）“水泉”——“门前碧玉流，金波漾新月” 45

（3）“园圃”——“形骸看土木，意兴寄樵渔” 48

（4）“山居”——“赢得闲身喜自如，细筹行乐是山居” 54

三、传统空间格局 55

1.总体布局 55

（1）内城 61

C O N T

（2）外城 72
（3）其他 77
2.空间演变 81
（1）本族 81
（2）外姓 84
四、1945～1998年聚落变迁 86
1.新中国成立－“土改”时期－“农业合作化”时期（1945～1957年） 86
（1）家族权利的瓦解 86
（2）政治观念的植入 87
2.“人民公社”时期－改革开放时期（1958～1978年） 87
（1）政治变革对于乡土聚落的严重破坏 87
（2）经济滞缓对于乡土聚落的负面影响 90
（3）普通民众对于遗产保护的积极作用 93
3.改革开放－旅游开发时期（1979～1998年） 94
（1）空前规模的现代建设 94
（2）充满争议的旅游开发 95
下篇：口述皇城村 97
一、樊家院里话樊川　樊书堂 100
二、樊家后院五翰林　樊生林 125
三、黄阁青山总是情　郭培刚 127
四、赤脚医生斗城墙　郭培孝 156
五、寻常百姓入相府　陈接斗 163

E　N　T　S

六、横眉冷对变与革　陈兴富 166
七、文物陨落陈家屋　陈丙全夫妇 170
八、树德深深深几许　陈胜利 173
九、屋中自有黄金书　陈黑丑 179
十、底下院里藏字典　陈兴炎 183
十一、宁舍画像不戴帽　裴小乞 185
十二、奇门遁甲有说处　王培富 191
十三、惶惶人心搞运动　王小留 200
十四、矿山文艺有情怀　范双荣 219
十五、皇城是皇还是黄　李积业 233
十六、河东河西三十年　程毛旦 236

后记 241

C O N T E N T S

传奇皇城村

CHUANQI HUANGCHENGCUN

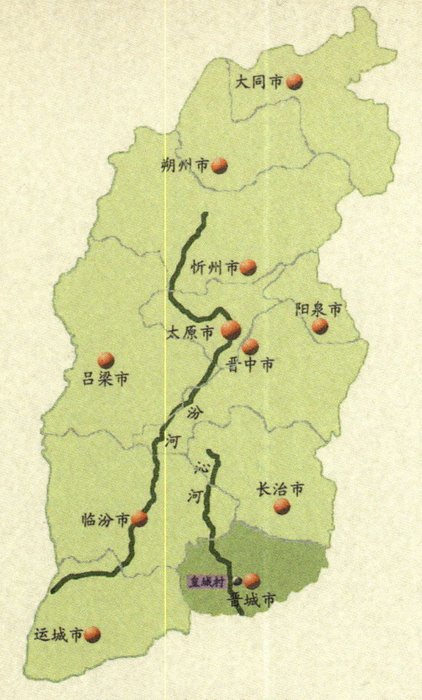

图0-1 皇城村区位图

皇城村，位于山西省晋城市阳城县东北部，北留镇境内的樊川峡谷之中（图0-1）。数百年前，这里钟灵毓秀、人文鼎蔚。数百年后的今天，这里经济发达、文化繁荣。兴衰荣辱在历史的长河中交替轮回，这颗山谷明珠，两次闪耀着夺目璀璨的光芒。

第一次兴盛是在清朝康熙雍正时期。明初迁居于此的陈氏家族，曾出现过18位举人，并有9人中进士，6人入翰林，享有“德积一门九进士，恩荣三世六翰林”的美誉，有作品流传至今的诗人达33位，可谓科甲鼎盛，人才辈出。在康熙、雍正年间，陈氏家族甚至出现了“父翰林、子翰林、父子翰林；兄翰林、弟翰林、兄弟翰林”的盛况，堪称山西乃至全国的“文化大家族”。其中最具代表性的人物当属陈廷敬，其官累至正一品光禄大夫、文渊阁大学士，历任经筵讲官，吏、户、刑、工四部尚书，都察院掌院士，左都御史。他不但是一位出色的政治家，同时还是著名的文学家、史学家、理学家，主持编纂了《康熙字典》、《佩文韵府》、《明史》、《大清一统志》等重要的文化典籍，对清代文化的发展贡献巨大。除无以计数的文化遗产外，陈氏家族还建造了一座大型山地城堡，即全国重点文物保护单位——陈廷敬故居。其依山就势，层楼叠院，雉堞林立，将防御工事、官式建筑与地方民居巧妙结合，具有极高的历史文化、建筑艺术价值。

第二次兴盛是在旅游开发至今的将近二十年间（1998年以来）。由于近现代动荡的社会大背景及家族内部的逐渐没落，新中国成立初期的皇城村除了墙倒屋塌、萧条破败的深宅大院外一无所有。改革开放以后，煤炭产业的复苏为皇城村带来了新的经济基础。1998年，富有远见的村委领导抓住机遇，投资开发“皇城相府景区”，逐渐将煤炭产业转型为发展旅游业。2002年，“皇城相府景区”被评为国家4A级景区；2005年，皇城村荣获第二批“中国历史文化名村”称号；2011年，“皇城相府景区”被评为国家5A级景区；2012年，皇城村荣获国家住房城乡建设部等三部门公布的第一批“中国传统村落”称号；2013年，陈廷敬故居被收录入第七批全国重点文物保护单位。2014年，皇城村再度强势发展为“中国十佳小康村”。

传统村落也随之发生了天翻地覆的变化。为了开发旅游，陈廷敬故居及陈廷敬墓地，在原有古建筑群的基础上，进行了大量修复与维护。大部分古建筑“修旧如旧”地被保护，少部分仿古建筑“真假难辨”地被新建。昔日的皇城村已经荡然无存，取而代之的是今日焕然一新的“皇城相府景区”——整个古建筑群总面积36580平方米，大型院落19落，房屋640余间，设9道城门（图0－2）。内外城墙总长达1700余米，平均高度12米左右，宽度在2.5与3米之间。城墙上还设有春秋阁、文昌阁等建筑[1]。

有一点我们必须得承认，大量历史痕迹及传统建筑景观渐渐地被彻底抹平了。但是，传统村落最不应该忘却的就是它的历史和传统。明清时期的传统兴盛，停留于史料之上，旅游开发后的现代兴盛，真实地显现在眼前。而两次兴盛之间，还有一段历史始终保持沉默，那就是从民国时期到旅游开发成型前的几十年。这是传统最后残存的几十年，也是现代最初诞生的几十年，更是我们距离“传统”最近的几十年。彼时的皇城村，犹如一位“末代皇帝”，在经历了最严峻的洗礼与变革之后，风雨飘摇地走向命运的转折点。

由于各种社会原因，这一时期虽至关重要却鲜受关注，再加上当时落后的记录方式导致资料信息极其匮乏。但是，有一扇门尚未关闭，那就是无数老人的亲身经历。他们一生置身村落之中，亲眼见证了传统村落的兴衰变化，从他们口中讲述出“过去的皇城村”，能帮助我们通过社会记忆的方式再现一个弥足珍贵的传统世界。这就是我们口述工作的意义所在。

本书所选的口述对象，有陈姓有外姓，有百姓有干部，有男人有女人，集中于曾经在老院子深入生活几十年的皇城老者。其中外姓对陈氏家族的兴衰荣辱，有着更为客观谨慎的观点；干部对重大事件的发生发展，具有更为敏锐宏观的把控；女人对生活细节的点滴记忆，塑造出更为立体化的生活场景。我们争取通过不同的社会视角形成记忆互补。即便如此，本书也依然存在一些困难与遗憾，主要体现在：一是不少览闻辩见的老人业已离世，同时带走的还有少辈们所不知的故事与传闻；二是受制于较低的文化水平和苦涩的生活回忆，许多人有苦说不出，对建筑物的印象较为模糊，心理上也更愿意接受修复后的“皇城相府”，甚至受到导游词略有偏颇的结论输入；三是旅游开发过程中的迅猛搬迁，导致许多旧物、旧场景早已不复存在，回忆也随之消散。我们担负的是一项与时间、记忆

1 参见皇城相府景区解说词。

图0-2 皇城相府景区全貌

图0-3 相府鸟瞰

赛跑的重任。

本书所选的口述内容，是基于新中国成立前后到旅游开发前这段时期皇城村社会发展简史，围绕聚落环境与空间格局变迁这一主题展开。因新中国成立后党和国家对社会主义初级阶段路线的迷茫与探索，政治运动频繁，传统村落的物质环境变迁不可避免地被政治环境动荡所波及。如"人民公社"时期集体建设对城墙的破坏，"大跃进"时期对铁器、铁构件的破坏；"文革"时期对文物的破坏；农业学大寨时期对墓地的破坏；改革开放初期经济快速发展对环境的破坏等。这些时期区别于其他时期，其最明显之处是，政治对建筑的影响格外突出。

本书所选的口述方式，是以第一人称进行叙述的，并按照时间顺序串联主题，旨在保证阅读的流畅性。部分当地特有、具有代表意义的方言和俗称予以保留，使口述语言尽量原汁原味。重要的历史事件或有歧义的观点，脚注中会有特别说明。口述文中所采用的"皇城相府景区"老照片（图0—3），多数由樊书堂提供，旧式土地房产所有证则由皇城村村委档案室提供。个别口述文稿末尾附录一个简短的"后记"，补充说明口述者的生活背景及访谈者的个人感受。

【上篇】

笔述皇城村

BISHU HUANGCHENGCUN

一、皇城村社会发展简史

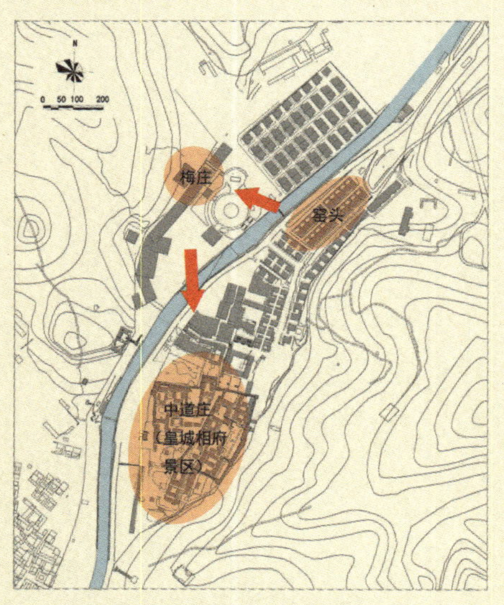

图1-1 皇城村聚落发展平面示意图

民间流传，皇城村“先有窑头，后有梅庄，再有中道庄”。“窑头”位于今皇城村北部，樊溪河畔东岸的山坡上，旧居于此的王姓家族应当为皇城村最早的居民，起源时间不详。这里原有一处古煤窑，因称呼总管挖煤的工头为“窑头”，故久而久之成为地名。“梅庄”位于今皇城村西南部，樊溪河畔西岸的山坡上，曾经有坐西朝东的古窑洞数孔，院落数座，因遍植梅花而得名。“中道庄”位于今皇城村东南部，樊溪河畔东岸的山坡上，因其“上下皆村落，故以中道庄名”[1]（图1-1、图1-2）。

1.明朝

“中道庄”大约形成于明朝初期，由陈氏家族一手创建。陈氏家族并非当地土著，而是经两次迁移至此：

第一次迁移，由河南入山西。陈靠原本随父陈仲名“拨入河南彰德府临漳县籍”，后徙居“濩泽永义都天户里[2]”，具体位置是“岭后之半坡沟南”。今沟南村位于皇城村北侧，属晋城市泽州县川底乡。皇城村七世陈昌言曾“遍访远代遗墓”，询问老者得知：“沟南迪将有古坟一所，相传以为陈氏祖茔也”，虽然“上世朴实，志铭未备”，但是“族姓之家垒垒，族人居其地尚繁”，所以判断“其为祖茔无疑也”。[3]因此，沟南村是陈

1 此句来源于《陈氏家谱》。关于“上下”所指村落，说法不一。樊书堂主编的《皇城故事集》中认为“中道庄往上的村子叫锦川村（今沟底村），往下的村子叫锦阳村（今郭峪村）”；村中老人陈兴富则认为“中道庄往上的庄是梅庄，往下的庄是三槐庄”。

2 今属晋城市泽州县川底乡。

3 陈昌言：顺治十一年《陈氏上世祖茔碑记》，见《皇城石刻文编》，第49页。

氏家族在山西的第一个落脚点。

第二次迁移，由沟南村入皇城村。陈靠之子陈林“于前明宣德四年迁于阳城县（隶泽州）郭峪（在县东30里）之中道庄”[1]。因“林祖以上世系不可考，故余陈氏断自林祖始焉”[2]。即陈林乃皇城村陈氏一世，迁入时间为公元1429年。据此推测，陈靠由豫入晋的时间，正好与明朝初年大移民阶段相吻合（图1–3）。

此后，每一代陈氏后人都有优秀者为家族发展建功立业。二世陈秀（陈廷敬六世祖），是皇城陈氏家族第一位读书人，为“陕西西乡县典史，历任八年，民立祠祀”[3]。三世陈珏官任“直隶大名府滑县尉赠户部主事”[4]。四世陈天佑“登嘉靖甲辰进士，历陕西副史，以方正闻，陈氏之族滋大”[5]，陈修（陈廷敬四世祖）“退而鬻冶铸……陈氏先世虽饶于赀，至公益充，拓田庐储蓄视曩昔远过，拟于素封……生正德十三年（1518年）……卒万历六年（1578年）”[6]。由此可见，到了明朝中期，随着第一位进士和第一位商人的出现，陈氏家族无论是社会地位还是经济实力都已经有所提升，成为地方乡绅贵族。

发迹后的陈修这一支，渐渐走向“力田服贾”[7]积财富、读书入仕步青云的兴旺发达之途，同时不忘“轻财好施……毁券不校”[8]。陈修生四子，其中陈三晋官任“河南开封府荥泽县教喻”[9]，陈三益子承父业“长事商贾……客游燕豫间，负资累千馀金”[10]，陈三乐（陈廷敬曾祖父）则留守家乡，“孝友成性，行风夙具，喜周人之难，扶人之危”[11]，每遇求助总是慷慨解囊。

如果说四世陈修所创商业为陈氏家族稳步发展奠定了坚实的经济基础，那么五世陈三乐（陈廷敬曾祖父）、六世陈经济（陈廷敬祖父）则成为激励后世子孙读书入仕的关键人

1　陈廷敬：《午亭山人年谱》。
2　陈廷敬：康熙三年《故曾叔祖处士忠斋公墓碑》，见《皇城石刻文编》，第96页。
3　陈三晋：万历八年《大明处士陈公孺人张氏合葬之墓》，见《皇城石刻文编》，第88页。
4《顺治年陈氏牌坊》，见《皇城石刻文编》，第7页。
5　陈三晋：万历三十五年《静坪陈修墓碑(明故柏山陈公暨李孺人合葬墓表)》，见《皇城石刻文编》，第90页。
6　陈三晋：万历三十五年《静坪陈修墓碑(明故柏山陈公暨李孺人合葬墓表)》，见《皇城石刻文编》，第90页。
7　陈三晋：万历三十五年《静坪陈修墓碑(明故柏山陈公暨李孺人合葬墓表)》，见《皇城石刻文编》，第90页。
8　陈三晋：万历三十五年《静坪陈修墓碑(明故柏山陈公暨李孺人合葬墓表)》，见《皇城石刻文编》，第90页。
9《顺治年陈氏牌坊》，见《皇城石刻文编》，第7页。
10　陈廷敬：康熙三年《故曾叔祖处士忠斋公墓碑》，见《皇城石刻文编》，第96页。
11　陈昌期：嘉庆二年《槐云世荫记》，见《皇城石刻文编》，第66页。

图1-2 皇城村聚落发展空间示意图

中道庄
（皇城相府
景区）

图1-3 明初陈氏家族迁徙示意图

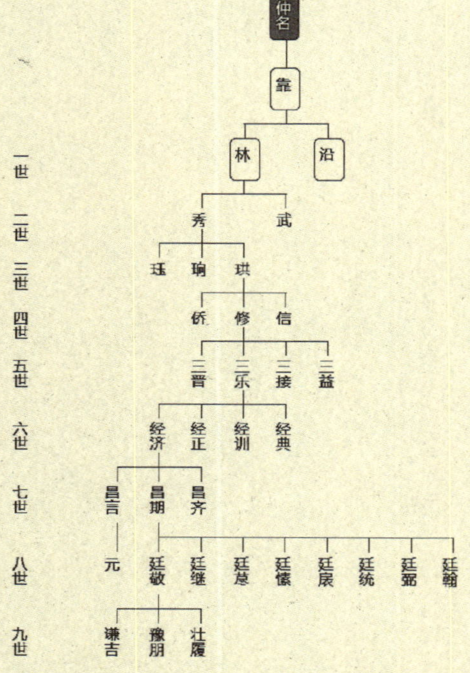

图1-4 皇城村陈氏家谱图（局部）

物。陈经济在其父陈三乐去世之后，由于乡人“呼助无门”，故“辍读而述其民”[1]，留守故乡经营持家。他“守贤人素封之产，布衣菲事。每用一仆人，恒数十年不易。建家塾，教子侄辈读书，不以夏楚为威，而忠信勤俭务以身率之”。[2]陈经济生三子，陈昌言、陈昌期（陈廷敬之父）、陈昌齐，其中陈昌言为“崇祯七年（1634年）甲戌进士”[3]，是继四世陈天佑之后第二个高中进士之人，“明季宦游于外”；陈昌期子承父业，“以耕读摄家政，铢积寸累，薄成积业”[4]。

“中道庄”成为名副其实的陈氏家族聚居地。七世陈昌言写道“余庄座落不甚阔，其庄人具属同宗”[5]。其他外姓同乡则散居于中道庄周边。此时的“中道庄”、“窑头”、“梅庄”及方圆等处，同为“郭峪村”的附属庄，行政归“郭谷里[6]”所管辖（图1-4）。

2.清朝

明清之交的动荡期间，陈氏家族韬光养晦、厚积薄发。

1 陈昌期：嘉庆二年《槐云世荫记》，见《皇城石刻文编》，第66页。
2 卫庆怀.陈廷敬史实年志[M].山西人民出版社,2009.10.
3 卫庆怀.陈廷敬史实年志[M].山西人民出版社,2009.10.
4 陈昌言：嘉庆二年《槐云世荫记》，见《皇城石刻文编》，第66页。
5 陈昌言：崇祯五年《斗筑居记》，见《皇城石刻文编》，第59页。
6 古代“谷”通“峪”。

康熙、雍正年间是陈氏家族发展的鼎盛时期。七世陈昌言生一子陈元，清顺治十六年（1659年）高中进士并入选翰林院庶吉士，可惜英年早逝。陈昌期生八子，依次是陈廷敬、陈廷继、陈廷愫、陈廷愫、陈廷扆、陈廷统、陈廷弼、陈廷翰，其中陈廷敬，顺治十五年（1658年）高中进士并入选翰林院庶吉士；陈廷翰康熙二十三年（1684年）中举；陈廷愫为廪生；其余皆为贡生，均入仕。[1]陈昌齐早逝无子嗣，陈廷继过继其下。陈昌期于康熙二十七年（1688年）在《槐云世荫记》一文中自豪地写道："吾侄元，英年联飞，曾珥笔禁苑；或长子廷敬以菲材为密勿近臣，时蒙异数；三子廷继，行人待铨；五子廷愫，八子廷弼，行将为亲民牧；六子廷 ，佥判粤东；七子廷统，赞理廷尉；九子廷翰，谬荐贤书；长孙谦吉，效用江浦。其他诸孙，有补博士弟子者，有幼而业儒者。"[2]

到了九世，陈廷敬的子侄辈20人中，有进士4人，分别为陈豫朋（陈廷敬二子）、陈壮履（陈廷敬三子）、陈观 、陈随贞，其中陈豫朋、陈壮履、陈随贞3人入翰林；有举人1人，陈贲懿；有贡生5人，分别为陈咸受（岁贡）、陈升阶（岁贡）、陈复刚（岁贡）、陈观化（恩贡）、陈坤载（拨贡）、陈蒙德（岁贡）；监生3人，分别为陈谦吉（陈廷敬长子）、陈震远、陈萃应。入仕者共9人，候选者3人。[3]写于雍正七年（1729年）的碑文称陈氏家族为"高都甲族，簪缨累叶，至本朝而愈文……皆能奋起于功名，大至监司，小亦不下州县之宰，家门煊赫，事业彪炳。"[4]

图1-5 康熙皇帝御赐牌匾及对联

康熙五十年（1711年），康熙帝御赐陈廷敬"午亭山村"牌匾及"春归乔木浓荫茂，秋到黄花晚节香"对联（图1-5）。此后的文字记载中，"中道庄"一名便被

1 任茂棠.陈廷敬大传[M].山西人民出版社,2012.484.
2 陈秉焯：嘉庆二年《槐云世荫记》，见《皇城石刻文编》，第67页。
3 任茂棠.陈廷敬大传[M].山西人民出版社,2012.491.
4 雍正七年《德阡碑（一）皇清敕赠征仕郎行人司司副孝章陈公暨配郭、张万孺人之墓》，《皇城石刻文编》，第101页。

“午亭山村”所代替。如写于雍正五年（1727年）的《午亭山村》：“午亭山村，陈文贞公居里也”，此时距离陈廷敬“薨后十五年”。[1]写于康熙二十七年（1688年）的《金顶会朝山记》载“中道庄之会起于癸亥……”乾隆十三年（1748年）的《金顶会碑记》中则记为“午亭山村西山院之金顶会……”。

“中道庄”升级为“午亭山村”，此时的郭峪村则升级为镇[2]，七世陈昌言《郭峪镇重建大庙记》中载“郭峪镇大庙创于元之至正”；八世陈廷敬《义冢碑记》中载“吾所居镇曰郭谷者”、《故永从令张君行谷墓志铭》中载“郭峪在其中，谓之镇”；十世陈静渊（陈廷敬孙女）在《送表嫂王夫人之余杭》中写道：“村居咫尺镇相依”[3]，可知午亭山村与郭峪镇近在咫尺。

乾隆、嘉庆年间，陈氏家族开始缓慢滑坡。陈廷敬孙侄辈（十世）38人中，有进士1人，举人6人，岁贡生1人，监生9人。其中入仕者7人，候选2人。陈廷敬曾孙侄辈（十一世）则无人考中进士、举人，就连府学、县学生员也是凤毛麟角。[4]九世、十世这两代中最有名望之人乃十世陈师俭（陈廷敬孙），他是陈氏家族最后一位进士，也是最后一位翰林。其兄陈名俭（陈廷敬孙）有诗云：“家声久堕文将丧，年力方长学未迟。况是归耕田绝少，要凭笔砚寄耘菑。”[5]“即无裘马谁云贱，岂有诗书不救贫！”诗中虽有自谦成分，但家道衰落已经显现。曾经由陈氏家族发起、始于康熙二十二年（1683年）的“中道庄之会”——金顶会，历来都是由陈氏家族充当主要会首并组织信众，但是到了乾隆四十二年（1777年），纳钱的十九家中，陈家却也只占四个名额。[6]

到了清朝末期，陈氏家族基本已经从名门望族回归普通百姓。随着家族规模的发展，也存在一定数量的迁入迁出。据考证，今周边村落郭峪、屯城、上伏、下伏之陈多系其家族[7]。同时又有大量外姓随着逃难、逃荒潮涌入聚集，有的来自邻村，有的来自河南，这一点可以通过皇城村现有姓氏源流确认：

---

1 任茂棠.陈廷敬大传[M].山西人民出版社,2012.499.

2 据1990年版《阳城县志》释：阳城县分10都、99里，10户为甲，10甲为里。在乡人口集中的里叫村，附属于村的叫庄，有集市贸易的大村叫镇。

3 陈静渊：《送表嫂王夫人之余杭》，见《皇城陈氏诗人遗集》，第141页。

4 任茂棠.陈廷敬大传[M].山西人民出版社,2012.510.

5 陈名俭：《舟中课儿子法于读，示之以诗（时自东粤解组回）》，见《皇城陈氏诗人遗集》，第157页。

6 乾隆四十二年《西山院》，见《皇城石刻文编》，第83页。

7 卫庆怀.陈廷敬史实年志[M].山西人民出版社，2009.006.

裴姓某支：约200年前来自大端；

卫姓某支：约150年前来自北留镇章训村；

郭姓某支：约100年前来自润城镇润城村；

崔姓某支：约150年前来自北留镇尧沟村；

倪姓某支：约120年前逃荒来自山东曹县。[1]

此时的“午亭山村”更像是以“中道庄”陈氏家族为主，周边多个外姓混合杂居的小型村落，因此渐渐更名为“皇城村”，或曰“黄城村”。究竟是“皇城”还是“黄城”一直存在争议。一说康熙皇帝南巡曾下榻于此，故称“皇城”，此说法暂无确凿证据。一说陈廷敬为取悦其母亲，仿富丽堂皇的北京而建造城堡，后遭其他大臣参奏，诬陷其有忤逆之心，康熙帝便亲自骑着毛驴跋山涉水来此微服私访，陈廷敬为了避免杀身之祸，遣人连夜将城墙染成黄色，上题“黄阁青山”四字，改称“黄城”才躲过一劫。而根据村民口述，为皇帝御赐之物所建的楼，即收藏康熙御赐石碑及对联的御书楼，俗称“皇楼”。因此，不排除一种可能，就是民间因“皇楼”而又称“皇城”，这种叫法更加琅琅上口。

实际上，官方记载中现存最早的“皇城”之名见于清光绪三十四年的阳城县境图（图1–6）。虽然没有确切证据证明先有“皇城”还是“黄城”，但有一点是明确的，即新的村落名称至早出现于清中后期，源自民间对“午亭山村”古建筑群的俗称。

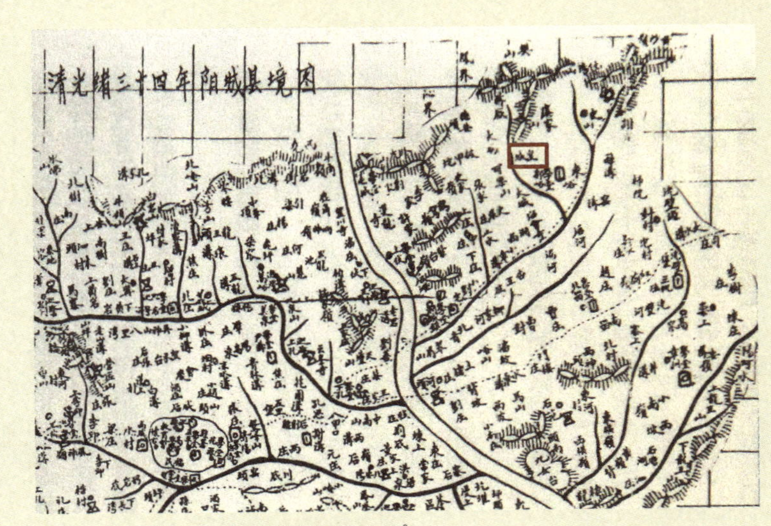

图1–6 清光绪三十四年阳城县境图局部[2]

同样，民间对于陈廷敬本人一直有“陈阁老”、“相国”、“宰相”之称，如“樊川陈

1 参见《皇城村村志》（未出版）。

2 山西省阳城县志编纂委员会.阳城县志[M].海潮出版社，1994.11.

阁老，岩壁有题名”[1]；“盖悉遵昔日先赠相国祖倡会之始所规定制也”[2]；“又村东首立有陈相国之撞脉牌楼”[3]；“青山不驻仙人鹤，白石犹歆宰相松（山有百鹤阡，又老姥掌，石上有大松，午亭相国手植）”。因此陈廷敬所居宅院也称“相国府”，如“谁知相国府，不厌野人经”[4]，民间则俗称“相府”。

3.民国时期

民国时期，村名被正式确定为“黄城”。据《郭峪村志》记载：“山西省于民国6年（1917年）实行编村制[5]，阳城全县设郭峪里改为郭峪村，包括郭峪、大桥、东峪、黄城、大端、沟底、于山等7个自然村”。民国7年（1918年），全省实行区村制，黄城村上属阳城县第二区（驻润城）；民国24年（1935年），区划变动，黄城村仍上属阳城县第二区（驻润城）；民国31年（1942年），中国共产党领导的晋北县抗日政府成立，黄城村上属晋北县第一区；民国34年（1945年）秋，阳城全县解放，黄城村归属阳城县第七区（驻润城）。

民国35年（1946年），黄城村土地改革开始[6]，经过两年多的斗争，实现了“耕者有其田”。民国38年（1949年），阳城县改七区为二区，皇城村上属第二区（驻润城），同年夏天颁发的土地房屋所有证，证上所写区县为“阳城县二区”，村名为“黄城”。现存刻于民国26年（1937年）的两通墓碑中载：“自振邦公由润城迁临郭谷之黄城村”[7]、“公讳交相，字辅臣，居郭谷黄城村”[8]，均为“黄城”。直到20世纪80年代中后期，村名才又改回“皇城”。

---

1 任茂棠，主编.陈廷敬大传[M]. 山西人民出版社， 2012.500。
2 乾隆十三年《金顶会碑记》，见《皇城石刻文编》，第82页。
3 民国5年《买到施业碑记》，见《皇城石刻文编》，第111页。
4 参见《郭峪村志》，第193页。
5 编村制即选择距离适中、户口最多之村为主村，其余联合小村皆为附村。编村以主村为名。全县设105个编村。
6 参见《皇城村村志》（未出版）。
7 民国26年《清故显祖考郭公海林暨配杨太孺人之墓》，《皇城石刻文编》，第112页。
8 民国26年《民国故显考郭公辅臣德配原孺人之墓》，《皇城石刻文编》，第115页。

4.新中国成立后—旅游开发

1954年，黄城村开始出现互助组，实行区乡制，郭峪村改为郭峪乡；1955年，黄城村成立初级农业生产合作社，同上史山、下史山、大桥、沟底及郭峪等7个初级社，都归郭峪乡管辖；1956年，初级社转为高级社，黄城、沟底为新华社，郭峪、大桥为晋华社，上史山、下史山、于山为国华社，合称“三华片”。[1]

1958年秋，成立人民公社，实行政社合一，黄城村为一个生产队，上属北留人民公社。同年全村村民进入公共大食堂。“大跃进”时期，男女老幼全民皆兵，大搞钢铁、兴修水利、深翻土地，家中炉灶被掀翻，不生火不做饭，铁制器具均被砸烂炼铁。

1959年，劳动不记工，吃饭不掏钱。此后按照出勤一天计一工。

1960～1962年三年自然灾害，既是天灾也是人祸。1958年、1959年虽然粮食丰收，但大搞钢铁运动导致粮食生产无暇顾及、无人管理，原有库存被掏空，没有任何抗旱能力。这一时期生活水平空前低下，凡是可以果腹的东西全都被当作食物吃掉了，艰苦程度超乎想象。

1963年粮食大丰收。黄城村由一个生产大队分为四个生产小队。

1964年搞“四清”运动。此后每年秋天收割粮食以后，冬天学大寨，搞农田基本建设。

1966年冬，“文化大革命”开始。1967年整整一年都在搞革命、搞文物古迹破坏。1968年冬天搞“清理阶级队伍”运动。此后“文化大革命”风气稍退，生产生活开始回归正轨。村民大多小学毕业后，回村里进生产队参加劳动。

20世纪70年代以后，开始有人外出搞副业，如当木匠、下煤窑等，但工资仍以工分的形式记录结算，年终欠款户仍占大多数。70年代中后期，经济情况稍有好转。

1983年，土地下户，实行家庭联产责任承包制，生活水平显著提高。

1984年，全国实行乡村制，黄城大队改为黄城村，并创建了村办煤矿。

1988年，开办皇联煤矿，经济水平大幅上涨。

1996年，皇城村胜达实业有限公司成立，开始投资各项村办企业，包括发展旅游。

1　参见《郭峪村志》。

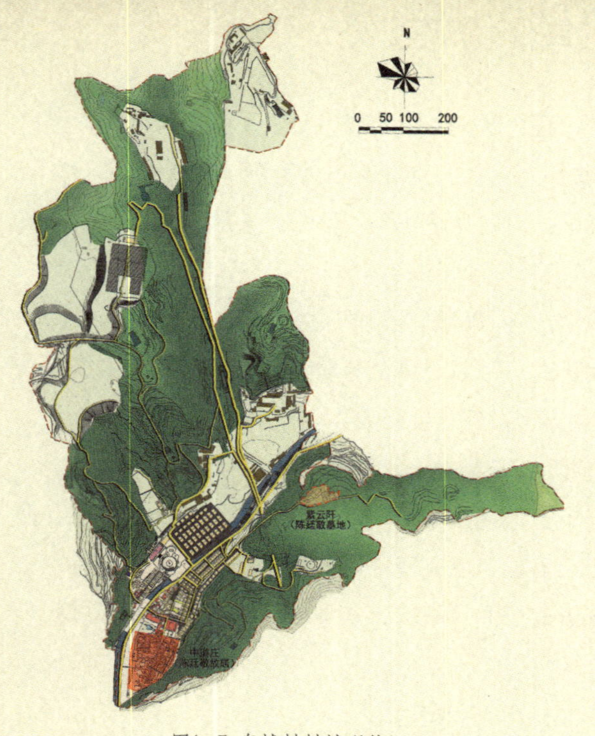

图1-7 皇城村村域现状图

1998～2000年，皇城村致力于“皇城相府景区”的旅游开发，由筹备到开工历时两年。期间，邀请全国专家论证数次，最终“于1998年启动了三门七楼十景点的修复建设。1999年，二期工程对相府所有建筑及陈氏墓地进行了创造性复建……整个修复工程投入资金3000余万元，工程历时两年余。”[1]原住村民则分期从老宅内搬迁出来（图1-7）。

二、传统聚落环境

今日皇城村的自然环境已经被大规模的现代化建设所覆盖。我们只能通过现存《皇城陈氏诗人遗集》中的诗文，尽可能地还原昔日胜景。

1.“山水形势颇属可佳”[2]

阳城县地处山西省东南部的太行脉尽之处，境内群山环绕，沁河穿流：“崦山耸后，析城拱前，沁水绕左，壑山雄右，冈陇之势四面浑成”[3]（图2-1）。樊川峡谷则位于沁河东岸、樊山脚下，内有皇城村“背东冈临樊川，王屋、析城诸峰在其前，北去十里为樊山。午园、鹤团、老姆掌、樊口接连上下……山雄而秀，泉清且洁。俗淳庞，犹有陶唐遗风焉。”[4]

1 张家胜.皇城村兴旅游谋发展[J].今日山西，2000（03）：34.
2 陈昌言：崇祯七年《民国故显考郭公辅臣德配原孺人之墓》，见《皇城石刻文编》，第54页。
3 清同治《阳城县志》。
4 陈廷敬《午亭山人年谱》。

(1) 樊山

樊山，追本溯源的话，应当脉自洞阳山、岳神山（图2–2）：“沁河东北岸山则与西南迥不同，宗脉自洞阳（六十里）、岳神山（五十五里）逶迤而来至樊山（四十五里山阴有百鹤阡系陈文贞相国先茔阡表可考），为阳凤沁三邑分界处。”[1]而洞阳山的来脉，在陈廷敬《老姥掌游记》中有记载：“上党南三百里有山曰方山，又南十五里曰洞阳山，又南十五里曰樊山，三山高出万仞……又南则砥柱析城……联络数百里。其中长川夹岸若断若连陟樊山之巅皆见焉。”[2]即上党地区的太行山脉，先南至方山，再南至洞阳山、岳神山，再南至樊山，进入阳城县境之后成为其东部主要山脉。因此，陈氏后人将皇城村的山形龙脉归至太行山、洞阳山，如“尝闻我村自洞阳之来脉，龙行发枝，维我地来龙去脉，兴隆事业。”[3]、“我家太行尽处村，蛟龙欲落留爪痕。蜿蜿腹背故隆起，振鳞掉尾如雷奔。”[4]、“山岭雄秀，泉水温良，风气郁茂，实太行之中落。”[5]、“故乡何处是，回首太行秋”[6]。

樊山山腰为王街村，东下为沟底村，再向南进入樊川峡谷。峡谷内西山为可乐山余脉，由北向南可细分为后岭、马尾沟、张甲岭、西沟、庄岭、秦甲沟、坳坪等“三岭三沟一坪”[7]，皇城、上庄两村隔岭相望。峡谷内东山则以樊山老姆掌发脉，向西南至黄沙岭史山，再向西至虞家山，迂回向南至鱼山（俗称东山）。鱼山可细分为三岭，北有苍龙岭，南有 史山岭、东峪岭。苍龙岭由东北向西南延伸，最高处为“孤松圪堆”，南岭又分为两支，北支叫松山，南支叫石山（图2–3、图2–4）。

鱼山脚下即为“午亭山庄”：“山腰系沁水县王则街[8]，东下入县沟底村（县东北偏右界），山南侧曰可乐山，巉岩徙高而下至上庄……东北□□叠嶂起伏线连，岩腰有老姆掌……下趋至黄沙岭（岭腰县东北界，一名华阳山，俗曰史山）……迤西虞家山，盘旋至鱼山（有梅子冈飞鱼阁巢鹤山诸胜迹陈文贞午亭山庄在其下），东山（即张司寇古寨）[9]峙于

1　清同治《阳城县志·卷之三·方舆》。
2　清光绪《沁水县志·卷之三·方舆》。
3　民国5年《买到施业碑记》，见《皇城石刻文编》，第110页。
4　陈廷敬《洞阳山》，见《皇城陈氏诗人遗集》，第37页。
5　陈廷敬《陈氏家谱》。
6　陈法于《渡黄河作》，见《皇城陈氏诗人遗集》，第191页。
7　参见《郭峪县志》。
8　今王街村。
9　郭峪村侍郎寨。

西北至沁水夫妻岭界六十里

西至沁水土沃村界六十里

西南至垣曲县钟鼓山界一百里

东北至武安村界三十五里

东至凤台周村界四十里

东南至济源县窑子村界一百里

图2－1　清雍正《泽州府志·卷之十五·图考》阳城县境图

图2–2 樊川峡谷山势来脉示意图（清雍正《泽州府志·卷之十五·图考》上党图）

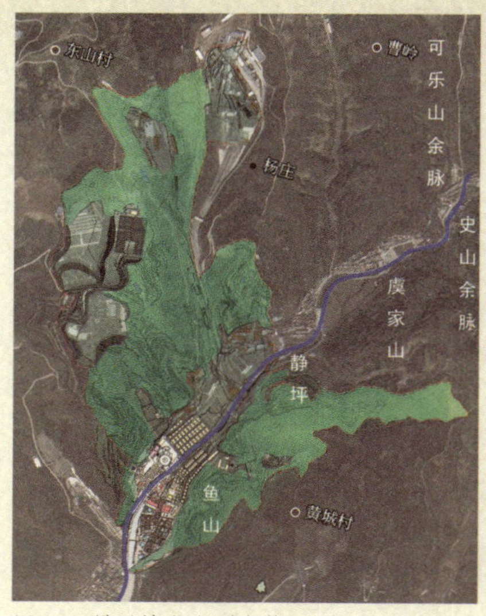

图2–3 樊川峡谷山形走势图

图2–4 樊川峡谷鸟瞰图

左，紫云阡绕于右，山下浅山细草，流水潺潺曰樊川，川西即郭峪镇（三十里），夹河三寨□峙城堞俨然最聚落之佳胜着。顺流而下，山坳有金裹谷海会寺在谷中。”[1]

（2）樊溪

樊川峡谷又称“金裹谷”、“郭谷”，谷中“连四五村，居人逾千家”[2]，东西山中间一条溪流自北向南，流经今沟底、皇城、郭峪、大桥等村，出谷口再汇入沁水，名为樊川，也称樊溪、樊水。“樊水东北来，浩浩流无止”[3]，“东涘”[4]向南进入樊川峡谷。樊川峡谷长约十里，有“金谷十里长，才子出郭峪”的民谚，所以谷中樊溪之水也是奔流十里，有诗云“两岸青山十里溪”[5]（图2–5）。樊溪流出谷口，与三庄[6]、史山之水汇合后注入沁水：“沁水……南流经润城镇西，又南史山河自东北来注之，水出东北史山，右合樊川水及庄河，左合孙沟水而西南流至翠眉山注于沁水……”[7]

（3）祖茔

除了村落选址外，陈氏祖茔的方位选择也是风水上佳。“庄之东北距家七里许，有祖茔一区，名虞家山……永昌坪也。其地山水环绕，风土深厚，为余七世祖讳林者而立也。”[8]“虞家山”是陈氏迁入皇城村以后最早的祖茔所在地，后简称“于家山”，至少葬有陈氏前三世，其中三世陈珙，“卒于明嘉靖三十七年（1558年）……男侨等葬之于于家山祖茔之次”[9]。可惜此处祖茔因“兵火焚毁”，“冢无片石”。[10]

到了四世，陈修“卒于万历六年（1578年）”，子陈三晋将其葬于“静坪”。万历七年（1579年），五世陈三晋将其祖父陈珙也迁葬于“静坪山之阳”[11]。五世陈三乐葬于静

1 清同治《阳城县志·卷之三·方舆》。

2 陈廷敬《义冢碑记》。

3 陈法于：《午亭山村》，见《皇城陈氏诗人遗集》，第187页。

4 清光绪《沁水县志·卷之三·方舆》。

5 王炳照：《樊川竹枝词》，见《皇城陈氏诗人遗集》，第242页。

6 皇城村西侧的上庄、中庄、下庄三村，古称白巷。

7 清同治《阳城县志·卷之三·方舆·沁河》。

8 陈昌言：顺治十一年《陈氏上世祖茔碑记》，见《皇城石刻文编》，第49页。

9 陈三晋：万历八年《大明处士陈公孺人张氏合葬之墓》，见《皇城石刻文编》，第88页。

10 陈昌言：顺治十一年《陈氏上世祖茔碑记》，见《皇城石刻文编》，第49页。

11 陈三晋：万历八年《大明处士陈公孺人张氏合葬之墓》，见《皇城石刻文编》，第88页。

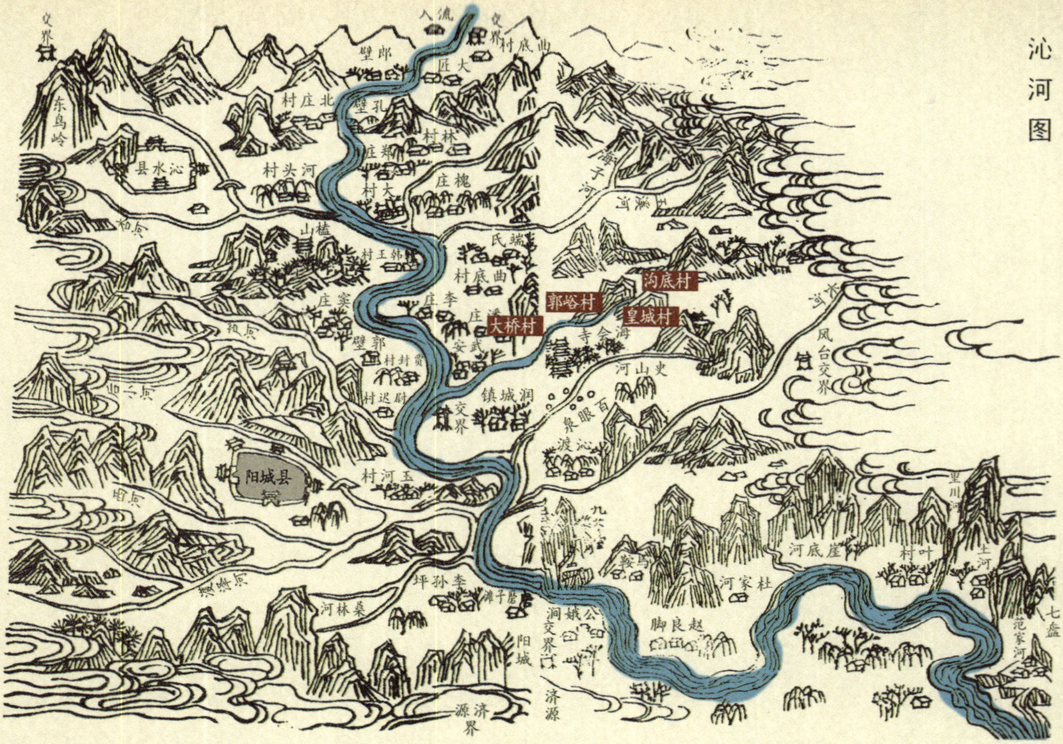

沁河图

图2-5 樊溪流向示意图（清雍正《泽州府志·卷之十五·图考》沁河图）

坪。六世所葬之处不详。

七世陈昌期夫妇（陈廷敬父母）葬于百鹤阡（图2-6～图2-14）。百鹤阡距离较远，位于樊山之北，今樊山村。“廷敬为先太夫人卜兆于樊山上，开阡北向回接洞阳、岳神二山，圭景适中，符节如契。盖自洞阳入阡，三山皆拔地千仞，迥出万峰之上，昔人谓之洞天，其佳处者也。阡去山巅不能百步，然自洞阳逶迤而至，岗岭连绵，丰原坛曼，纡徐开舒，若凤翱骞举，行游长空，而悠然偃息于此也。陟阡之南而下视之，百里之内，砥柱、析城、王屋皆在焉。卓立挺耸，群望北山，若拱、若向、若骞、若腾，其灵境矣哉。”[1]百鹤阡“旁为石闾道院。有牡丹二株，高可丈许，花时有黄蛇守护，先文贞题为神树天香。”[2]

1 卫庆怀编著.陈廷敬史实年志[M].山西人民出版社，2009. 142页.

2 陈法于：《樊山石闾道院》，见《皇城陈氏诗人遗集》，第205页。

图2-6 陈廷敬父母墓地百鹤阡石牌坊

图2-7 陈廷敬父母墓地百鹤阡石牌坊坊间雕刻

图2-8 陈廷敬父母墓地百鹤阡石牌坊两侧抱鼓石

图2-9 散落于石间道院的百鹤阡石像生

图2-10 陈廷敬父母墓地百鹤阡台阶（修复后）

图2-11 陈廷敬父母墓碑

图2–12 陈廷敬父母墓地百鹤阡石马

图2-13 陈廷敬父母墓地百鹤阡石人

图2–14 百鹤阡极目远望

康熙五十一年（1712年）四月，陈廷敬病逝，享年74岁，康熙特命皇三子诚亲王胤祉率满汉文武大臣前往祭奠，并御赐挽诗，遣官护丧归葬故里。陈廷敬墓地位于皇城村北的“大端坪之阳，去静坪十数武”[1]，名紫云阡，其“脉自樊山来，历于家山蜿蜒而北”[2]。陈廷敬葬时，墓穴之侧发现一个空墓穴，其中“云气蒸郁，凝膏如乳，累累下垂。四周则藤萝纠结，状类璎珞，其色紫，其芬烈似芸”（见陈廷愫《紫云阡跋》），陈壮履弟兄将其命名为“紫云阡”（芸是一种香草，阡是墓道）。[3]。“紫云阡”现存主要建筑有四对石像生（部分来自于已毁的陈昌言墓地）、石牌坊、御书挽诗碑亭、十幢碑和陈廷敬墓等（图2–15～图2–20）。

另有一处德阡，为“行人公茔”[4]，如八世陈廷继被其子陈咸受迁葬于德阡，九世陈咸

1　康熙五十三年《紫芸阡跋》，见《皇城石刻文编》，第47页。
2　康熙五十三年《紫芸阡跋》，见《皇城石刻文编》，第47页。
3　《紫芸阡记（残碑）》，见《皇城石刻文编》，第46页。
4　乾隆五十年《皇清例封修职郎（灵石县教谕盟洲陈公 王孺人合葬墓）》，见《皇城石刻文编》，第105页。

图2-15 陈廷敬墓地紫云阡石马

图2-16 陈廷敬墓地紫云阡石狮

受亦葬于德阡。陈廷继原居于世德院，据今人口述，“我们世德院的老坟地世德坟，现在生态园（皇城相府景区之一，位于中道庄西北方向的山头上）那里，我的老老爷爷（陈原凯，陈咸受的玄孙）在那儿”[1]，可知德阡所葬之人主要为世德院陈氏，故俗称“世德坟”。

1 见本书“屋中自有黄金书—陈黑丑”。

图2—17 陈廷敬墓地紫云阡石牌坊（修复前）

图2—18 陈廷敬墓地紫云阡石牌坊（仿百鹤阡修复后）

图2—19 陈廷敬墓地紫云阡十幢碑（修复前）

图2—20 陈廷敬墓地紫云阡十幢碑（修复后）

2．“乐其山岩水泉”

如果说樊山、樊溪的山水形势构成聚落的大意境，樊川峡谷内的山岩水泉则构成聚落的小环境。陈昌期在给其兄长陈昌言的书信中曾写道：“余家中道庄四周皆山，地偏而僻，泉温而冽，颇占陵谷之胜。”[1]陈廷敬《百鹤阡表》云：“陈氏自明宣德初七世祖讳

1　陈昌言：《家弟书至，于斗筑居外买得闲田四十亩许，可理别墅，因赋怀以寄》，见《皇城陈氏诗人遗集》，第6页。

林，迁阳城中道庄，乐其山岩水泉之胜，居焉。”[1]

在诗人的笔下，山谷中四季之景变换交替丰富多彩：春有“又见春光遍绿芜”[2]；夏有“灌木骄夏荣，新莺初引吭……岩石纷嶙峋，池花娇滉漾”[3]；秋有“最忆洞阳山谷好，万株红叶炫秋晖”（吾乡洞阳山下锦川村红叶最盛）；冬有“雪霁山川净，天应爱早春”[4]。雨后有“长虹饮西涧，返照明东冈”[5]；雾后有“浑如驾扁舟，凌彼沧溟渡”[6]；雪后还有“尘尾揪枰收玉屑，凤樽花斛贮琼浆”[7]。

除了皇城村的陈氏家族外，同在樊川峡谷内的郭峪村的张文炳也曾作诗《樊川三首》，中言“幽意真殊绝，樊川胜辋川”[8]。辋川是唐代大诗人王维晚年的隐居之地，也是历代达官贵人、文人骚客心醉神驰的理想居住地。作者认为樊川胜似辋川，除了主观感情外，也反映出樊川的风景之胜。

（1）“山岩”——“家在山岩中，清晖带林樾”[9]

与中道庄相关的山景可分成三个层次，最密切的是樊川峡谷的东山、西山，其次为樊山一脉，再次为泽州府境内的其他山峰胜迹（图2—21）。

东山即鱼山，石厚土薄，且多为沙土，耕地较少，造林及建筑较多，其主要特色是山岩绿树与古建筑交相辉映的景致，如“东山山色佳，高楼面山起”[10]；“更倚春山披画锦，午亭争似午桥庄”[11]；“数椽老屋远嚣尘，亦是人间小隐沦”[12]。相传东山上除中道庄之外，还有古景观数处，美名“东山八景”[13]，如“东山望南山，百里堕我前。山亭横绝浮空

1 陈廷敬：《午亭文编》，卷43，第8页。
2 陈法于：《春日杂兴》，见《皇城陈氏诗人遗集》，第202页。
3 陈法于：《范纪年招集梅园，同樊南吟社诸子》，见《皇城陈氏诗人遗集》，第196页。
4 陈坦：《上元雪霁，铭侄以诗志喜，因用其韵》，见《皇城陈氏诗人遗集》，第169页。
5 陈法于：《新晴》，见《皇城陈氏诗人遗集》，第195页。
6 陈象雍：《山中观雾》，见《皇城陈氏诗人遗集》，第150页。
7 陈坦：《雪水煮茶》，见《皇城陈氏诗人遗集》，第169页。
8 参见《郭峪村志》，第193页。
9 任茂棠.陈廷敬大传[M]. 山西人民出版社，2012.262.
10 陈法于：《山居》，见《皇城陈氏诗人遗集》，第187页。
11 陈法于：《午亭山村》，见《皇城陈氏诗人遗集》，第194页。
12 陈咸受：《山居》，见《皇城陈氏诗人遗集》，第129页。
13 参见《郭峪村志》，第77页。

翠，阑干飘渺临无地”[1]。此诗应为陈廷敬立于荡楼[2]所作（表2–1）。

东山八景信息表　　表2–1

八景	方位	现状
桂山庙	东山南支石山的悬崖上	20世纪70年代拆毁
庙中庙	桂山庙中，内有温泉	20世纪70年代拆毁
鱼池院	石山山崖下，内有鱼池，清流不断，自行喷水	不存
没梁庙	桂山庙以东半里许，金裹谷文人活动之所	不存
晴雨塔	松山之巅，登顶鸟瞰，尽收眼底；预测晴雨，准确无误	重修
鸣凤壁	晴雨塔院内的一块五尺长大青石，拍打可听到金鸡长鸣之声	不知去向
荡楼	为四柱亭台，俗称“看河亭”，建于樊溪之旁的一块大岩石之上	不存
黄河九道弯	樊川峡谷谷底通向东山山顶的一段官道，蜿蜒盘旋	民国以后废除

另一处重要景观，是位于晴雨塔院山脚下、临河一处巨石之上的飞鱼阁。“石上平拓，石下悬空，并有石洞，洞深10米……石前原有一鱼池，常年池水清澈……石上建有一阁，阁有三间，内有塑像，墙有壁画，院有门楼，门额题‘飞鱼阁’……建于明崇祯六年（1633年）。出飞鱼阁依山往北走两三步，有一巨石，上篆刻‘飞鱼阁’三字；再往北走三四步，又有一巨石，上刻□□谷，谷字清晰可见，前两字石风化不可辨认。当为‘金裹谷’。”[3]

飞鱼阁的名字与鱼山有关，其来历有一段颇具传奇色彩的历史记载：“邑之郭谷有东山，后改称鱼山。陈侍御昌言记云：‘崇祯庚午（1630年）春，有道人铜冠束发来观山庵，数日不食，人争往视之。予弟大来[4]饭之。询以故，亦不语，但云此山乃鱼山也，鳞角已就，势欲飞腾，当即出贵人矣……相国营菟裘[5]曰午亭山村，其地有飞鱼阁，盖因道

1　陈廷敬：《东山亭子放歌》，见《皇城陈氏诗人遗集》，第38页。
2　荡楼非楼，而是观景之亭，因其建于一片杵形巨石上来回晃荡，故称荡楼。
3　参见《郭峪村志》，第77页。
4　即陈廷敬的父亲陈昌期之乳名。
5　士大夫退职后所居地。

图2-21 樊川峡谷东山之景——中道庄与复建后的晴雨塔

图2–22 复建后的飞鱼阁

士之言为之。’”[1]文中道士之言发生于1630年，而陈廷敬出生于1639年。这一故事传遍整个阳城县，因此后来的诗文中便有“相国鱼山前”[2]、“主人筑舍鱼山中”[3]的称呼，陈昌言也自号“鱼山”（图2–22）。

西山地势略缓，土质尚可，皇城村大部分耕地集中于此，其主要特色是天高云远背景下农耕梯田的景象，如“细岑驱羸牛，如蚁缘嵯峨。高秋八九月，豆叶纷交加”[4]；“种麻时节雨霏霏，玉袖笼筐小径微”[5]；“下瞰田中禾，槁者回精光”[6]。西山之上除了麦谷豆麻等农作物以外，还种有桑树、果树等，如“馌耕人在桑阴里，果子花开唱午鸡”[7]；“初晴东西坨，喜见桑麻沃”[8]。由于中道庄坐东朝西，所以西山是中道庄建筑的重要对景，古人常倚栏远眺，如“凭栏一以眺，日暮山青紫”[9]；“吾庐偃息东皋下，四望烟霞殊堪把”[10]；“凭栏望诸峰，一一如新妆”[11]；“后山惟白云，幽人极对目”[12]；“秋色从西来，堕我庭树间”[13]；“幸多爽气发西山，尚可钩窗拄颊观”[14]。

---

1 清同治《阳城县志·杂志》。

2 王炳照：《题门人陈金门秀野山房，次东坡<独乐园>韵》，见《皇城陈氏诗人遗集》，第221页。

3 王炳照：陈法于：《种松歌》，见《皇城陈氏诗人遗集》，第197页。

4 陈廷敬：《豆叶》，见《皇城陈氏诗人遗集》，第24页。

5 王炳照：《樊川竹枝词》，见《皇城陈氏诗人遗集》，第243页 。

6 陈法于：《新晴》，见《皇城陈氏诗人遗集》，第195页。

7 王炳照：《樊川竹枝词》，见《皇城陈氏诗人遗集》，第243页。

8 陈豫朋：《濂村踏青诗》，见《皇城陈氏诗人遗集》，第95页。

9 陈法于：《山居》，见《皇城陈氏诗人遗集》，第187页。

10 陈昌言：《家弟书至，于斗筑居外买得闲田四十亩许，可理别墅，因赋怀以寄》，见《皇城陈氏诗人遗集》，第6页。

11 陈法于：《新晴》，见《皇城陈氏诗人遗集》，第195页。

12 陈廷敬：《西山院》，见《皇城陈氏诗人遗集》，第60页。

13 陈法于：《漫兴》，见《皇城陈氏诗人遗集》，第187页。

14 陈象雍：《记所适》，见《皇城陈氏诗人遗集》，第151页。

西山上有两处重要景观，梅庄与西山院。梅庄位于西山半腰，拾阶而上，其上有水、有花、有亭台楼阁：“梅庄……碧槛朱栏，回廊复阁……朝烟暮霭，苍翠迷离，不啻蓬壶阆苑也。”[1]梅庄之内（表2-2），可极目远观对面的东山：“西山凭眺度层台，暖阁含香正落梅”[2]；“露重苍苔滑，山亭策杖来。层窗花气合，曲迳水声开。笑对青山色，争传白玉醅”[3]。西山院正对中道庄，古称西坡庙，“为农人祈报之所”[4]，陈廷敬有诗云“前山行雨归，还就山云宿”[5]（图2-23）。

梅庄信息一览表

表2-2

方位		“梅庄居午亭之西”[6]
园主/营造者		陈廷愫、陈贲懿
相关诗文		“风轻池面冰初解，雨细园中柳欲开”；[7] “梅庄此时节，花影自婆娑”；[8] “灌毕邵平十亩瓜，更商芳谱养奇葩。忽携月殿神仙种，来换天香富贵花”；[9] “只今萧瑟寒山路，正是梅庄花发时”；[10] “掩映茂林修竹之间”；[11] “飞泉遥引下前锋，卉木潜滋秀气浓”；[12]
景观要素	水景	池、飞泉
	植物	梅花、牡丹、竹、瓜果
	动物	

1 任茂棠主编.陈廷敬大传[M].山西人民出版社，2012.486.
2 陈廷愫：《人日梅庄宴集》，见《皇城陈氏诗人遗集》，第67页。
3 陈廷翰：《雨后过梅庄》，见《皇城陈氏诗人遗集》，第92页。
4 民国12年《皇清例封修职郎（灵石县教谕盟洲陈公祔王孺人合葬墓）》，见《皇城石刻文编》，第86页。
5 陈廷敬：《西山院》，见《皇城陈氏诗人遗集》，第60页。
6 任茂棠主编.陈廷敬大传[M].山西人民出版社，2012.486.
7 陈廷愫：《人日梅庄宴集》，见《皇城陈氏诗人遗集》，第67页。
8 陈豫朋：《大漠石月下遣行，怀五叔父暨六弟、九弟、十弟》，见《皇城陈氏诗人遗集》，第106页。
9 陈贲懿：《南垞兄以慕园丹桂来易梅庄牡丹》，见《皇城陈氏诗人遗集》，第135页。
10 陈贲懿：《永宁州道中》，见《皇城陈氏诗人遗集》，第136页。
11 任茂棠主编.陈廷敬大传[M].山西人民出版社，2012.486.
12 同上。

图2—23 樊川峡谷西山之景

东山、西山之景均为目之所及也，如若登山，沿着樊川峡谷往北便是樊山山麓。由远及近依次为可乐山、华阳山、樊山、洞阳山。这些山峰峦叠翠、溪流不断，如可乐山“上有二瀑垂焉水*松石之盛*山无比”[1]，同时距离中道庄较近，站在山巅之上便能看见东山，“东山回首处，云树渺苍茫”[2]。从诗中还可断定，朝发夕返，骑马或步行一日之内可游赏完毕：“月明归路狭，身染薜萝烟”[3]。洞阳山距离樊山也不远，“折曲樊山麓，幽径连崔嵬”[4](图2—24)。

其中，樊山出现的频率最高，原因有二：一是“樊山山阴有百鹤阡，系陈文贞相国先茔，阡表可考”[5]，即陈廷敬父母之墓在其山北，每年寒食节必有陈氏后人前去祭祖；二是

1 清乾隆《阳城县志·卷之二·山川·沁河》。
2 陈咸受：《樊山道中和薇村兄韵》，见《皇城陈氏诗人遗集》，第128页。
3 陈咸受：《游可乐山》，见《皇城陈氏诗人遗集》，第129页。
4 陈贲懿：《游洞阳山》，见《皇城陈氏诗人遗集》，第136页。
5 清同治《阳城县志·卷之三·方舆·山川》。

图2–24 樊川峡谷北望樊山之景

樊山景色极佳，古有“樊山十景”[1]，尤其是东南不远处的老姆掌曲径通幽，是陈氏家族游憩的绝佳之地（图2–25），“陟其巅曰近云低，昂头天外南视千岩万壑较若列眉俯认沁东冈，陵如平原，旷野客分，沟恤村墟烟树渺如棋子布列，众水藏于山麓不露，惟沁水绕西若断若连，波如明练，可谓山之包罗万象

图2–25 樊山老姆掌陈廷敬题字

1 陈廷愫：《寒食祭百鹤阡》，见《皇城陈氏诗人遗集》，第68页。

图2–26 同治版《阳城县志·图·海会龙湫图》

者。”[1]

沿着樊川峡谷往南则通向谷口，诗文中常提到的有“梅子冈”、“流花峪”、“海会寺”三处。“梅子冈”为谷中著名景观，与“飞鱼阁”等同在《阳城县志》中被提到（图2–26），是陈氏家族闲暇之余散步的地方，如“散步梅子冈，幽花自开落”[2]；“地静心亦闲，登顿任散步”[3]。“梅子冈”具体位置不详，应该位于樊川峡谷西岸靠近峪口的山丘之上，“才过石板桥，渐入苍崖路。隔篱闻暗香，霁雪收寒雾”[4]。“流花峪”应指代峪口，“兴尽出峪口，踏月惊鸥鹭”[5]，因“流花满溪谷”[6]而得名。“海会寺”又名龙泉寺，“顺流而下，山坳有金裹谷海会寺在谷中，龙泉水绕寺出焉，旧志所谓海会龙湫即此。”[7]

“素有看山癖，今朝始入山”[8]。由于皇城村位于阳城、泽州、沁水三县交界处，且泽州府境内多山，因此周游群山、吟诗作赋，成为古人消闲的重要乐趣（图2–27）。“系马长松下，寻僧落照边。深山无客舍，古寺带流泉”[9]。这是古人骑马、登山、探幽、咏文的真实写照。我们对《皇城陈氏诗人遗集》中的现存诗文进行统计，大致还原出陈氏家族的活动范围与轨迹如表2–3所示。

1 清同治《阳城县志·卷之三·方舆·山川》。
2 陈廷敬：《梅子冈》，见《皇城陈氏诗人遗集》，第59页。
3 陈豫朋：《梅子冈晚步出流花峪》，见《皇城陈氏诗人遗集》，第109页。
4 陈豫朋：《梅子冈晚步出流花峪》，见《皇城陈氏诗人遗集》，第109页。
5 陈豫朋：《梅子冈晚步出流花峪》，见《皇城陈氏诗人遗集》，第109页。
6 陈廷敬：《流花峪》，见《皇城陈氏诗人遗集》，第58页。
7 清同治《阳城县志·卷之三·方舆·山川》。
8 陈随贞：《入山四首》，见《皇城陈氏诗人遗集》，第113页。
9 王炳照：《晚宿山寺》，见《皇城陈氏诗人遗集》，第214页。

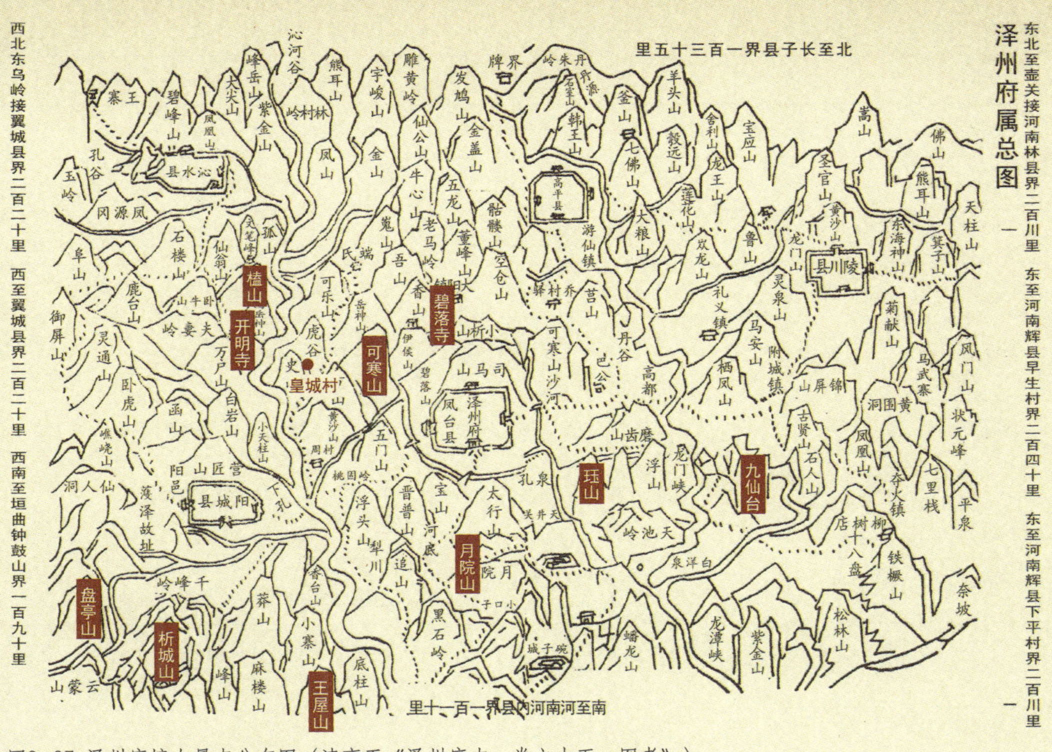

图2–27 泽州府境内景点分布图（清雍正《泽州府志·卷之十五·图考》）

陈氏诗人写景诗一览表　　　　表2–3

山川	胜迹	方位	诗作
王屋山	王母洞	"县西南百里"	《王屋山归途复雨》[1]；《王屋山》[2]；《王母洞》[3]
沁河	九女台	"在县东南六十里"	《九女台》[4]
盘亭山（塔楼山）	铁盆嶂	"县西南八十里"	《铁盆嶂》[5]；《铁盆嶂》[6]；《登铁盆嶂放歌》[7]；《登塔楼山》[8]

1　陈随贞：《王屋山归途复雨》，见《皇城陈氏诗人遗集》，第112页。
2　陈秉灼：《王屋山》，见《皇城陈氏诗人遗集》，第179页。
3　陈随贞：《王母洞》，见《皇城陈氏诗人遗集》，第114页。
4　陈法于：《九女台》，见《皇城陈氏诗人遗集》，第204页。
5　陈随贞：《铁盆嶂》，见《皇城陈氏诗人遗集》，第115页。
6　陈咸受：《铁盆嶂》，见《皇城陈氏诗人遗集》，第128页。
7　陈法于：《登铁盆嶂放歌》，见《皇城陈氏诗人遗集》，第190页。
8　陈法于：《登塔楼山》，见《皇城陈氏诗人遗集》，第201页。

续表

山川	胜迹	方位	诗作
析城山	千峰寺	“县西南七十里”	《析城山》[1]；《宿千峰寺》[2]
	圣乐寺		《游圣乐寺》[3]
	开明寺	阳城县望川村	《题开明寺云中楼》[4]
珏山	青莲寺	泽州县金村镇	《同韩大行登珏山》[5]；《珏山》[6]
可寒山	乾明寺	泽州县东沟镇西北的可寒山	《可寒山乾明寺》[7]
月院山	普照寺（小月寺）	泽州县晋庙铺镇窑掌村	《登月院山观普照寺》[8]
	碧落寺（泽州八景之首，“碧落卧云”）	泽州县巴公镇南连氏村	《碧落寺重游》[9]
榼山	榼山寺（大云寺）	沁水城东端氏镇	《宿榼山寺天外楼》[10]；《古柏清泉，榼山胜迹也。低回其间，因怀 张直方广文》[11]
	沁渡（沁水古十景）	沁水县郭壁村	《沁渡》[12]；《沁渡古刹》[13]；《忆沁渡》[14]
九仙台		陵川县西南部台南村	《题九仙台》[15]
天坛山		河南省济源市城区西北约31公里处	《宿天坛王道士房》[16]

1 陈并灼：《析城山》，见《皇城陈氏诗人遗集》，第178页。
2 陈秉灼：《宿千峰寺》，见《皇城陈氏诗人遗集》，第179页。
3 陈壮履：《游圣乐寺》，见《皇城陈氏诗人遗集》，第126页。
4 陈法于：《题开明寺云中楼》，见《皇城陈氏诗人遗集》，第192页。
5 陈昌言：《同韩大行登珏山》，见《皇城陈氏诗人遗集》，第8页。
6 陈廷敬：《珏山》，见《皇城陈氏诗人遗集》，第8页。
7 陈豫朋：《可寒山乾明寺》，见《皇城陈氏诗人遗集》，第96页。
8 陈廷敬：《登月院山观普照寺》，见《皇城陈氏诗人遗集》，第42页。
9 陈廷敬：《碧落寺重游》，见《皇城陈氏诗人遗集》，第42页。
10 陈廷敬：《宿榼山寺天外楼》，见《皇城陈氏诗人遗集》，第8页。
11 陈豫朋：《古柏清泉，榼山胜迹也。低回其间，因怀张直方广文》，见《皇城陈氏诗人遗集》，第108页。
12 陈法于：《沁渡》，见《皇城陈氏诗人遗集》，第196页。
13 王炳照：《沁渡古刹》，见《皇城陈氏诗人遗集》，第219页。
14 王炳照：《忆沁渡》，见《皇城陈氏诗人遗集》，第222页。
15 陈随贞：《题九仙台》，见《皇城陈氏诗人遗集》，第117页。
16 陈昌言：《宿天坛王道士房》，见《皇城陈氏诗人遗集》，第5页。

(2) “水泉”——“门前碧玉流，金波漾新月”[1]

与中道庄相关的水景可以分为四个层次，分别是溪、泉、池、瀑。樊溪是樊川峡谷中最重要的水体景观因子，水面碧波荡漾倒映着山景，两岸花草遍野，黄鹂鸣翠柳，歌咏春色，如“疏柳鸣黄鹂，断桥通碧水”[2]；“花光浮涟滟，柳绵飞断续”[3]。灵动的溪水也为封闭的山区增加了活泼的层次，如“落景映橙岚，背水林影趣”；“溪村山舍憩清幽，月影灯花旧此楼”[4]；“溪上青山接太行，午亭便是午桥庄”[5]；“还倚窗下榻，清梦听流湍”[6]。樊溪[7]自北向南而流，因此在诗中又称“南溪”，指代故乡寄托乡愁：“南溪此时节，篱菊正依依”[8]；“南溪今日酒，酩酊几人归”[9]。沿着樊溪逆流而上便可到达中道庄，有诗云“村径沿溪入，薜萝绕砌穿”[10]（图2–28）。

图2–28 樊溪今日之景

樊溪之上还有一处重要景观——“七柿滩”。七柿滩是河流中间的小块滩地，“秋水落汀渚，古木馀磊”[11]，上面栽种着当地特产柿子树，“老屋疏林夹岸斜，晚红霜颗艳明霞”[12]。柿子可酿酒、做柿饼，是难忘的家乡美味，陈廷

1 任茂棠主编.陈廷敬大传[M].山西人民出版社，2012.262.
2 陈随贞：《村居杂咏十首之二》，见《皇城陈氏诗人遗集》，第114页。
3 陈豫朋：《濂村踏青诗》，见《皇城陈氏诗人遗集》，第95页。
4 陈复刚：《出门迂曲往返三百余里漫记七首之二》，见《皇城陈氏诗人遗集》，第132页。
5 任茂棠.陈廷敬大传[M].山西人民出版社，2012.499.
6 任茂棠.陈廷敬大传[M].山西人民出版社，2012.127.
7 樊溪发源于皇城村北边的樊山，由北向南分别流经大端、皇城、郭峪、大桥等村汇入史山河，再折而向西至润城汇入沁河。
8 王小圣，栗秋毅.沁樊重阳诗抄[M].山西出版集团北岳文艺出版社，2009.92.
9 王小圣，栗秋毅.沁樊重阳诗抄[M].山西出版集团北岳文艺出版社，2009.94.
10 参见《郭峪村志》，第193页。
11 王小圣、栗秋毅.沁樊重阳诗抄[M].山西出版集团北岳文艺出版社，2009.79.
12 陈法于：《七柿滩》，见《皇城陈氏诗人遗集》，第204页。

敬曾两次写诗赞美此地："山家黄叶林，晚红拾霜颗"[1]；"解道黄柑三百棵，不如红柿熟千章"[2]。陈廷敬侄子陈复刚有诗云："吾家柿酿称美酒，不数江南三白醴"[3]。

除了樊溪之外，樊川峡谷东山坡岭之上还有一处泉涌，"芙蓉山色翠岭岈，城角潺湲一涧斜"[4]；"况有温泉清可泻"[5]。七世陈昌言在《斗筑居记》中有详细的描写，"堡之西南有一泉，清洌可食，每涌丈余，从渠道流出，彻岁不舍，名曰：'温泉'。可汲以井养而不穷。其利赖于堡者实多。"[6]这个泉名叫"温泉"，也是名副其实的温泉，"泉温而冽"[7]、"泉水温良"[8]。到了八世陈廷敬的笔下则名为"濂泉"，"泉水清且涟，古村濂泉下"[9]。另有一首诗名为《濂村以濂泉得名》，所以古村又被文人自诩为"濂村"："濂村凿山翠，濂村傍水曲……环流清且涟，一雨添净绿。"[10]

濂泉是陈氏家族的饮用水水源，按照地理方位描述，应为今皇城相府祠堂前的水井，有诗云："午亭流水绕祠堂，黄阁青山一瓣香"[11]。七世陈昌言营造城墙南侧的南书院止园时，又将此水引入园林当中："引水通梁，栽花灌木"[12]；"引泉分壤汰沙石，石根砍断青玲珑"[13]。引入的濂泉水造景为池，"凿池生荇藻，叠石象嶙峋"[14]。池中栽种的则是象征当官"廉洁"的莲花："为园多种竹，引水独栽莲"[15]；"残荷虽已零……涧边木芙蓉"[16]。而陈氏后人在池上最多的活动是蓑衣垂钓、饮酒作赋："蜡屐寻樵路，青蓑理

---

1 王小圣、栗秋毅.沁樊重阳诗抄[M].山西出版集团北岳文艺出版社，2009.79.

2 王小圣、栗秋毅.沁樊重阳诗抄[M].山西出版集团北岳文艺出版社，2009.79.

3 陈复刚：《无酒歌》，见《皇城陈氏诗人遗集》，第133页。

4 陈崇俭：《送雅堂仲兄出知珙县》，见《皇城陈氏诗人遗集》，第163页。

5 陈昌言：《家弟书至，于斗筑居外买得闲田四十亩许，可理别墅，因赋怀以寄》，见《皇城陈氏诗人遗集》，第7页。

6 崇祯五年《斗筑居记》，见《皇城石刻文编》，第60页。

7 陈昌言：《家弟书至，于斗筑居外买得闲田四十亩许，可理别墅，因赋怀以寄》，见《皇城陈氏诗人遗集》，第6页。

8 《陈氏家谱》。

9 陈廷敬：《濂泉》，见《皇城陈氏诗人遗集》，第58页。

10 陈豫朋：《濂村踏青诗》，见《皇城陈氏诗人遗集》，第95页。

11 陈秉灼：《传家集成自题》，见《皇城陈氏诗人遗集》，第181页。

12 陈昌言：《家弟书至，于斗筑居外买得闲田四十亩许，可理别墅，因赋怀以寄》，见《皇城陈氏诗人遗集》，第6页。

13 陈法于：《种松歌》，见《皇城陈氏诗人遗集》，第197页。

14 陈昌言：《止园落成即景十四韵》，见《皇城陈氏诗人遗集》，第7页。

15 陈廷统：《种松歌》，见《皇城陈氏诗人遗集》，第73页。

16 陈廷敬：《池上晚秋》，见《皇城陈氏诗人遗集》，第27页。

钓纶。狂歌邀月盏，滥醉落风巾”[1]；“衔杯池上游，独对池中影”[2]。

根据口述，“祠堂这儿的井没水了，南书院的井就没水了。”[3]可印证这两处水井乃为同一源头。另外，皇城村还有一处温泉，俗称“小河”，位于中道庄古堡外西北方向。小河水源头原在堡外东北侧更远处的土垸[4]，经过人工暗渠、明渠引至樊溪东边一处水井，溢出后再汇入樊溪，水质极好，冬暖夏凉，可惜由于开采煤矿导致水位下降，消失于20世纪七八十年代。此处泉水在陈氏史料中没有任何记载，主要原因是其并非堡内陈氏家族的饮用之水，而属于堡外的外姓家族（图2-29）。

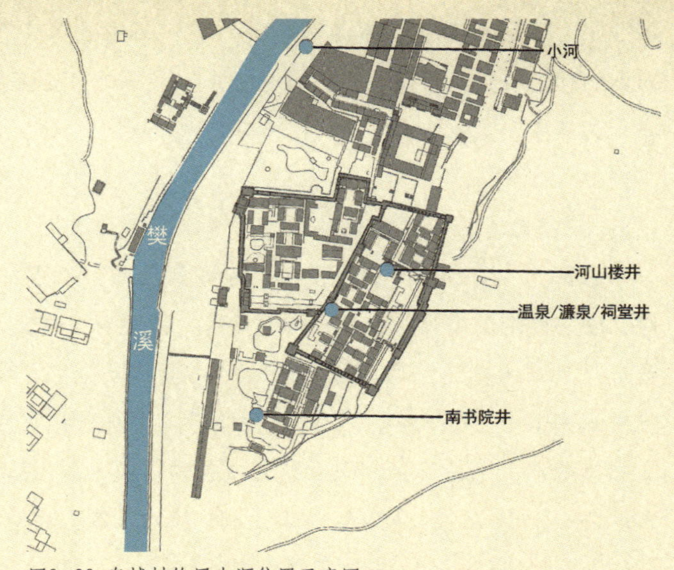

图2-29 皇城村饮用水源位置示意图

根据诗文描述，西山之上也应有一处泉水，因局部山岩壁立，故将其引至山边飞降为瀑布，“朝登群山巅，晚对檐前瀑”[5]。此瀑布应位于梅庄附近，有诗《梅庄烟树》云：“飞泉遥引下前锋，卉木潜滋秀气浓”[6]。

不难看出，樊川峡谷虽然地处山区，但此处并不是一个缺水的地方，地下水资源非常丰富。几乎每座山丘之上都有泉眼，山丘间的沟壑之中都有溪流，水源不大但细水长流：“惟见石上流，清泉不改色”[7]；“微闻松萝风，遥递石泉响”；“方池凿山翠，石罅清泉

1 陈昌言：《止园落成即景十四韵》，见《皇城陈氏诗人遗集》，第7页。
2 陈法于：《池上小酌》，见《皇城陈氏诗人遗集》，第187页。
3 见本书“黄阁青山总是情——郭培刚”。
4 地名，由于土壤较好，村人如需用土均在此处挖凿，久而久之成为皇城村的公共土场，称土垸，古已有之。
5 陈随贞：《村居杂咏十首之二》，见《皇城陈氏诗人遗集》，第114页。
6 任茂棠.陈廷敬大传[M].山西人民出版社，2012.486.
7 陈廷敬：《双豁》，见《皇城陈氏诗人遗集》，第59页。

滴”[1]；“崦霁岚蒙墅，水澌涧绕门”[2]；“石上流水日潺潺”[3]。因此，陈昌言在中道庄修筑河山楼抵御西秦流贼时，“掘地为井”[4]便有水，后来贼人来袭，“围楼攻之三昼夜，谓楼中渴且降，先公汲楼井中水，扬楼四边。贼惊，相视谓不可以渴降也，徐驱去。”[5]

（3）“园囿”——“形骸看土木，意兴寄樵渔”[6]

古时大户人家的宅院周围，必定布置花园，所谓“村落衣冠古，园亭景物嘉”[7]。造园，既是生活的情趣，也是精神的寄托，体现着古时文人诗意的一面。园中草木接替、鸟雀成林，家人共游，尽享苑囿、天伦之乐。园中花海松林、果园菜畦，古人物尽其用，“雪水烹茶”[8]、“酿花酒”[9]、“种松”[10]等，乐此不疲。园中步移景换、周而复始，古人写景咏物，以诗志喜，既承载着众人的狂欢，如《诸侄邀饮沁园》[11]、《元夜怀鹤圃灯火》[12]中父子、叔侄、兄弟、朋友之间的聚会畅饮，也包含着独处的曼妙，如《夏日墓园漫兴》[13]、《秋兴》[14]、《春日杂兴》[15]中一个人的随性漫步，伤春悲秋。

止园（表2-4），俗称“花园”、“南花园”，是中道庄人工营造的第一处园林（图2-30），乃陈昌言所策划：“其南一区作止园，为书堂。引水通梁，栽花灌木，可以课读，可以陶情，老足矣。更兼东山之麓多隙地，可作鹿囿，植蔬果。周围筑之短墙，墙外遍植佳树，数年绿满阴稠，佳鸟欣托，杂鸣其间。主人于稼圃吟读之暇，坐卧其下，把酒

1 陈廷敬：《岭泉亭》，见《皇城陈氏诗人遗集》，第59页。
2 陈豫朋：《雨后汝枢邀集艾园即事》，见《皇城陈氏诗人遗集》，第103页。
3 陈昌言：《家弟书至，于斗筑居外买得闲田四十亩许，可理别墅，因赋怀以寄》，见《皇城陈氏诗人遗集》，第7页。
4 陈昌言：崇祯七年《民国故显考郭公辅臣德配原孺人之墓》，见《皇城石刻文编》，第54页。
5 卫庆怀.陈廷敬史实年志[M]. 山西人民出版社，2009.16.
6 陈壮履：《闲情》，见《皇城陈氏诗人遗集》，第125页。
7 陈壮履：《诸侄邀至沁园》，见《皇城陈氏诗人遗集》，第124页。
8 陈坦：《雪水烹茶》，见《皇城陈氏诗人遗集》，第169页。
9 陈名俭：《菊迟》，见《皇城陈氏诗人遗集》，第159页。
10 陈法于：《种松歌》，见《皇城陈氏诗人遗集》，第197页。
11 陈壮履：《诸侄邀至沁园》，见《皇城陈氏诗人遗集》，第124页。
12 陈名俭：《元夜怀鹤圃灯火》，见《皇城陈氏诗人遗集》，第160页。
13 陈壮履：《夏日墓园漫兴》，见《皇城陈氏诗人遗集》，第126页。
14 陈静渊：《秋兴》，见《皇城陈氏诗人遗集》，第140页。
15 陈法于：《春日杂兴》，见《皇城陈氏诗人遗集》，第202页。

图2–30 止园今日之景

听之，洵乐也夫！”[1]由于止园位于今皇城相府内城南侧，靠近东山之麓的地方，又称南园：“初霁涉南园，晓池风寂历”[2]；“闻道南园春正好，漫移萧股过邻家”[3]。

鹤圃方位、景致与止园相似，有可能是止园中的一部分，“中筑半亩宫，为园近绿野”[4]（表2–5）。

1 陈昌言：《家弟书至，于斗筑居外买得闲田四十亩许，可理别墅，因赋怀以寄》，见《皇城陈氏诗人遗集》，第6页。
2 陈廷敬：《雨后至南园》，见《皇城陈氏诗人遗集》，第27页。
3 陈法于：《病起》，见《皇城陈氏诗人遗集》，第202页。
4 王炳照：《题门人陈金门秀野山房，次东坡独乐园韵》，见《皇城陈氏诗人遗集》，第221页。

止园信息一览表 表2–4

方位		"斗筑居南一区"[1]
相关人物		陈昌言
相关诗文		"竹林书屋邃，花坞药栏新……天渊时共映，鱼鸟日相亲"[2]； "高人无俗怀，修竹同一静"[3]； "为园多种竹，引水独栽莲"[4]； "开襟竹里风，敧枕松间局"[5]； "种莲引渠水，叠石方为塘"[6]； "韭花初破蕊，香扑涧东西"[7]； "芙蓉花发满池塘，斑马萧萧促晓装"[8]； "燕穿修竹舞，蝶傍桂花飞"[9]； "残编恐鱼蠹，荒园盼主人。池荷娇应满，篱菊蕊当新。琅玕结凤实，虬干长龙鳞。[10]" "篱菊幸开三径满，幽香偏与性相宜"[11]； "故园松菊多无恙，潇洒西风一举觞"[12]； "梅花独放岁寒枝，夜静机窗罢织时"[13]。
景观要素	水景	渠、塘、渊
	植物	梅兰竹菊、松、莲、桂花、菜
	动物	鱼、鸟

1 陈昌言：《家弟书至，于斗筑居外买得闲田四十亩许，可理别墅，因赋怀以寄》，见《皇城陈氏诗人遗集》，第6页。
2 陈昌言：《止园落成即景十四韵》，见《皇城陈氏诗人遗集》，第7页。
3 任茂棠.陈廷敬大传[M]. 山西人民出版社，2012.475.
4 陈廷统：《种松歌》，见《皇城陈氏诗人遗集》，第73页。
5 陈豫朋：《濂村踏青诗》，见《皇城陈氏诗人遗集》，第95页。
6 任茂棠.陈廷敬大传[M].山西人民出版社，2012.475.
7 任茂棠.陈廷敬大传[M].山西人民出版社，2012.475.
8 陈静渊：《送二弟赴省试》，见《皇城陈氏诗人遗集》，第143页。
9 陈静渊：《秋日即景》，见《皇城陈氏诗人遗集》，第141页。
10 陈昌言：《九月朔二日，维扬道上感怀》，见《皇城陈氏诗人遗集》，第10页。
11 陈静渊：《秋日感成》，见《皇城陈氏诗人遗集》，第141页。
12 陈随贞：《秋日漫兴用家沧州韵三首之一》，见《皇城陈氏诗人遗集》，第116页。
13 陈卫氏：《岁寒课子》，见《皇城陈氏诗人遗集》，第149页。

鹤圃信息一览表 表2–5

方位		“相国鱼山前，鹤圃在其下”[1]
相关人物		陈静渊、陈名俭、陈法于
相关诗文		“绕庐已种十亩竹，拔地尚惜无苍松……归巢应许栖鹳鹤，化石亦可分雌雄，松年自是千岁翁”[2]； “花税鹤粮差足用”[3]； “舍兴入园扉，鱼鸟足娱适。岚浮螺髻青，泉响鸭头碧。乔木环亭轩，繁华依竹石”[4]； “萧萧松菊掩重关，老圃花开鹤往返。”[5]； “中筑半亩宫，为园近绿野。几榻列轩窗，琴书杂杯 。花柳媚芳春，果蔬摘盛夏”[6]； “能读遗书学种瓜……四壁青山半槛水，满楼明月一园花……满畦菘韭近香厨”[7]； “石苔迷鹤迳，渚水涨鱼梁。蔬摘秋菘脆，餐余晚稻子香”[8]
景观要素	水景	泉
	植物	竹、松、菊、花、乔木、瓜果蔬菜、水稻
	动物	鹤、鱼、鸟、鸭

慕园是除了止园、鹤圃之外唯一提到水池的园林，而中道庄除止园外仅有一处鱼池，位于今皇城相府外城，大学士第西侧、小姐院南侧的西花园，据今人口述“这片圐圙现在叫鱼池，以前估计也是鱼池，为什么那样讲？因为我们在那一块地方挖红薯窖……挖到了水渠，再后来挖到底下全是黄沙，有沙毕竟是河里的么，所以觉得的它以前是水渠。”[9]由此推测今鱼池所处的西花园可能为慕园（图2–31）。

意园资料有限，具体方位不详。根据口述，民国时期堡中内城、外城除宅院外有多处空地，俗称“圐圙”。一类为原建筑已毁、尚留房基的宅基地，另一类则是土场，老百姓

1 王炳照：《题门人陈金门秀野山房，次东坡独乐园韵》，见《皇城陈氏诗人遗集》，第221页。
2 陈法于：《种松歌》，见《皇城陈氏诗人遗集》，第197页。
3 陈秉灼：《寄赠金门》，见《皇城陈氏诗人遗集》，第179页。
4 陈静渊：《鹤圃》，见《皇城陈氏诗人遗集》，第139页。
5 陈法于：《鹤圃》，见《皇城陈氏诗人遗集》，第195页。
6 王炳照：《题门人陈金门秀野山房，次东坡独乐园韵》，见《皇城陈氏诗人遗集》，第221页。
7 陈秉灼：《寄赠金门》，见《皇城陈氏诗人遗集》，第179页。
8 陈壮履：《园中与客》，见《皇城陈氏诗人遗集》，第125页。
9 见本书“黄阁青山总是情–郭培刚口述” 。

图2—31 西花园今日之景

在其上种植、养殖甚至堆放垃圾，如今皇城相府的西花园、东花园等处，因其上原来并无建筑，很可能是小型园林所在地。

沁园，乃陈廷敬长子陈谦吉所造，因其迁居屯城镇，故园址也不在中道庄内。

艾园，根据诗中“樊川逾北岭，诘曲入孤村”[1]的描述，应当在樊山北岭的一个孤村，推测可能是今天的王街村（表2—6）。

1 陈豫朋：《雨后汝枢邀集艾园即事》，见《皇城陈氏诗人遗集》，第103页。

其他园林信息表　　表2–6

名称	相关人物	相关诗文	水景	植物	动物
慕园	陈壮履	《南垞兄以慕园丹桂来易梅庄牡丹》[1]；"海棠开后春无主，满园梨花白似银"[2]；"帘遥碧玉风吹柳，林堕黄金雨落梅。冰水藕丝巡竹去，双柑斗酒听莺来"[3]	池	丹桂、海棠、梨树、莲藕、竹、梅花、柳树等乔木	莺
艾园	陈咸受、陈汝枢	"崦霁岚蒙墅，水澌涧绕门。乡烟喧钹鼓，飧馔压鸡豚"[4]；"茅舍竹篱农圃乐……四围峭壁窥窗色，百尺飞泉入座声。藓径松门花落遍"[5]	水涧、飞泉	竹、菜圃、花、松	鸡、小猪
意园	陈复刚	"月色铺来满，花香过处新"[6]		花	
沁园	陈谦吉	"檐垂当夏果，篱艳后庭花。拔地青峰瘦，穿林碧水斜"[7]	碧水	果蔬、花	

除集中的园林布置之外，还有零散绿植遍布各处，如樊溪河畔的细柳成荫："倦客重寻冈上庐，童时旧种门前柳"[8]；如门前、路侧、院内的古槐参天："槐荫夹道晚风凉，门径依稀绿野堂"[9]。当地人"栽大槐树图旺气，树下有院，有石碾石磨，有人家，凉快"[10]，其中个别槐树一直长到20世纪70年代，如世德院、青林后院、树德院、樊家院内，以及城墙角落、空地等处，甚至藏兵洞"洞口都种着很粗的树"[11]。

作为官宦、书香世家，庭院中还植有"梅、兰、竹、菊"等花草加以点缀，所谓"高人无俗怀"[12]，有诗为证："兰气暖融荀令宅，梅花香馥步兵厨"[13]；"竹叶春常在，梅

1　陈贲懿：《南垞兄以慕园丹桂来易梅庄牡丹》，见《皇城陈氏诗人遗集》，第135页。
2　陈法于：《慕园》，见《皇城陈氏诗人遗集》，第204页。
3　陈壮履：《夏日慕园漫兴》，见《皇城陈氏诗人遗集》，第126页。
4　陈豫朋：《雨后汝枢邀集艾园即事》，见《皇城陈氏诗人遗集》，第103页。
5　陈观颙：《过盟洲弟艾园》，见《皇城陈氏诗人遗集》，第122页。
6　陈复刚：《青铜馆（时居意园，青铜馆在望内）》，见《皇城陈氏诗人遗集》，第132页。
7　陈壮履：《诸侄邀至沁园》，见《皇城陈氏诗人遗集》，第124页。
8　陈廷敬：《东山亭子放歌》，见《皇城陈氏诗人遗集》，第38页。
9　陈法于：《午亭山村》，见《皇城陈氏诗人遗集》，第194页。
10　见本书"奇门遁甲有说处——王培富"。
11　见本书"河东河西三十年——程毛旦"。
12　任茂棠，主编.陈廷敬大传[M]. 山西人民出版社，2012，第474页。
13　陈法于：《春日杂兴》，见《皇城陈氏诗人遗集》，第202页。

花梦不孤”[1]；“旧日居停犹可忆，小桥行尽竹篱笆”[2]；“草堂新日月，竹径旧田庐”[3]；“荆扉抱寒绿，竹径生孤烟”[4]；“青松映日龙髯古，翠竹迎风凤尾寒”[5]。

（4）“山居”——“赢得闲身喜自如，细筹行乐是山居”[6]

通过上文对诗歌的解析，我们可以在脑海中勾勒出一副樊川山居图，图中：樊川峡谷两侧山岭沟壑连绵不断，峰峦起伏，沿着潺潺的樊溪逆流而上，两岸炊烟袅袅，柴扉相接，家户散落于谷间。经过郭峪村继续向北，西山之上有西山院、梅庄与青松林立，远处梯田垒垒。东山脚下、坡岭之上，有一组古建筑群背靠青山、面临溪水，这就是中道庄。堡外流水潺潺，花瓣飘零其上，鱼虾游来游去，温泉涌流不息。堡内槐荫夹道，亭台楼榭、檐牙高啄，登楼远眺，吟诗作赋，可见远处的樊山、析城山云卷云舒。除了有山有水有人家，堡南还有一止园，园内湖光山色、瓜果飘香，春看兰，夏见柳，秋观菊，冬赏梅，还有花鸟鱼虫耳畔轻语，柏竹松莲清洁灵魂，书香阵阵沁人心脾，如桃花源般美不胜收。

在外做官的陈昌言，其大部分诗作都体现出深切、浓烈的思乡之情，并将中道庄描写成心目中最理想的隐居圣地，可谓是“借问考槃[7]何处是，斗筑之居中道庄”[8]。陈氏后世子孙的诗文中也都不吝笔墨地描写与赞美故乡，喜爱之情溢于言表。

---

1 陈观颙：《岁暮即事》，见《皇城陈氏诗人遗集》，第119页。

2 陈廷继：《清化道上》，见《皇城陈氏诗人遗集》，第65页。

3 陈廷敬：《除夜忆樊川寄舍弟四首》，见《皇城陈氏诗人遗集》，第43页。

4 陈法于：《漫兴》，见《皇城陈氏诗人遗集》，第187页。

5 陈象雍：《记所适》，见《皇城陈氏诗人遗集》，第151页。

6 陈昌言：《家弟书至，于斗筑居外买得闲田四十亩许，可理别墅，因赋怀以寄》，见《皇城陈氏诗人遗集》，第7页。

7 《考槃》出自《诗经·卫风》，副标题为“归隐者自得其乐”，诗中描写的是一位在山涧结庐独居自得其乐的人，考槃便指避世隐居的人。

8 陈昌言：《家弟书至，于斗筑居外买得闲田四十亩许，可理别墅，因赋怀以寄》，见《皇城陈氏诗人遗集》，第6页。

三、传统空间格局

1. 总体布局

古村由北至南可分为三片聚居地，分别是大券口（今明清街）、内城与外城、南书院与花园（图3-1～图3-4）。这三部分自成体系，拥有独立水源、城门等，只有寺庙是共享的。同时，由于位居地势较高的护城坝之上，既有利于防洪又提高了防御能力，“只要大券口、皇楼底（御书楼）、南书院那个圆洞这三处地方有人站岗就卡住了”[1]，这是所有的口述人都认同的。明清时期的陈氏家族全部居住在城墙之内的内城、外城，以及城墙南侧的南书院，外姓则居住在城堡北侧的大券口。因此，本节探讨的内容主要是以陈氏建筑为主。

图3-1 大券口今日之景

1 见本书“黄阁青山总是情—郭培刚口述”。

图3-2 皇城村总体布局示意图

南书院/花园
井
井
外罗城

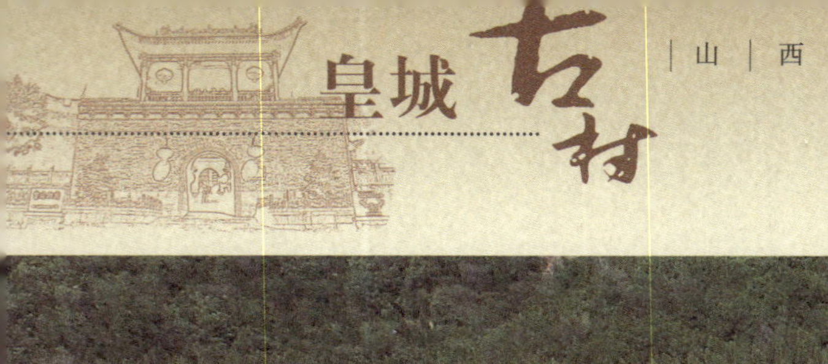

图3-3 中道庄内城鸟瞰图

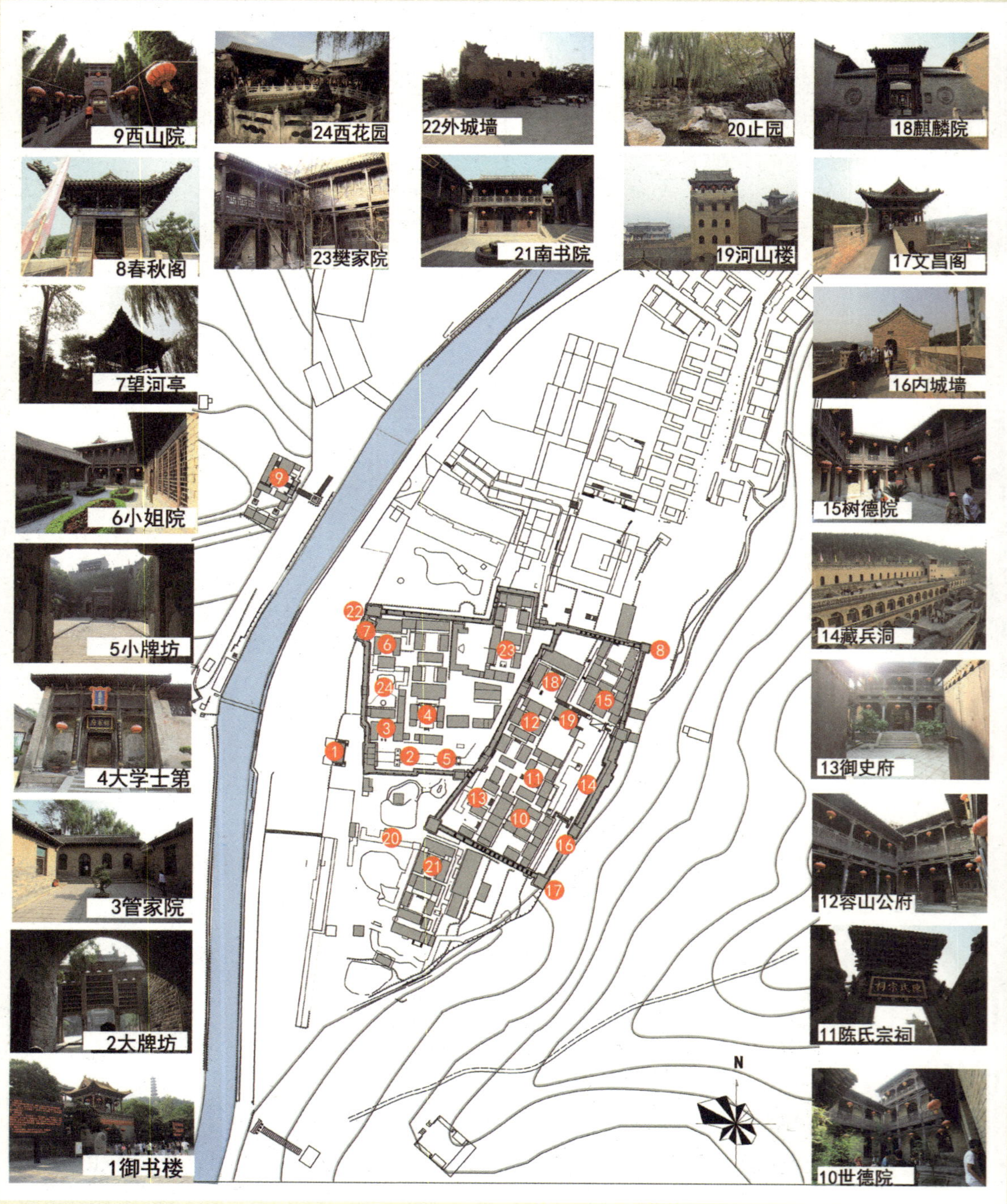

图3-4 皇城村陈氏家族传统建筑分布图

（1）内城

内城，门楼上书“斗筑居”，俗称“里罗城”，平面呈不规则的长方形。内城主要建筑坐东朝西，有树德院、世德院、青林院、河山楼及藏兵洞、陈氏祠堂、容山公府、麒麟院等，其中容山公府、麒麟院等处为原址重修建筑（图3-5～图3-8）。

图3-5 内城平面示意图

图3-6 内城建筑层楼叠院

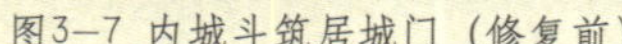
图3-7 内城斗筑居城门（修复前）

图3-8 内城斗筑居城门（修复后）

树德院，俗称“城上院”，位于内城东北角，为左右并列的两进合院。外院正房为三层楼房，厢房和倒座均为二层楼，院落入口位于西南角。内院布局同外院基本相同。树德院西侧倒座下为两层窑洞，其中一层在地下，为暗窑（图3-9～图3-11）。

世德院，位于内城西南角，因内部高差较大，前后两进院落，与其南侧并列的两进青林院组成上下左右分布的棋盘院落。世德院后院正房后、小前院地下均有窑洞，相传为陈阁老藏书、藏物之所。今日景区内以及口述中所指的世德院，实际是世德院后院（图3-12～图3-17）。

树德院与世德院是内城之中较早的建筑，风格极其相似，平面上同为坐东向西的合院，正房立面都为三层，一二层为圆拱式门窗，三层通透便于观景，剖面上都采用下挖窑洞的方式形成台地，其上再建造合院，推测为同一时期明代建筑。

河山楼，俗称“大楼”，位于内城中部，取“河山为固”之意。明朝末年由于“秦寇

图3-9 内城树德院鸟瞰图

图3-10 树德院外院东房（修复前）

图3-11 树德院外院东房（修复后）

图3-12 进入世德院小前院的坡道（修复前）

图3-13 进入世德院小前院的台阶（修复后）

图3-14 世德院小前院（修复前）

图3-15 世德院小前院（修复后）

图3–16 世德院后院东房（修复前）

图3–17 世德院后院东房（修复后）

入晋……焚杀掳掠，惨不堪闻”[1]，陈廷敬父辈三兄弟陈昌言、陈昌期、陈昌齐遵母命于崇祯五年（1632年）正月开工修建河山楼，同年十月工程才告竣。河山楼“筑石为基，阔三丈四尺，厚二丈四尺，三间七节，高有十丈。石用三千，砖用三十万，为费颇奢”[2]，总计七层，地下一层，地上六层。

河山楼防御性极强，地下一层“掘地为井”，有石磨石碾，相传有秘密暗道连接树德院地下一层窑洞，经内部楼梯上至树德院地上的窑洞再通向室外。因河山楼地上一层不设

1 陈昌言：崇祯七年《民国故显考郭公辅臣德配原孺人之墓》，见《皇城石刻文编》，第54页。
2 同上。

图3-18 内城河山楼正立面（修复前）

入口，故推测此为紧急出入口或秘密逃生口。地上空间主要屯贮人员、粮米，且“置弓箭、枪、铳，备火药，积矢石。”[1]整个河山楼只在地上二层南向辟一拱门，设两道锁，搭梯而上。顶层建有垛口和堞楼，“贼虽凶恶异常，仅远远围望，终不敢近楼前”[2]（图3-18～图3-23）。

河山楼修好后，陈昌言“期共筑一堡以图永利”[3]，又于崇祯六年（1633年）七月二十一日，举工修建内城城墙，至崇祯七年（1634年）二月二十七日才基本完工。城墙“周围约有百丈，高三丈，垛口二百，开西北两门，用铁皮裹，门上各有楼……南虽设有门，而实填不开，以便后日修屋运木石料也……东北墙上祀关圣帝君，东南角筑墩台一，祀文昌帝君。”

城墙的防御性也是非常强的，“铁门之外，设有粗大木栅栏。每日拔后，看守无事，便于启闭。一切闲人往来，俱在栅栏外，不得擅入，以杜奸佞……堡之东山最高，敌人据其上，我不利于守。乃于东墙上，覆以椽瓦，使敌人矢石不得从空坠落……谨门钥，练垛夫，设器械，备火药，储粮粮，积煤炭。”[4]城墙底部设藏兵洞层叠而上，除了较好地解决地形高差、辅助城墙结构外，还有储藏物品、供垛夫居住的功能。修建城墙“费千金有余”，主要来自于祖辈的积累，“一钱一粒，皆出先大人所遗”[5]（图3-24～图3-32）。

陈氏祠堂正对斗筑居城门，原内存大量陈氏家族神主牌位、祭祀器物、家谱等，房屋与物品均毁于新中国成立后，仅存两对雕刻精美的石狮。

1 陈昌言：崇祯七年《民国故显考郭公辅臣德配原孺人之墓》，见《皇城石刻文编》，第54页。
2 同上。
3 陈昌言：崇祯五年《斗筑居记》，见《皇城石刻文编》，第59页。
4 陈昌言：崇祯五年《斗筑居记》，见《皇城石刻文编》，第59页。
5 陈昌言：崇祯五年《斗筑居记》，见《皇城石刻文编》，第60页。

图3-19 内城河山楼正立面（修复前）

图3-20 内城河山楼西立面（修复前）

图3-21 内城河山楼西立面（修复后）

图3-22 内城河山楼与周边院落

图3–23 内城河山楼楼门

图3–24 内城西城墙及城门（修复前）

图3–25 内城西城墙及城门（修复后）

图3–26 内城东城墙（修复前）

图3–27 内城东城墙（修复后）

图3-28 内城东城墙藏兵洞（修复前）

图3-29 内城东城墙藏兵洞（修复后）

图3-30 内城东城墙藏兵洞鸟瞰

图3-31 内城陈氏祠堂正门（修复后）

图3-32 内城陈氏祠堂精美石狮

(2) 外城

外城，门楼上书“中道庄”，俗称“外罗城”。外城主要建筑坐北朝南，有大学士第、小姐院、樊家院、管家院等，还有大小两座石牌坊、西花园、东花园。其中大学士第后院、管家院、西花园、东花园等为原址重修建筑（图3-33）。

大学士第，俗称“相府院”，坐北朝南。正门设于西南角，门外有两个砂石旗杆座，上插铁旗杆，“大炼钢铁时期”损毁。门楼高大雄伟，三间五架，门上书“冢宰第”，外部柱廊上方每间各放一匾，中置“大学士第”四字，“文革”时期损毁。三间门楼东侧的倒座损毁较早，近现代时期砌筑为三间窑洞

图3-33 外城平面示意图

图3–34 外城大学士第正门（修复前）

图3–35 外城大学士第正门（2016年修复后）

图3–36 外城大学士第正门（2004年修复后）

图3–37 外城大学士第正门（2016年修复后）

（图3–34～图3–38）。

入正门为一狭长小前院，向西穿过月亮门通往鱼池（今西花园）、黄阁院（今小姐院），向东为一个小型窑院（近现代建造，旅游开发后被改造为东花园），北侧为一个方形影壁和一个八字形影壁，八字形影壁中间设二门。二门设仪门，平时封闭，仅重要时刻开启（图3–39～图3–44）。

入二门后为方形庭院，正房三间，设外廊，配设斗栱、雀替等，雕刻精美，曾为陈廷敬办公、接待客人之所。房内高悬

图3–38 外城大学士第入口正对影壁

图3-39 外城大学士第小前院（修复前）

图3-40 外城大学士第小前院（修复后）

图3-41 外城大学士第小前院倒座（修复前）

图3-42 外城大学士第小前院倒座（修复后）

图3-43 外城大学士第二门（修复前）

图3-44 外城大学士第二门（修复后）

康熙御笔牌匾“点翰堂”，“人民公社”时期损毁（图3–45）。

按照古房基，大学士第北侧、东北侧应有两处院落，与大学士第、小姐院等组成“T形”四进院落，中轴线为“前朝后寝”模式，东南、西南两侧为“庭院+园林”的模式（图3–46、图3–47）。

图3–45 外城大学士第院内

图3–46 外城大学士第院落群（修复前）

图3–47 外城大学士第院落群（修复后）

小姐院，俗称“黄阁院”。由于从大学士第前院经月亮门进入，故今人称大学士第为“前院、大前院”[1]，小姐院为“相府后院”。小姐院南侧原有鱼池、松柏、假山、太湖石等，一派园林景象（图3–48～图3–50）。

樊家院，位于外城北门西侧，坐北朝南，前后三进院落。院落大门设于东南角，小前

图3–48 外城小姐院月亮门（修复前）

图3–49 外城小姐院月亮门（修复后）

图3–50 外城小姐院院内

1 见本书“黄阁青山总是情–郭培刚口述”。

院较为狭长，倒座为五间楼房，其中三间损毁；前院东西厢房为三开间楼房，南山墙均设照壁，正房为过厅，毁于清朝后期；后院正房为三开间楼房，东西厢房为四开间楼房。

大石牌坊，位于外城正对中道庄城门的主街上，建于清康熙三十八年（1699年）陈廷敬再任吏部尚书之后。牌坊为四柱三楼式，楼柱底部两侧设置夹杆石，楼柱之间各枋雕饰吉祥图案。坊间设牌匾。正楼主牌为“冢宰总宪”，边楼分刻“一门衍泽”、“五世承恩”。其下均为陈氏族人官职及功名，中间为陈廷敬本人的官衔与功名，以及朝廷对其父亲、祖父、曾祖父三代人的封赠，有名无实权，左右两侧为陈廷敬兄弟及儿子们的官衔与功名（图3—51、图3—52）。

小石牌坊，位于大石牌坊之东，修建时间略早，为顺治十四年（1657年），为两柱一楼式，结构简单。坊间牌匾记录了从陈秀到陈敬五代人所获殊荣。陈敬即为陈廷敬原名，顺治十五年（1658年），其高中进士后，因与他人同名，顺治皇帝特赐“廷”字给山西陈敬，故改名。大小两座牌楼是陈氏家族敬宗耀族、传世显荣的重要标志（图3—53、图3—54）。

（3）其他

南书院，位于堡南侧的止园之内，为陈氏家族之书堂，原藏大量古书，陈廷敬画像、圣旨等物亦保存于此，“文革”时期尽毁。院落坐南朝北，前后两进，过厅悬挂康熙皇帝御赐牌匾“清立堂”。东南角各辟门楼，相互独立（图3—55～图3—57）。

悟因楼，位于南书院前院倒座之上，沿着花房窑洞筑起二楼，改造而成的狭长高台小

图3—51 外城大石牌坊（修复前）

图3—52 外城大石牌坊（修复后）

院。因陈廷敬孙女陈静渊年轻丧夫后，寡居于娘家，其父陈豫朋劝其“悟却前因，万虑皆消”，故而得此名（图3—58）。

御书楼，俗称“皇楼”，立于最前端，新中国成立后建筑损毁，今原址重修。楼上原

图3—53 外城小石牌坊（修复前）

图3—54 外城小石牌坊（修复后）

图3—55 南书院前院大门（修复前）

图3—56 南书院前院大门（修复后）

图3-57 南书院正房“清立堂”

图3-58 悟因楼

图3-59 御书楼（景区提供）

存康熙帝为陈廷敬题匾“午亭山村”及对联“春归乔木浓荫茂，秋到黄花晚节香”，保存较好，具有很高的文化品位（图3-59）。

东坡庙，建成年代不详，今已毁。“我社古有东岳庙，助一方风调雨顺，万民吉庆。”[1]根据口述，东坡庙坐北朝南，因院内有高差，分上下两院。院内南北有房，东西为院墙，内植古松柏，称“风脉树”。正殿为三间，耳房为两间，正殿与耳房内均供老爷像，舞楼为三间，两侧设耳房。因庙院位居山坡之上，故东南角耳房下部为正入口。整个院落长宽比约为2：1，占地面积将近一亩。

西坡庙，又称西山院，既“为农人祈报之所”[2]，又有相传已久的金顶圣会，“自康熙二十一年（1682年）三月十五日新起”[3]。西山院由于“地势卑狭，舞楼未建，每遇春秋祀典之际，不能演剧以酬神”[4]，传说其所供奉的磙爷很灵，祈雨有求必报（图3-60）。

1 民国5年《买到施业碑记》，见《皇城石刻文编》，第110页。
2 民国12年《皇清例封修职郎（灵石县教谕盟洲陈公祔王孺人合葬墓）》，见《皇城石刻文编》，第86页。
3 王德准：《金顶会修醮碑记》，见《皇城石刻文编》，第72页。
4 民国12年《皇清例封修职郎（灵石县教谕盟洲陈公祔王孺人合葬墓）》，见《皇城石刻文编》，第86页。

图3—60 西山院

2.空间演变

从陈氏家族迁入之日起，皇城村便呈现本族与外姓并行发展的两条脉络，空间格局亦不例外。

(1) 本族

明清时期陈氏家族发展的重要转折点同样适用于聚落空间格局，因为建筑的演变与家族的兴衰息息相关。我们根据《河山楼记》、《斗筑居记》等史料，结合口述内容进行分析：

明朝前中期，“本是同根生”的陈氏家族聚族而居，主要为今皇城相府内城及内城北侧片区。陈氏家族依靠四世留传下来的祖业，占有皇城村大部分的房产与田地。到了明朝末年，由于“秦寇入境”[1]，七世陈昌言为了加强自身的防御体系，组织策划了两大工程——河山楼与斗筑居城墙。

明崇祯五年（1632年），河山楼的修筑对于古村的空间格局并未产生太大的影响，但

1 陈昌言：崇祯七年《民国故显考郭公辅臣德配原孺人之墓》，见《皇城石刻文编》，第54页。

此时正是流寇活动频繁、聚落建筑遭遇重创之时，贼寇“到时节劈门而入，掠抢金帛。因不能得志于楼，遂举火焚屋……逡巡至八月间，无枝可依，余奉老母暨家属，始移入濩城……十月内贼连犯四次，将薪木陆续尽毁。”[1]

崇祯六年（1633年），斗筑居城墙的修筑，直接奠定了今日皇城相府的原型。河山楼完工以后，考虑到“楼之坚足当一面……然而粮粮、包裹不能多藏。至于牛马诸畜，无可躲遁，每遭杀掠……以为筑楼既有成效，则筑堡之效较然可知”[2]，六世陈昌言毅然决定：“聚族长而谋之……期共筑一堡以图永利”[3]。然而，戏剧性的一幕发生了，虽然同族但并不同心，族人不愿舍金筑堡，而陈昌言三兄弟只能“就余所居址处自为修葺”[4]。

从今天筑堡的效果来看，城墙四至面积相当大，然而真实的原因并不是陈昌言地产饶多，而是因其分布不集中，只好通过置换宅基地的方式进行整合：“东、西两面地基系族人业，数传以来，若不肯相成……恳亲友力求，破金多许，复兑以业，始克迁就。”[5]南北界限则分别由世德院、树德院确定。首先，陈廷敬父亲陈昌期曾专门撰文描写其祖父手植一棵槐树，在“槐下晋接周旋应人缓急，此槐固吾家亭榭也”[6]，这棵槐树的具体位置在“止园、斗筑之间”[7]，且陈廷敬弟弟陈廷继遗留著作名为《世德堂遗稿》，说明其主要活动之所之一应当位于毗邻止园的世德院。其次，北侧城墙沿着树德院东墙、北墙曲折，而河山楼选址靠近树德院。根据口述，“河山楼背面的窑洞下面还有一层暗窑洞，在地下一层。过去的时候，万一河山楼的大门被堵上出不来，人就从这个小通道跑走了，一直往北通到现在的城坡那里，以前叫下圐圙，从下面的窑洞再上到上面的窑洞里头，人就能往外头跑了，现在好像还通着。”[8]。这说明，河山楼与树德院实为一体，均属陈昌言一支家庭资产。

斗筑居城墙修成之后，陈昌言又有了新的规划：“于斗筑居外，又买得闲田四十亩许，高下可因，堪理别墅。余意于居之北一区作稷事，终岁问农，为力本计；其南一区作

1 陈秉焯：嘉庆二年《槐云世荫记》，见《皇城石刻文编》，第67页。
2 陈昌言：崇祯五年《斗筑居记》，见《皇城石刻文编》，第59页。
3 同上。
4 同上。
5 同上。
6 陈秉灼：嘉庆二年《槐云世荫记》，见《皇城石刻文编》，第67页。
7 同上。
8 见本书“赤脚医生斗城墙——郭培孝”。

止园，为书堂……更兼东山之麓多隙地，可作鹿囿，植蔬果。周围筑之短墙，墙外遍植佳树……”[1]这些设想经过陈昌言及其后世子孙的努力逐步得到实现。

陈廷敬则是对本族建筑群空间格局起决定作用的第二个关键人物。他主持营造了外城，至少应当在顺治六年（1649年）以后，“己丑十月，率贼数千人直抵吾家，家故于楼南扩为堡，贼围攻如流贼。廷敬是年十二岁矣。犹记贼于薄暮射书堡中……”[2]可知此时仅有内城尚无外城。另外，从家谱中对于陈廷敬辈所分得房产的方位可以看出，除陈廷敬之外，剩余的七兄弟全部居于内城或城外别处：陈廷继（过继陈昌齐）居世德堂，陈廷忞失传，陈廷愫居梅庄，陈廷扆居城上院静简堂（树德院），陈廷统居北门口下花园安雅堂，陈廷弼居青林院，陈廷翰居纸园麒麟院。陈廷敬居于相府院（今大学士第）无疑，因其“尝获御赐书‘点翰堂’额，时又赐‘清立堂’额、‘博文约礼’四大字”[3]，均安置于今外城的大学士第及南书院，御赐“午亭山村”匾额及“春归乔木浓荫茂，秋到黄花晚节香”对联，则收藏于外城外的御书楼。陈廷敬长子陈谦吉迁屯城沁园；三子陈壮履居大学士第，如陈接斗口述，“听老人说，相府院是传给陈廷敬三儿子了”；二子陈豫朋则应居于南书院，如裴小乞口述，“我们是二门”，且从遗留的诗文中可知，其后世子孙亦居于止园、鹤圃。

外城及南书院、止园等建筑规模至多到陈廷敬子辈就已经基本成型：十世陈静渊（陈廷敬孙女）有诗云，“山庄伴午桥，处处见遗泽”[4]；十一世陈秉灼“廿年奔走苦形疲，检点空囊剩祖遗”[5]。后世子孙只是在其基础上，进行了局部的景观创造，如上文提到过的诸多“园圃”之景。但正如景观学家O.G.S.Crawford所言：“景观就像一张反复使用的牛皮纸，一代一代的人，写了擦，擦了写，形成文化景观”[6]，经历了几百年的风风雨雨，昔日园景早已无法重现昨日了。

---

1 陈昌言：《家弟书至，于斗筑居外买得闲田四十亩许，可理别墅，因赋怀以寄》，见《皇城陈氏诗人遗集》，第6页。

2 卫庆怀.陈廷敬史实年志[M].山西人民出版社，2009.17.

3 卫庆怀.陈廷敬史实年志[M].山西人民出版社，2009.380.

4 陈静渊：《鹤圃》，见《皇城陈氏诗人遗集》，第139页。

5 陈秉灼：《传家集成自题》，见《皇城陈氏诗人遗集》，第181页。

6 [英] O.G.S. Crawford , Archaeology in the field by Phoenix House, 1953.

（2）外姓

虽然同为一村，但陈氏家族只关注其自身，因此史料中较少提到过外姓。仅有一位名垂青史的王姓诗人王炳照，曾是陈廷敬曾孙陈法于的老师。因此，我们结合口述进行分析：

历史上，王姓是来到皇城村的第一批居民，他们聚居于窑头，明朝时期又来了一支王氏，比陈氏家族迁入时间稍晚，这支王姓成为皇城村第二大姓，主要聚居于城堡北侧的大券口，用王氏后人的话讲，“我们姓王的就一直住在城墙外面”[1]，“上面是东坡庙，就是学校，学校下边就是我们王家，整个那一片都姓王。”[2]同时还有少量的杂姓人家也居住于此。

王姓以务农为主，历史上基本没有出过达官贵人，“基本都是穷老百姓，没有人家老陈家富裕”[3]。因此，大券口的建筑质量明显低于城堡内，“城外边破房多，不像城里整整齐齐的”[4]；“老早有十几个院……砖房还没有土坯房和锅筒房多”[5]，其中的砖房院根据后人描述，有“麒麟四院”、“下碾道”等。

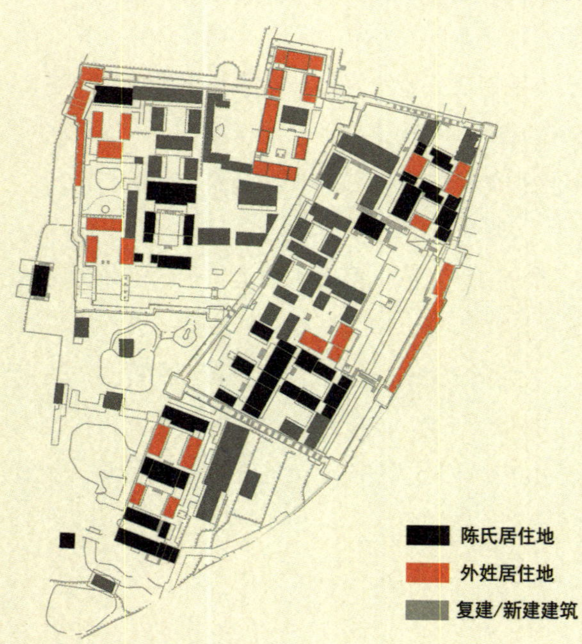

图3—61 新中国成立后中道庄姓氏分布图

明末时期皇城村总体建筑规模，可根据人口数量大致推测：第一次贼寇侵犯时，河山楼中除陈氏家族外，更多的是左右乡邻，“所避大小男妇，约有八百余人”[6]，仅壮丁就有百人，后“寇连犯五次，终不能得

1 见本书“奇门遁甲有说处——王陪富”。
2 见本书“奇门遁甲有说处——王陪富”。
3 见本书“奇门遁甲有说处——王陪富”。
4 见本书“苦尽甘来付笑谈——丁雨清”。
5 见本书“矿山文艺有情怀——范双荣”。
6 陈昌言：崇祯五年《斗筑居记》，见《皇城石刻文编》，第59页。

志。族契乡邻，所全活者约有万人”[1]，“吾乡千余家赖以全活”[2]，考虑到非常时期邻村的人口流入，皇城村当时的人口数量至少应在千人左右。而自新中国成立后至1990年第四次全国人口普查，全村共有195户，593口人[3]，这种情况下人们普遍感觉居住拥挤。因此，我们可以推测，明清时期的皇城村，建筑规模已经相当大了，甚至大于新中国成立后今人所见规模。

到了近代至民国时期，陈氏家族随着社会动荡而日益衰败，建筑质量也因二三百年的风吹日晒受到严峻考验，城墙坍落，其上阁楼、城垛全无，其下藏兵洞破败不堪；城中多处院落房倒屋塌成为废墟，如内城“青林后院（世德院南院）……分果实房的时候分给一家人，人家在外头买上房以后不回来住了，就把这房卖了，结果买主也不住，拆了走了，就成了一片土圐圙（空地）”[4]；“河山楼原来就是那么个直圪筒，也没有顶，底下整个没有楼板了”[5]；如外城“相府院后头，当时有地基没房，可能是房塌了，变成一片空地”[6]；“樊家院原来有前院、后院、窑院四个院了，前院后院中间的过厅塌了，有一棵大榆树长在里头”[7]。

这一时期，外城已有外姓人居住。变卖族产在所难免，基本都是以整院为单元进行交易的，如“姓郭的都住在小姐院”[8]，樊家院，“姓樊的都集中在这儿了”[9]，但他们都承认这房子“原来是人家陈廷敬后裔的”[10]。新中国成立后土改分果实房，外姓比例又大幅增高（图3-61）。

1　陈昌言：崇祯七年《民国故显考郭公辅臣德配原孺人之墓》，见《皇城石刻文编》，第54页。
2　陈昌言：崇祯五年《斗筑居记》，见《皇城石刻文编》，第59页。
3　参见《皇城村志》，第304页。
4　见本书“屋中自有黄金书——陈黑丑”。
5　见本书“皇城是皇还是黄——李积业”。
6　见本书“皇城是皇还是黄——李积业”。
7　见本书“皇城是皇还是黄——李积业”。
8　见本书“黄阁青山总是情——郭培刚”。
9　见本书“樊家院里话樊川——樊书堂”。
10　见本书“黄阁青山总是情——郭培刚”。

四、1945～1998年聚落变迁

1.新中国成立-“土改”时期-“农业合作化”时期（1945～1957年）

（1）家族权利的瓦解

“土改”时期，资产重新调配，本族与外姓发展脉络被打乱，从一定程度上撼动了古老的家族型产业，陈氏族人对于建筑群的宏观掌控力丧失。首先，公共族产消逝。除了城墙和东坡庙以外，凡是有利用价值的公共建筑，如祠堂、河山楼、御书楼、西山院以及城墙上面的阁楼等都分给了私人。其次，私人财产沦陷。虽然皇城村中农和富裕中农稍多一些，但是没有地主，调配不太明显，但依旧有许多住在城墙之内的口述人承认自己的房子是“祖上分的果实房，就是解放以后给穷人分的房”[1]。再次，外姓涌入堡内。如住在祠堂院的于姓，藏兵洞的王姓、卫姓、裴姓，树德院的许姓、刘姓，樊家院的武姓等。

具体到建筑层面，即最好的和最差的建筑分给了文化水平低、经济条件差的穷人，甚至大量外姓。唯成分论的年代，经济状况与成分地位成反比，建筑质量与主人素质也完全不对等。这些人受限于自身条件，对于老房子基本没有任何保护能力，即便损坏也没有经济能力修复。因此，每当面临选择之时，条件稍好的家庭不必在老房子上想办法，但穷人往往迫于无奈，拆老房盖新房来解决燃眉之急。另外，大部分陈氏后人基于强烈的家族感情及使命感，认为“老祖宗留下来的东西，不想败坏祖宗”[2]，而外姓则不同，认为所分得的房产利用度不高、位置不便利等，随意进行改造、破坏与买卖，甚至“拆了走了”[3]。举例说明：

祠堂“过去是陈廷敬他们搁神主（祖宗牌位）的地方，里头有专门烧纸的地方”[4]，“土改”时期分给于姓人家，“人民公社”时期曾“变成大食堂了，里面支个大锅做饭”[5]，“大锅饭”散了以后，厅房“原来是一层，后来就在中间把它挡起来，上边放点乱七八糟的东西，下头住人”[6]。

1 见本书“樊家后院五翰林——樊生林”。
2 见本书“樊家院里话樊川——樊书堂”。
3 见本书“屋中自有黄金书——陈黑丑”。
4 见本书“黄阁青山总是情——郭培刚”。
5 见本书“横眉冷对变与革——陈兴富”。
6 见本书“黄阁青山总是情——郭培刚”。

河山楼“土改的时候分给私人了，当时村民们也没多大用处，最下边那一层有个地下室，就在里面喂牲口、搁点草。”[1]

御书楼“干脆就拆没了，光有‘午亭山村’那匾和对联，放在城墙那里。”[2]

西山院则是由于地势太高不方便生活“都拆光了，拆的东西弄回来还能修点什么。”[3]

树德院东房，“整个三层楼分给了一个叫老余（李小余父亲）的贫下中农。这个人原来住在大券口（今明清街）那里，房子分给他以后，他嫌地势太高不想住上边，就又卖给了刘广元的父亲。”[4]

城墙上的藏兵洞，“土改时候分给个人以后，有人为把砖拆了的，也有失修塌掉的。”[5]

(2) 政治观念的植入

除了资产调配外，“土改”时期严酷的批斗给普通村民留下了刻骨铭心的印象，而这直接影响了“文革”时期民众对于保护文物的态度。年纪稍大、经历过“土改”时期的人，至今提起当时的批斗都心有余悸。当生命受到威胁时，保护文物便已经不足挂齿。

2. “人民公社”时期-改革开放时期（1958～1978年）

(1) 政治变革对于乡土聚落的严重破坏

这一时期政治运动异常频繁，而这些对聚落本身及其生态环境造成了直接的伤害。我们选取“大跃进”时期和“文化大革命”时期两个代表性节点具体分析。

“大跃进”时期，国家号召大炼钢铁，所以“人一天起来什么也不干，就是炼铁”[6]。而材料来源只有两个渠道：

---

1 见本书“赤脚医生斗城墙——郭培孝”。
2 见本书“惶惶人心搞运动——王小留”。
3 见本书“赤脚医生斗城墙——郭培孝”。
4 见本书“树德深深深几许——陈胜利”。
5 见本书“赤脚医生斗城墙——郭培孝”。
6 见本书“樊家院里话樊川——樊书堂”。

一是山上的铁矿石。阳城县志中记载，“史山产铁，西五里有金裹谷海会寺在谷中。”[1]所以，史山无可避免地成为重灾区，老幼皆兵，小学生们“不会挖，就负责抬矿石，好像跟那搞运输的一样”[2]；妇女们甚至“带着孩子在史山住了半个月，在黑山那儿抬矿，反正只顾得做这些了”[3]，“村边上到处都是炼铁的小高炉”[4]，可见其对山体环境破坏之大。

二是家中的铁构件、铁器物。“大队怕完不成任务，还让老百姓把屋里铁的东西都卖了，连炉子的炉齿都刨了，把锅、铁灯树这些都收到那上头炼钢铁，这些东西比矿石好炼。”[5]损坏的东西数量无法估量，我们仅对口述中专门提到的器物种类作粗略统计，如表4-1所示。

“大跃进”时期铁构件、铁器物损坏表　　表4-1

口述人	铁构件、铁器物
樊书堂	铁刀剑、灯树、铁笼、铁锅、铁洗脸盆、门上包的铁皮、门环
王小留	好铁炉
陈兴富	铁锅、铁钉、大学士第院外铁旗杆
陈兴炎	锅、碗、铁炉
裴小乞	炉齿、钉、刀
陈丙全	火炉炉齿、铁锅、铁灯树
陈胜利	灯树、脸盆

“文化大革命”时期，政治运动更加深入和广泛，但大多数人认为对皇城村破坏不大，大量居住建筑及大体量构筑物因无法损毁而保留下来，因为“真的没办法，放也放不倒，砸也砸不碎。”[6]其他大量文化色彩浓厚或较易破坏的小型文物及建筑装饰物则无法幸免。我们对口述中提到的破坏不完全统计如表4-2所示。

1　见乾隆版《阳城县志·卷之二·山川·沁河》。
2　见本书“樊家院里话樊川——樊书堂”。
3　见本书“宁舍画像不戴帽——裴小乞”。
4　见本书“樊家院里话樊川——樊书堂”。
5　见本书“文物陨落陈家屋——陈丙全”。
6　见本书“樊家院里话樊川——樊书堂”。

“文化大革命”时期文物及建筑被破坏情况一览表　　表4–2

口述人	文物及破坏方式	建筑及破坏方式
樊书堂	南书院几十道圣旨（烧毁）、陈廷敬画像（不知去向）、陈廷敬相片（不知去向）	
郭培刚	古书（烧毁）、神主（烧毁）、古碗（红卫兵拿走销毁）、绣花鞋（红卫兵拿走销毁）、陈廷敬画像（不知去向）、陈廷敬相片（不知去向）	今御史府功德牌坊处的两个石狮、兽头、砖雕（砸毁），墙上涂画“毛主席语录台”、“学毛著专栏”、口号等
王小留	瓷器（摔毁）	今御史府功德牌坊处的两个石狮（砸毁）
陈兴富		大门的牌匾、屋脊、兽头、石狮子（砸毁）
郭培孝	古书（烧毁）、南书院圣旨（不知去向）、相府院圣旨和牌匾（不知去向）	屋檐上的龙嘴（砸毁）
李积业	陈廷敬画像（烧毁）	
陈兴炎	《康熙字典》（烧毁）	今御史府功德牌坊处的两个石狮（砸毁）
陈丙全	相府院门外头挂了俩宽宽的匾（做成推磨放面粉的篮子）、陈廷敬画像（不知去向）	兽头（砸毁）
樊生林	陈廷敬画像（烧毁）	雕刻、兽脊、龙吻（敲毁），祠堂和各家的神主（烧毁）
陈接斗	陈廷敬画像（烧毁）	兽头（敲毁），相府院正门上头三个老匾、门簪上头的匾（拆毁）
王培富	陈廷敬画像（烧毁），古书（烧毁），《康熙字典》（烧毁），祠堂里边的神主牌位（烧毁）	相府院门匾（拆毁），庙里面的老爷像（拆毁）
陈黑丑	《康熙字典》（烧毁），陈廷敬画像（烧毁），	屋坡上两边那寿星（敲毁）；祠堂好好的石狮，脑袋、耳朵、嘴（敲毁）；西坡庙老爷泥塑、
裴小乞	陈廷敬画像（不知去向）、陈廷敬相片（不知去向），两三个圣旨和一个跟“圣旨到”一样的题字（不知去向）；小香炉（不知去向）；首饰（不知去向）	

其他时期的政治运动对聚落环境及建筑、文物遗产造成的间接影响如表4–3所示。

其他时期聚落环境、建筑、文物破坏表　　表4–3

阶段	聚落环境	建筑、文物等
兴修水利、整治河道	著名的“七柿滩”景观被填成滩地种植水稻；飞鱼阁巨石被炮击用以修筑河坝	
农业学大寨、土地基本建设	小地变大地、深挖土地破坏山体景观	陈廷敬墓地及其他墓地被平整；陈廷敬棺材板被用于修建东坡庙
农民从事副业换取工分	煤矿对山体、水体都产生巨大影响，如山体缝隙变大，地下水位下降，温泉消失，河道变小，动物被炮轰声吓跑	

由此可见，政治运动作为集体行为，对建筑遗产破坏力度与广度都远远大于民众的个人行为。以城墙的破坏为例：1958年“人民公社”时期，集体为了发展生产，便大规模拆城墙上的砖，利用大学士第（相府院）后面的空地进行建设。“相府院后边当时那里是空着的，集体专门修了一个大灶在那里做饭”[1]；“原来挨着城墙根有一片都是我们的古房，变成一块空地了，公家那时候把城墙拆了在我家地基上修学校，城墙断口就在那儿，三轮车还可以进出”[2]。尤其是已经坍塌之处，不是被拆了修房，就是直接挖断，方便村民去大食堂打饭或去田地劳动时抄近路，这让破败不堪的城墙雪上加霜。私人也有破坏行为，但规模小而散，如“当时藏兵洞后头、关帝像那儿的城墙塌了个口，我们叫塌城口，白天我就在塌城口担些砖”[3]，或者有人“拆了修鸡窝、修猪圈的，或者是谁家里盘个火炕没有砖，出去买还得出钱，就上城墙刨砖。”[4]

（2）经济滞缓对于乡土聚落的负面影响

通过口述可知，经济状况最惨淡的并不是新中国成立初期，而是20世纪六十年代到七十年代初期，“三年自然灾害”加上“文化大革命”造成的经济后退，使得大部分人连吃饭问题都解决不了。老百姓当时的生活难以想象，“日子很艰难，吃花生皮、吃豆枕里头的油糠，吃柿叶、柿花，煮煮捣捣，吃的东西都咽不下。要不就是玉米上头的碎皮皮搁上点碱煮煮，就那么度过来的”[5]；“那时人吃的是现在猪都不吃的那个东西。把干柿叶弄回来以后，经过沤制，放点碱把它煮融了，拿出来揉，淋出浆，浆沉淀下来的东西捏成馒头，就吃那个，苦得就不能吃。玉米根、麦秸弄出的淀粉还稍微好吃一点。玉米穗剥下的皮，也是弄得叫人吃了。就数柿叶很难吃，苦的，可是能填了肚子。”[6]少数口述人讲到动情处，哽咽不止。

当所有人都挣扎在温饱线上的时候，建筑、文物更是面临着最严峻的考验：

第一，外部流失严重。岁月艰苦，保命为先。20世纪六七十年代通过售卖建筑、文物而获取食物的现象普遍存在。赫赫有名的家族文化及官宦大院必然被异常贫瘠的物质与精神

---

1 见本书“惶惶人心搞运动——王小留”。
2 见本书“寻常百姓入相府——陈接斗”。
3 见本书“奇门遁甲有说处——王培富”。
4 见本书“黄阁青山总是情——郭培刚”。
5 见本书“苦尽甘来付笑谈——丁雨清”。
6 见本书“惶惶人心搞运动——王小留”。

文明一点点蚕食瓦解。如樊书堂口述，“我记得七零年左右，家里头真真一分钱都没有，逼得我没有办法，就把我奶奶留下的瓷碗，在箱子里扣着的，悄悄拿上俩去北留镇卖上两三块钱，卖得挺便宜的，那时候没有意识到这个东西值多少钱，给我钱能花就行了……我记得我家还有一个镜屏架，是紫檀木的，我安徽那姐夫来了以后拿走了。以前哪里知道什么值钱什么不值钱，反正放着也是放着，不如换成钱。”[1]如郭培刚口述，“反正就是解放以后我们没东西吃了或者要干什么事情，家里生活紧张了，我父亲就拿上那么几个银圆把它卖掉，一般是去收银圆的收购站或者银行……六几年那会，住在世德院的陈晓栓他父亲，因为吃不饱肚子，就把书房院卖给了大桥沟一个在部队当团长的人……房子卖了一千块钱，他们一家人到庄河口那地方去赶了个集，一顿饭就把一院房子吃光了，还没吃饱……魁星阁也卖过。“土改”的时候本来分给裴小乞那一家了……七五年左右吧，这家欠款还不起账……后来他们下边一家给他拨了70块钱的账，把那房子买下来了。”[2]如陈胜利口述，“过灾荒年的时候（1960年左右），我老奶奶穷得都要饿死了，就把南边的一排房，包括南房、东南角楼，和西南角的院门，再加上外面藏兵洞里的两眼窑洞，卖给了在外面做生意比较有钱的许文兴。一共才卖了七斗米，在那种环境下什么值钱？只有命值钱。”[3]如王培富口述，“像世德院，家里珍贵东西多，里边陈阁老睡的那个上下床，当时是卖到润城，后来又从润城买回来。好东西都变卖了，卖给外边换粮食了，没吃的还要东西有什么用，人都要饿死了。”[4]

第二，内部破坏增多。有资料统计，“1953年，全国第一次人口普查，全村有77户，共计338口人。1982年，全国第三次人口普查，全村共有146户，541口人。”[5]这一时期户数几乎翻倍，但由于经济条件的限制，建设活动却停滞不前，居住条件相当落后与拥挤。唯一涉及建设的时机便是“为儿子娶媳妇”。被逼无奈的情况下，人们往往采取三种方式：一是房内隔断，这最常见的，如王培富口述，“把外边那个房子隔成小间，把地墁一墁，墙泥一泥，就在老房子里准备结婚了”；二是开拓楼上及耳房空间，如樊书堂口述，“我结婚就搬到了我们那两间房的楼上，父母住楼下”；三是拆旧建新，如郭培刚口述，“御书楼土改的时候分给了城墙里头住的一个贫下中农，在四五十年代人家也是老党员、

1 见本书“樊家院里话樊川——樊书堂”。
2 见本书“黄阁青山总是情——郭培刚”。
3 见本书“树德深深深几许——陈胜利”。
4 见本书“奇门遁甲有说处——王培富”。
5 参见《皇城村村志》（未出版）。

老干部。后来他给儿子娶媳妇，老房子屋顶漏得实在没有办法，就把那二层皇亭上的木头、瓦拆下来，在老房子旁边修了一个小房，也没多大，楼下楼上一共才两间”[1]。

前两种方式对于建筑的破坏不大，至多就是为了生活便利而改动门窗、砌筑隔墙，如裴小乞口述，“我们一家人，我婆婆、我们两口、五个孩子，八口人住在老厅房里，用砖把原来过厅后墙上的门都堵住了。厅房太高，嫌冬天冷得厉害，里头又用砖砌的屋顶和墙，分成三间，每个屋都用砖盘一个炕才能住下。”第三种方式的拆与建，往往对堡内传统建筑与空间格局具有颠覆性的破坏，如五十、六十、七十年代，为了降低成本，宅基地选址大多在老房子周边，以便继续利用老房，难免会私搭乱建、拆旧建新。如小姐院的人在城墙外侧新建，并在城墙上挖洞将其连通，相府院的人在相府院东侧建房，南书院的人申请在花园建房等。还有个别老百姓采取“偷梁换柱”的方式，将老房子里上百年的粗梁柱拆卸下来二次利用或者卖到外地换成钱，再购买新型建筑材料建设新房。如王培富口述，“里面点翰堂的梁都是换过的，大概就是七五年、七六年，‘文革’快结束时候。陈兴富给他两个弟弟陈富斗、陈小斗娶媳妇，全凭捣鼓那个梁。”除了房屋被破坏之外，城墙内的大部分古树也都在这一时期被砍伐利用或买卖。

第三，分房变成拆房。陈昌言修筑斗筑居之时，曾留下遗训：“世守而勿替，惟我子孙之贤”[2]。当地家庭内部“错层分房”的传统，确实在保护遗产方面发挥了积极的作用，“好比一栋楼，楼上三间，楼下三间，他不能把这六间都给一个人，他要楼上楼下错开分，因为祖上的人也不想让这后辈人给他把房卖了，要是卖楼上，不能说连上带下一起卖，吊起来也搬不走。”[3]

但是到了“人民公社”时期，人口增加了，房屋数量却几乎没变，所以居住条件非常紧张，以合院为例，楼上楼下都有人住，边角采光不好的耳房也住满了人。人均占有房屋指标，从古时的一座或一层房，变成了以“间”为单位衡量。许多人从祖辈分得的房屋往往是半座房，“一间半”，加上中国古建筑“墙倒屋不塌”的优势，大量单层的房屋出现了“对半劈”的改造、拆除等破坏现象。如陈兴炎口述，“本来西房三间都没有楼上，我堂哥和我从当中劈开，一人一间半，立了一堵墙，算是小两间吧。“农业社”那时候，

1　见本书“黄阁青山总是情——郭培刚”。

2　陈昌言：崇祯五年《斗筑居记》，见《皇城石刻文编》，第59页。

3　见本书“屋中自有黄金书——陈黑丑”。

他们在楼下小两间喂牛，楼上又起了两间房。我们这边一间半没起来楼。”再如陈胜利口述，“他们家就到我们这上头，把底下垒的一间和上头屋顶的一间半拆走了。”

在物质低迷的情况下，大多数人的原则是“物尽其用”，保护便无从谈起。

（3）普通民众对于遗产保护的积极作用

特殊的政治经济背景下，陈氏祖先亲手创造的文化遗产，被陈氏后人一点点亲手葬送。但是我们必须同时看到，民众在这段艰苦岁月背后做出选择的深层次原因。以“文革”时期为例：

首先，民众最大的压力来自于内心对于被批斗的恐惧。如陈廷敬画像所有者裴小乞，因为见识过“土改”时期“斗争成分不好的地主老财，打得更厉害，”所以做出“宁舍画像不戴帽”[1]的选择。因为不上交文物的后果，就是“给你套上一个绳拽着，再戴一个纸糊的尖尖帽，糊个小喇叭，让你喊着‘我是牛鬼蛇神’去以前皇城的街上游街，还去各村串，从史山、东峪、大桥转上，再回到郭峪、王街，一直来回串，和斗地主时候一样样的。”[2]甚至出人命的事儿也屡见不鲜。

在这种恐惧的心理之下，大部分人只能选择沉默和被动服从。如陈黑丑口述，“我记得大门口放的有古书，可是我还小，也不知道是什么，那时候就是害怕。”如郭培刚口述，“红卫兵喊着口号到了你家，这家里人就不敢动了，人家说拿什么就拿什么，凡是四旧的东西都要拿走……我们只能看看，当时就是多看少说，甚至不说。”如陈兴炎口述，“等天黑了还要查我们那个房，半夜去我家楼上不知道把什么拿走了。”如陈丙全口述，“那时候谁敢收起来？收起来红卫兵把你抓住，又不知道给你起个什么名堂。一般老百姓就害怕观点不一样，阶级斗争太厉害了。”

其次，民众在尽可能的情况下采取了间接的保护措施。实际上搞破坏行动的红卫兵主要是年纪尚轻的学生，如陈黑丑口述，“只要是小孩子，红卫兵不管你是郭峪还是哪儿的，来这么一个稍微大些的人，戴上一个红袖章，人家说让造反，底下的这小孩子们都戴上一个红布圈，跟上就走了。” 而这些未成年人尚没有形成足够的价值判断力，再加上受教唆，做出了错误的行为。如樊生林口述，“那时候是专门搞破坏，皇城古迹都是文化大

1 见本书“宁舍画像不戴帽——裴小乞”。

2 见本书“屋中自有黄金书——陈黑丑”。

革命破坏的。那两年就没有学到文化，现在后悔也没办法，老师教我们的就是干这些。”如陈丙全口述，“学生们回来了，大队支书就说，给你个红袖章戴上当红卫兵吧！”

但尽管在这样的高压下，民众也是有所作为的。例如，有的长辈旁敲侧击红卫兵，或者晚上回家教育自己的红卫兵小孩不要“出风头”。有的人冒着风险将文物藏起来，如裴小乞口述，“我舍不得把大像给他们，就把小像给了。结果不行，第二天晚上，郭峪的红卫兵又来要了”；陈黑丑口述，“（《康熙字典》）那时候要说出来早烧光了，能藏一点就藏一点，能留点就留点……家里的神主……能保存下来的都是我偷偷藏起来的，搁到一边不敢让别人看见，让红卫兵查住了就是反革命”。有的村干部则通过婉转的方式降低破坏，如石牌坊上的字“让木匠弄上些泥、土，放点麦糠和一下，把它抹住，用石灰水一冒，上面写上‘读毛主席的书，听毛主席的话，做毛主席的指示战士，做毛主席的好战士’，底下写个‘林彪’就妥了”[1]；如祠堂院的狮子，“弄几个人把它转回你那大门后边用砖一垒，看不着就行了”[2]等等。

再次，部分民众在“文革”结束后，政治形势稍有好转时，便采取了正面、主动保护文物的行动。如口述中多次提到过主动保护皇城村“午亭山村”匾及对联的一位老者樊生林口述，“我们村里有个姓陈的人，大家叫他‘认真老汉’，他就懂得这些都是文物，看住不让破坏。像‘午亭山村’的碑，就是他一直保护的。”程毛旦口述，“上面的碑和对联就在御书楼边的地上，那里有一个陈家的老头，一般不让外人去动那个东西，私人把它看住了，也没有任何代价，相当负责任。”

可见，普通民众作为力量弱小的小人物，对于文物保护一直潜移默化地做着积极的努力和贡献，而非彻底的放任自流、不作为。

3.改革开放–旅游开发时期（1979～1998年）

（1）空前规模的现代建设

改革开放以后，皇城村土地下户，粮食自给自足，终于解决了几十年的温饱问题。村委会开发煤矿，村民从事副业，全村经济水平有了大幅提高。村落扩张的方向主要是堡

1 见本书“黄阁青山总是情——郭培刚”。
2 见本书“惶惶人心搞运动——王小留”。

西侧的樊川河畔两岸。旅游开发前的20世纪80年代，大规模、有组织的宅基地审批有两次：第一次是1983年，樊溪东岸，具体位置为今皇城相府景区大门外停车场、广场及向南一带，两排约十七八户，每户指标200平方米，一般是长18米×宽11米。第二次是1985年，樊溪西岸，今西山院下到村委大楼一带，规划了两排，指标同上。

宅基地局促的村民陆续搬出堡外建房，但仍有少数居民在堡内祖传的宅基地或者别人没有使用的宅基地上申请建房。到旅游规划之前，堡内已经修建了不少的现代建筑，如陈兴富口述，“实际上现在城墙里头的院子没有以前的多，建东花园把这些小院都拆掉了，以前这里盖的都是房子。”

堡内的小环境经过几百年的洗礼已经非常糟糕，不仅建筑破败不堪，曾经的园圃空地已经再也没有往日花团锦簇的美景了。有的堆满垃圾，有的开辟成小田地种植农作物，有的则被划为宅基地盖了新房。如程毛旦口述，“河山楼那个地方全部都是垃圾，堆的垛的把城墙堵得什么都没有了。城墙也上不去人了，都是树，到处都有塌陷的豁口，后城干脆开了个大口子，人来人往的。藏兵洞很小，洞口都种着很粗的树，还留了两三个窑洞……河山楼底下的窑洞还住了五六家……垃圾都快堵住他那窑洞了。世德院背后那个地方，堆得全是垃圾，就没有房，还长了粗粗的松树和香椿树……”

煤矿的飞速发展，导致山体、水体环境进一步恶化，聚落环境受到严重冲击，古堡周边的“山岩”、“水泉”消失殆尽。樊川峡谷内的重要景观，樊溪水几近断流，小河泉水消失不见，山体出现裂缝，动物越来越少，古时的意境越来越难以找回。

(2) 充满争议的旅游开发

1998年，皇城村在张家胜书记的领导下，做了一个决策：开发旅游。当地政府开始将村民从皇城内迁出，并筹资2000万元，“1998年启动了三门七楼十景点的修复建设。1999年，二期工程对相府所有建筑及陈氏墓地进行了创造性复建。”[1]同时对环境进行了整治。2007年，又投资2.8亿元，对旅游交通游览、旅游安全、卫生、邮电服务、旅游购物、综合管理、资源与环境保护等8个方面进行了全面建设与升级，2008年被评为国家5A级景区。

皇城相府景区的旅游开发是非常成功的，它以超前的视角认识到皇城村文物具有不

1 张家胜，皇城村兴旅游谋发展[J].今日山西，2000（03）：34.

可估量的历史价值，也以积极姿态对其采取了早期的保护和利用，这是难能可贵的民间行为。比起放任传统村落在现代社会中自生自灭，我们更加赞赏皇城村的有力先行。但是，通过口述访谈，我们也对其旅游开发模式提出几点疑义与建议：

首先是原真性。修复后的皇城相府，新修建筑比例稍高。内城的容山公府、世德院后院（青林院后院）、御史府前院（世德院前院）、麒麟院、祠堂院等均为复建，其中个别院落有古房基，但名称有待考究。御史府名字来源为曾任浙江道监察御史的陈昌言，容山公府名字来源应当为号容山公的四世陈天佑，这两处院落名称史料中均无记载，为今人杜撰，尤其是容山公与陈昌言已不属同一支，有失偏颇。麒麟院在家谱中有记载，乃陈廷翰住所，位于纸园内，具体位置不详。树德院、城墙、藏兵洞则是大规模修缮，其中城墙较古时下宽上窄的样式有所改变，被加粗加高，阁楼数量增多，按照史料记载，东城墙之上还应有防御屋椽等。外城的大学士第前院立面改动较大，大学士第与小姐院之间的流线关系改变，大学士第与小姐院院落名称并未尊重民间约定已久的俗称等。另外，堡内多处雕饰，如柱础、照壁等，收购自邻村，导致难分真假。

其次是完整性。通过历史研究，我们可知，皇城村与其良好的聚落环境密不可分，但在现阶段的旅游开发中，并没有顾及文字记载中大加赞美的传统聚落环境、景观要素（东山八景、山岩、水泉等）。文化方面，景区为了提高旅游内容的丰富性，不惜编纂了一些无据可依或不太相关的内容，如“开城仪式迎圣驾”等，而忽略了陈氏家族自身价值特色的挖掘，如不容小觑且价值极高的文学诗作、陈氏家族兴衰史、陈氏兄弟河山楼抵御流贼之事等，有些舍本逐末、张冠李戴。

因此，我们建议，尊重当地宝贵的文化渊源，尽可能恢复院落俗称，恢复部分堡内园圃、绿植（梅兰竹菊），切实围绕皇城村发展史、陈氏家族文化体系进行创作表演或展览，进一步挖掘传统非物质文化遗产等。阳城县远期可将古人常游的境内景点纳入文化旅游线路，形成整体连带优势。

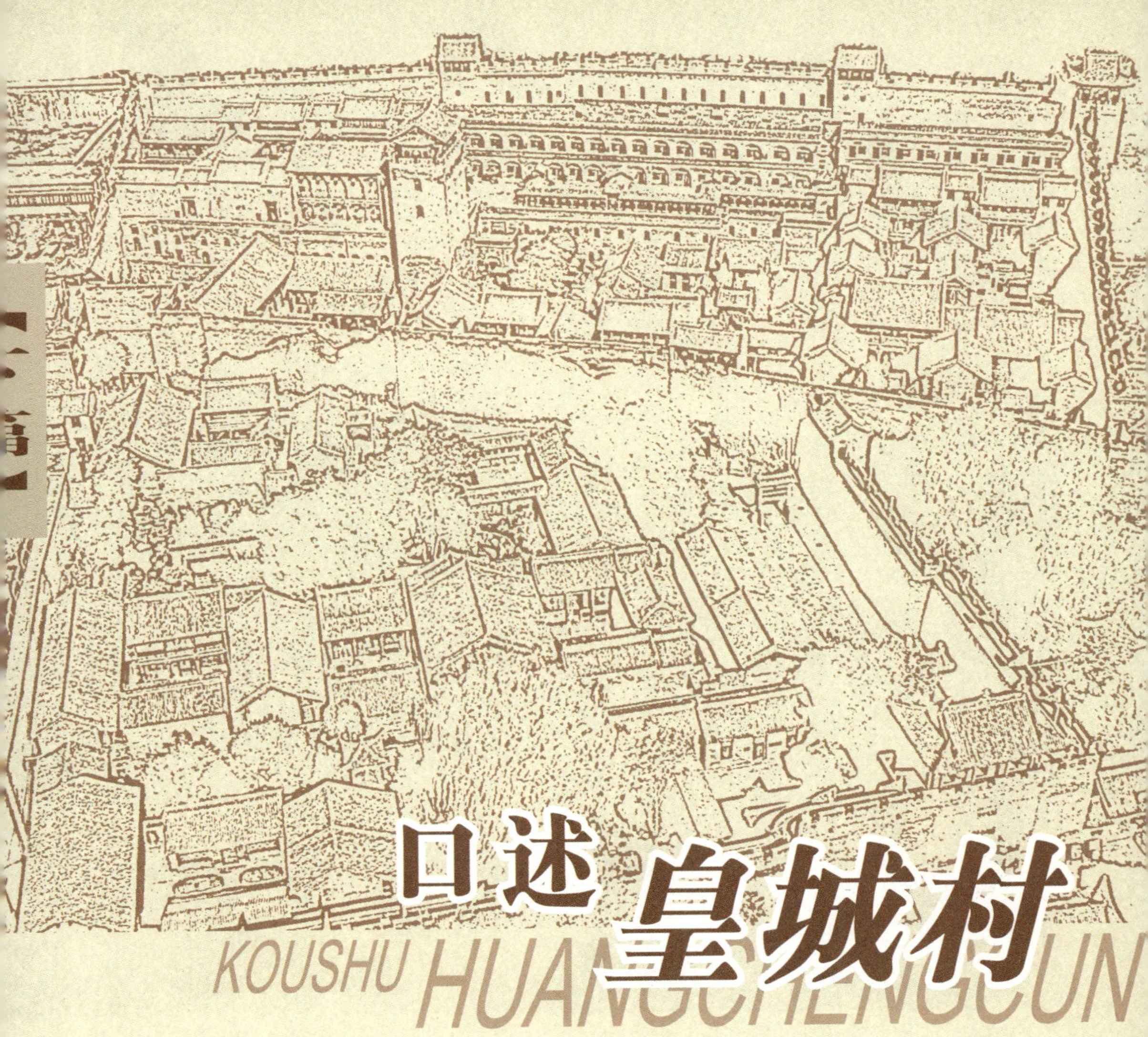

口述 皇城村

KOUSHU HUANGCHENGCUN

注：因程毛旦为外部迁入人员，非原住民，所以没有在图上标明。

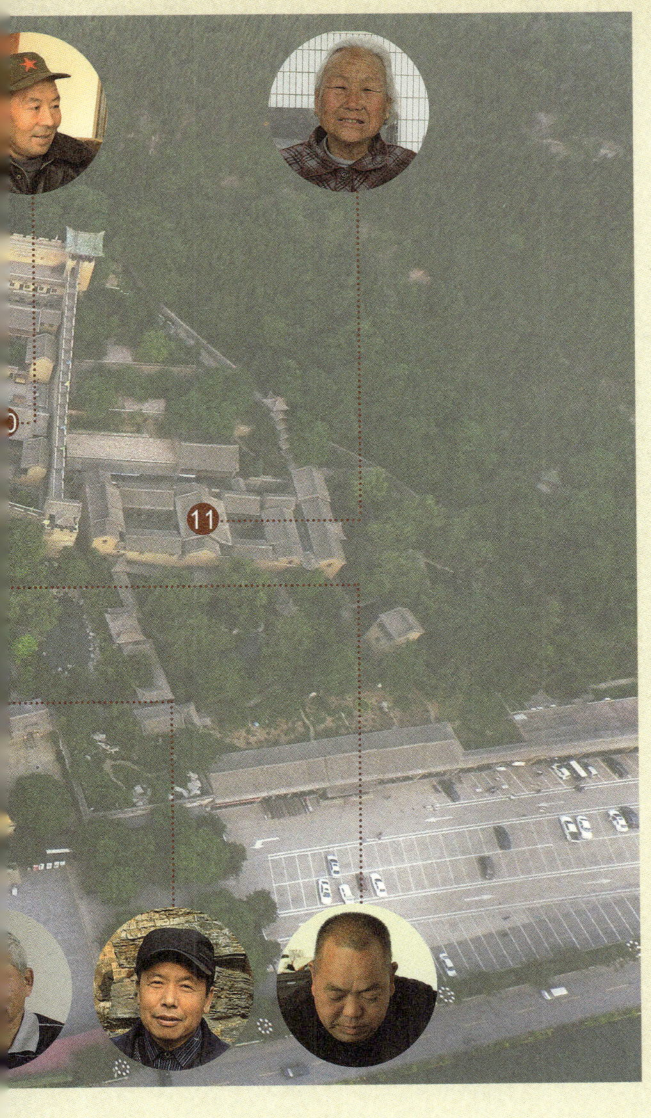

一、樊家院里话樊川　樊书堂
二、樊家后院五翰林　樊生林
三、黄阁青山总是情　郭培刚
四、赤脚医生斗城墙　郭培孝
五、寻常百姓入相府　陈接斗
六、横眉冷对变与革　陈兴富
七、文物陨落陈家屋　陈丙全夫妇
八、树德深深深几许　陈胜利
九、屋中自有黄金书　陈黑丑
十、底下院里藏字典　陈兴炎
十一、宁舍画像不戴帽　裴小乞
十二、奇门遁甲有说处　王培富
十三、惶惶人心搞运动　王小留
十四、矿山文艺有情怀　范双荣
十五、皇城是皇还是黄　李积业
十六、河东河西三十年　程毛旦

樊家院里话樊川

口述 樊书堂

樊书堂

人物档案：樊书堂，男，1950年出生于樊家院。年少时，作为当年村里面唯一一个考上阳城一中的高才生，走出皇城，却遇到了“文化大革命”；当过红卫兵，认认真真写了数不清的大字报，却成了“老三届”。回村以后参加劳动，田间还不忘唱《沙家浜》。辗转在煤矿工作了十几年后，被张家胜书记“忽悠”回来，当起了胜达公司办公室主任。随后全力协助张家胜书记“跑”旅游，往返北京数十次，收集了无数宝贵的资料，自此专心负责皇城村历史文化研究。兜兜转转，文化人终于回归了文化圈。

访谈时间：2015年11月12日/11月15日/11月16日/12月29日

访谈地点：皇城村文明三区17号

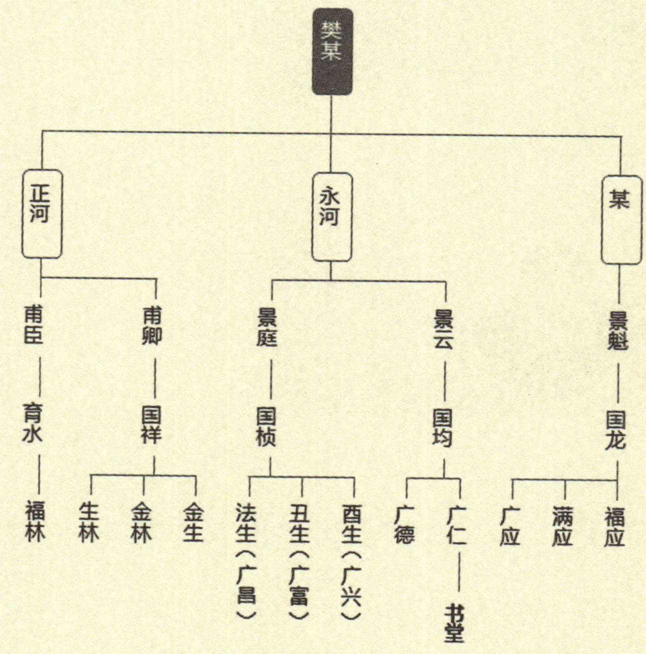

樊家院樊氏谱系图(局部)

以前住在樊家院

我姓樊，以前住在樊家院。姓樊的都集中在这儿，属于一大家子，分了七八个小家，另外还有一家姓武的。樊家没有家谱，我也弄不清是什么关系，也不知道我们从哪儿来。我看《陈氏家谱》，陈家始祖叫陈靠，从河南彰德府临漳县过来，彰德府就是现在的河南安阳，临漳县解放后归了河北邯郸。陈靠带着他老婆，同来的还有个内弟，都是姓樊的。他们就是给陈家打打杂，在这儿慢慢发展，成家立业。后来修皇城的时候，城墙里就唯一有个樊家院。后来我去临漳县，那儿还有个陈家堂村，陈家就是从那儿迁移到皇城村的。陈家堂村附近还有个樊营村，所以我推测姓樊的就是从那边来的。[1]姓陈的和姓樊的，二十几代了，好几代人都是相互结亲。我爷爷叫樊国均，我奶奶姓陈，从树德院嫁到樊家院，再往上我就不知道了。

樊家院是个前后院，大门在东南方向，只有一层，有房顶没有门楼。进去以后是个小前院，南房在我小时候就已经塌得跟废墟一样了，地基还在，种着白菜。我和父母三口人住在南房西边的两间房里，位置相当于南房的西角房（角房），但又不是角房，因为它的前后墙和南房都是齐的。再往里走，东西是对称的三间房，都没有角房，南面各立有一个照壁，靠着照壁都修了个做饭的小厨房，还放点乱七八糟的东西。

西厢房住的是我爷爷奶奶。我爷爷刚开始有女儿没儿子，从外面要了一个儿子，就是我伯伯樊小立，后来才生了我父亲。我伯伯长大了去当兵，那时候是皇城村唯一坐过飞机打仗的人。当兵回来，腿因为受伤瘸了，老婆就走了，跟前连个孩子都没有。五八年的时候，他一个人孤苦伶仃没吃的，饿得不行，就去公家楼上偷粮食，被逮住了，他嫌丢人就上吊死了。我是独生子，所以我父亲弟兄两个的房子，十几间都我一个人继承了，比较宽敞。

东厢房住的是武晚生一家六口人。他们这个姓武的家庭很贫困，贫下中农。我们樊家是富裕中农，比中农略好一些，当时也算是条件不错的家庭。我估计他那房子，应该是土改时候分果实，把我们的分给他了，因为那一院子住的都是姓樊的，就他那个房不是。但是我从学校刚回来的时候，对这个成分感觉很自卑，所以也不想去问上一辈，那个房子是

1 关于樊氏的来源说法不一，但樊家院位于外城，乃陈廷敬时期修建，推测为陈氏后人将房产转卖给樊家得名。

不是我们的。

前后院过厅的位置是一块空地，估计原来有房拆掉了，里边堆着垃圾，也种点什么，长了一棵大榆树，三四个大人合抱都抱不过来。后来我去上初中的时候（1963年以后），大榆树砍了，给后院的老两口（樊甫臣夫妇）做了喜寿[1]。现在这个过厅是后来搞旅游开发时才修起来的。过厅西边有一排窑洞，坐西朝东，围了一个小院，院墙都围到厅房的地基上了，我们小时候叫窑院。里头住的也是姓樊的，原来可能是六个孩子和父母、爷爷。我记事起，就剩樊满应、樊富应弟兄两个和他们母亲了，其他出嫁的出嫁，去世的去世了，后来兄弟俩成家，老二在小前院南房那里盖了三孔窑洞住进去了，大概是七零年左右。只知道他们都是我的长辈，可能中间和我们差了好几辈，就离得远了一点。不过这个村姓樊的比较少，我们来往得都很密切，办什么事呀都在一起，不像陈氏家族太大，光本家亲戚都还来往不了哩。

过厅东边有一条小路和一个小门，后院的人可以从街上通过这个小门直接进，但是办什么大事，都要走我们前院这个正门。后院比前院大，正房是三间，两边各两间角房，一共七间。东西房也是对称的三间，南边都有一间角房。后院住的也是我们姓樊的，他们和窑院是一家，辈分也比我们大，我记得最小的孩子我得叫叔叔。老辈住的是亲兄弟两个，我们叫大老汉、二老汉，实际该叫他们老爷爷（曾爷爷）。老大是樊甫臣，住正房，做饭在东北角房，西北角房放点东西；老二是樊甫卿，住东房，做饭是在东南角房，西南角房喂着牲口。西房没人住，放点乱七八糟的。老大两口，原来有一个孩子，好像在外边做土匪让打死了，身边就什么都没有了。老二跟前有一个孩子，叫樊国祥，在介休给牲口钉蹄打铁，孩子也都带在外边，平常也是老两口在家。所以后院一共就住了四口人。后来樊国祥生了四个儿子两个闺女，大儿子叫樊森林，二儿子叫樊福林，三儿子叫樊金林，四儿子叫樊金生。二儿子过继给老大顶支，后来就搬到正房住了。

我爷爷的哥哥，就是我大爷爷，叫樊国桢，是在河南开封做生意的。我大爷爷分的房子比较好一点，土地差一点；我爷爷是种地的，房子分得差，地就分得好一点、多一点。我大爷爷的院子在樊家院的西边。这个院子和樊家院前院、后院一共三个院，我们叫“品字院”。这个院子不太大，但房子好一点，可能修得比较迟，估计是民国时候的。北房有

1　当地人在六七十岁以后提前做棺木，叫喜寿。

三间房，只有西边有两间角房。西房也是三间，东边没有房，靠着我们前院的西墙。

我印象里，我家的院子住得还不算太满，前后院楼上全是空的，很宽敞。整个村里边也就这么两三户人家的房子比较多，有十几间。大部分院子住的都不是一家人，像张书记原来的老院子，住了将近八九家人，每家只有三五间房，楼上楼下都是满当当的。到了1986年，我在村外面盖了新房就搬出去了，剩下我的老父母和在煤矿上班的外甥一家在老房子里住着。

教室设在东坡庙

我是1950年出生的，8岁（1957年）开始上小学。过去上学大部分都是在庙里。庙平常是闲的，也属于集体，都是一个村凑上钱、集上资以后修的庙。也有家庙，像那祠堂就是自己一个姓氏的。上学不会去人家私人的地方，我们小时候就去东坡庙上小学。

东坡庙北面是一个大殿，教室就设在这三间房里头，西角房是老师睡觉的地方，东角房是老师做饭的地方。当时教室里的课桌，都是用砖头在两边垒起来，中间搭上一块通长板，一排坐上五六个学生，总共有三十几个学生。那时候是复式班，一个学校四个年级四个班都在一个屋里，老师先教一年级，讲完之后布置作业，一年级做作业，再教二年级。

上学对我来说就不难。我父亲是个老知识分子，去郭峪寨跟一个姓栗的先生读的私塾，后来在安徽亳州那一带做生意，我母亲就是安徽娘家。所谓做生意就是给有钱人的店铺里头管管账、看看铺，一个月给点工钱。我父亲写得一手好毛笔字，教我认字，教我打算盘。我在没上学以前，就已经认识六百多字。第一天去学校，教室里面有小学生守则20条，我能一字不落念下来。我还会打那个九归，加减乘除都能打。上了学以后，思想也很单纯，就光去学校，不像现在的娃们一样看电视受干扰，所以说东西记到脑子里很清楚，记的时间也很长。早上天不亮就去上自习了，做做数学作业，或者语文老师领读课文。自习罢了到八九点钟回来才吃早饭。吃罢饭再去学校上三四节课。那时候我们老师就有马蹄表，大约到十二点就放学了。放学以后中午回来吃了饭，下午再去学校。下午放学早一点，回来以后就是玩了，玩什么？在学校玩踢毽子、跳绳这些，回家弹琉璃蛋蛋，要么就是用纸叠上摔炮[1]玩。

1　摔炮：一种少儿游戏，把纸折叠后用力一甩，发出响亮的声音，像放炮一样。

我们老师是润城的老教师，现在回忆起来当时可能是五十来岁，反正他那时候上下、走路、回家都拄着棍。他也不是腿脚不好，就是拄着棍方便一些。老师非常严厉，所以教出的学生也比较厉害。比我高两届有个叫程天应的，期考考了一个全县第二名，我是考了一个全镇第一名，这在全镇很出名，给老师争脸了。所以整个村的家长对老师都是非常尊敬的。逢年过节的时候，比如说过五豆节[1]，学生们给老师送软米饭，这个给端一碗，那个给端一碗，老师收了好多，他孩子在小城（润城），用桶担上就回去了。学生对老师更是尊敬和恐惧。比如星期天老师从润城来了，穿街过去，小学生见了老师都是赶快跑，害怕见。要真跑不了，就得给老师行礼。

东坡庙东西两边是围墙，下边还有一个戏台。戏台感觉特别小，可能就是小三间，有个七八米长、三四米深，屋顶下面的空间最多超不过三米，整个高度也就五米多。东坡庙里的戏台在我上小学时候就没唱过戏，只有到了冬季，棉花摘回来以后都堆在戏台的角房里边。我还记得，1964年8月31日晚上，我正儿八经第一次在东坡庙看了场戏。当时唱一个戏也不简单，就没有戏。大戏是从改革开放以后才唱起来的，舞台中间唱戏，两边角房化妆、换衣服。唱戏是有大衣箱，一场一场的，进去以后哪一身衣服搁在哪，都要换了。按迷信的说法，唱戏是给神看、给神听的。过去那唱戏的来，特别是新舞台，首先都要唱神戏，要杀鸡呀干什么的。第一场戏绝对不允许妇女和没结婚的小闺女们去看，年纪大的男的还可以去看看。唱完这一段就开正场戏了，和咱们平常唱戏一样。到了九七年吧，为了重修小学把东坡庙拆了。它这个小学的功能一直都没有变。

我上小学不到一年，五八年就是“大跃进”。十来岁的小学生不会挖，就负责抬矿石，好像跟那搞运输的一样。也不是每天抬，得等到人家挖出来才能去抬。山上挖得到处都是，老师带我们去山上抬矿石，他也不懂，只要看到像矿石的黑石头，就都让我们抬回来了，其实那就不是矿石。因为那个时候乱七八糟，反正是个运动么，抬回来往那里一倒就不管了。

那时候的人都好像太痴迷了，觉得什么都能炼铁，像铁笼、铁锅、铁洗脸盆都拿去卖了，墙上有个钉都得拔下来。我记得还有大刀、剑，做得都是很精致。还有点灯用的下面那个底座，我们叫灯树，铸造的有花，专门都砸毁了。我家大门外有三间房子，这些东

1　五豆节：农历腊月初五，老百姓用糯米、各种豆类和柿子做的一种甜饭。山西东南部、豫西南阳一带流行。

西收起来都撂到里边了，具体也不清楚。那时候太小了，要不然在我家门口我也不会不记得，只记得那个刀、剑都挺好的，可惜了。门上包的铁皮、门环也去掉了。还要那门环干啥，开着门一天也没事。那时候去家里能偷什么？家里一无所有。人的思想觉悟也好像一大家子一样，可以说是天下无贼！

到了五九年、六零年、六一年，那是三年自然灾害，是我记事以来，也是新中国成立以来，最困难的时期。五九年还可以，六零年、六一年那是最饿的，没东西吃，还有饿死的人。村里边上年纪的，五六十岁就已经很老很老了，都得那浮肿病，饿得一身肿。村里就把这些人弄在食堂，能吃动饭的，给他们另做一点比较好的，尽管这样，还是有饿死的。"大跃进"那时候也不是真真都没打上粮食，但是大大小小都炼铁去了，就没有人种地，也没有时间去收这个粮食，白天黑夜地炼铁，其他事都顾不上。

我成了"老三届"的毕业生

1961年我就去郭峪上完小[1]了，也是在庙里。两年换了三四处地方，开始的时候是在马尾沟这半山上有个山神坡，坡上有个山神庙，后来又搬到郭峪文庙去。1963年，我考上了阳城一中。从皇城村到阳城三十多里地，没有车，最少要走上两三个小时，而且不是马路是山路。山路近呀，一路东坡头、官道上，下来八甲口，到了孔寨，从孔寨那上头再翻到刘善天坛山那个弯儿，从刘善过了船，再从润城一路上来。说老实话，走到润城就走不动了，不是空手走呀，来去学校还挑的行李，起码要有个小箱子放东西。

在阳城读初中的时候，我每次考试都是全校第一第二名，考不倒我。正当上高中的时候，六六年六七月份复习准备考试，好像六月十几号，学校就不上课了，"文化大革命"开始了。学校里头一个班就都是红卫兵，可以成立好几个红卫兵组织。比如开始有野战兵团、匕首战斗纵队，又是什么满江红、抗大兵团，还有按毛主席这个诗词起的，驱虎豹、未足奇，什么样的名称都有。

当时我在学校是一个造反兵团——野战兵团的编辑部部长，每天就是写传单、印传

1　当时一到四年级称为小学，五到六年级称为完小，完小毕业后再读初中。

单、发传单，写大字报。县城商店里的大白纸都被买断货了。没办法，我回到北留镇买了一令500张。这500张，就写一些“炮轰×××”、“打倒×××”、“火烧×××”这一类词语，一张纸上就写一个老大的字，贴到阳城县那个高楼最高处，后边再写上“严禁覆盖”，第一个贴上不能让其他人贴的盖住了。到处都是大字报，大鸣大放。

想想“文化大革命”确实乱了一阵子。六六、六七、六八这三年的学生，不管是高中生还是初中生一概都回到农村去了，成了“老三届”。这是2000年，我们这一班“老三届”学生30年聚会，我作为代表写的感言：

我们“老三届”这代人是在解放战争胜利的炮火中和开国大典的礼炮中出生的，是新中国的“长子”“长女”。在我们童年最早的记忆中，印刻着明丽的鲜花绿叶、愉悦的欢歌笑语、温馨的徐徐春风。新中国母亲将她宽厚博大的关怀和慈爱，毫无保留地首先赐给了我们。然而，母亲在50年代末期以后20年间遭遇的种种挫折以及改革开放20年来经历的种种艰辛，也不可避免地折射到了我们身上。当我们长身体需要营养之时，遇上了三年困难时期；当我们学知识需要升选之时，遇上了“文化大革命”废除高考制度；当我们尚未长大成人需要师长呵护之时，遇上了知识青年上山下乡；当我们恋爱结婚之时，遇上了实行晚婚晚育；当我们的孩子呱呱坠地之时，遇上了“一胎化”政策刚刚出台；当我们在工作中出成绩有望晋升之时，遇上了提拔论文凭；当我们的子女好不容易考上大学之时，遇上了大学开始收取高昂的学费……当然“老三届”中也有少数幸运儿，他们在经历了一些苦难之后，现在混得不错，活得滋润。但就整体或主体而言，就近几十年宏观的历史视角而言，在当今社会的各代人中，“老三届”无疑是经历最坎坷、负担最沉重的一个社会群体。

为什么“老三届”会是这样的命运呢？“老三届”是新中国的“长子”“长女”，解读“老三届”的命运需要立足于对新中国命运的深刻理解。众所周知，新中国建立于旧中国满目疮痍、遍地废墟的物质基础上，建立于中华民族百年屈辱、百年战乱的巨大精神伤痛上，建立于两千多年封建社会专制、落后的历史传统上，建立于如汪洋大海般存在着的“小生产”生产方式上，建立于文盲半文盲至今仍占全国总人口将近1/4的国民素质上。作为新中国的缔造者、领导者的中国共产党，在新中国成立之前的几十年里一直处于非常艰苦的革命斗争之中。而且新中国成立以后相当长时期里，高度集权的苏联体制尚未完全暴露其严重弊端，仍被当作是社会主义的“正统模式”，对我国社会主义建设影响明显。这样的主客观条件，不可避免地使新中国的建设和发展困难重重，不可避免地要走弯路，遇

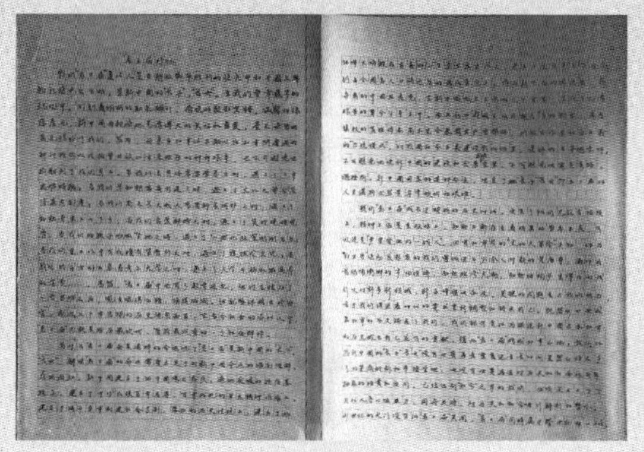

樊书堂“‘老三届’学生30年聚会感言”手稿一

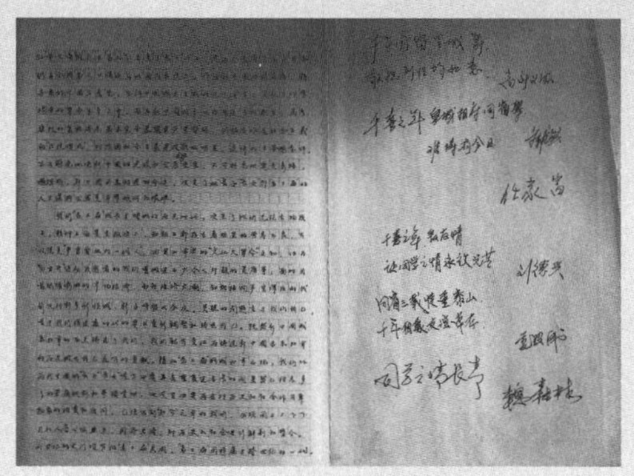

樊书堂“‘老三届’学生30年聚会感言”手稿二

挫折。新中国母亲的这种命运，决定了她“长子”“长女”即“老三届”的人生道路必然是异常坎坷和艰难。

我们“老三届”成长于畸形的历史时代，决定了我们无论在物质上、精神上还是在政治上、知识上都存在着明显的营养不良，可以说是“严重贫血的一代人”。回首30年前的“文化大革命”之初，作为“红卫兵”运动发起者的我们曾做过不少令人汗颜的荒唐事；面对目前汹涌澎湃的市场经济、知识经济大潮，知识结构严重滞后的我们又对许多新领域、新高峰难以企及。关键的问题在于我们自己得适应时代的要求重新调整和铸造自己。既然新中国成立50年的历史铸造了我们，我们就有责任为铸造新中国未来50年的历史作出自己应有的贡献。值此“老三届”形成30年之际，我们作为新中国的“长子”“长女”没有必要再去重复过去长时间显然已经太多了的苦痛倾诉和牢骚宣泄，也没有必要再去对历史和社会作简单抽象的指责和质问。已经达到“知命”之年的我们，必须同上上下下几代人同心协力，同舟共济，对历史和社会进行深刻的整合。21世纪的大门没有向“老三届”关闭，“老三届”同样属于跨世纪的一代。

七十年代的皇城村

村里边多多少少也涉及“文化大革命”了，不过因为交通、通信都非常闭塞，所以出现得晚一点，但也成立了红卫兵组织。红卫兵在村里破坏文物的时候我还在学校，没见着，都是听说的。好好一个东西，红卫兵看着不顺眼，非要给人家砸坏了。硬东西、硬件破坏不了，软的都破坏了。皇城那个石牌楼是真的没办法，放也放不倒，砸也砸不碎，要是能破坏早就破坏了。像那几十道圣旨，以前在陈家保存的，这都算是“四旧”，红卫兵都拿走烧了。写诗的草稿估计也有，写一个东西也是不容易，费很大精力，构思很长时间，被烧了。我还见过陈廷敬画像，以前挂在南书院清立堂那里，后头还有一个那种照的相，相背后写着诗，后来就不知道去哪了。

我是六九年从学校回来的。当时我们几个有点文化，就在村里写口号、标语，像“丢膘破命，改黄城之天，换黄城之地”。村子的每个角落、每个院子都写，上边写个红书台，下边写上几条毛主席语录。地方比较大一点的就写“老三篇”——毛主席的《为人民服务》《愚公移山》《纪念白求恩》。当时老三篇就是座右铭呀！每天晚上在村里的学校教室组织学习，上边有人领着一直念到日久天长、学会为止，就是一个字不识的八九十岁老太太都会了。毛主席语录有个小的叫红宝书，人手一本，不管去干什么身上都装一本毛主席语录，从小孩到长者全部都会背，不识字的文盲都会背。做任何事情前都要“五首先”[1]——首先祝毛主席他老人家万寿无疆！万寿无疆！首先要学习毛主席语录。首先要唱革命歌曲。到地头也是做完“五首先”再去干活。

从学校回来第二年（1970年），村里打坝的时候，我结的婚。六九年以前沟里就一道河，夏季涨了河，冬季就要治理河道，把河归顺、打上河坝，坝里边再垫上滩地，所以结婚时间大多选择在冬月、腊月，就在河道两边。也不先订个日子，家里的父母只知道是今年，具体哪一天不知道，提前腾出间房子打扫好，不置办，也不装饰，炕上铺两床被子就行了，也没有什么家具，只有两口放衣服的箱子。

我记得当天上午还在地里干活，下午开个会就把结婚的事办完了。都是集体婚礼，开一张介绍信，去到镇里边人家给写一个条子，把全年要结婚的人的结婚证都领回来了，不过一年也就三四个。村里面在河坝工地上搭一个棚子，音乐都给安排好了，领导说上几句话，简简单单就举行完典礼了。当天弄俩人给家里贴上对联，结罢婚领上老婆就回去了。朋友们送礼不送钱，七八个人,八分钱买上一张红纸，上面写上结婚之喜，中间是毛主席语录，和年画一样，下面再写上张三、李四一溜人名，送过来贴到墙上就可以了,好的还给买上一张画。我结婚就搬到了我们那两间房的楼上，父母住楼下。后来奶奶、爷爷去世了，

1　这是“文革”中1967～1969年间专用的颂辞。

我父母就搬到了西厢房，我又从楼上搬下来。

在七十年代，皇城村总体特别落后，除了去地里干活没有别的事。老百姓分的粮食不够吃，怎么办？不能一次性把一年的粮食分下去，就一个月一个月地分。一个月有几天不够吃，省省就过去了，不能让过年时候没吃的。我记得人民日报有个记者来采访我，让我用很短的话概括体现皇城村的情况。我用三句话来说，前十天刚发下来是吃啥有啥，中间十天就是有啥吃啥，最后十天是吃啥没啥。这样说那时候的状况一点都不夸张，非常形象。这也不是我自己创造，是听别人说的。

我记得七零年左右，家里头真真一分钱都没有，逼得我没有办法，就把我奶奶留下的瓷碗，在箱子里扣着，悄悄拿上一两个去北留卖上两三块钱，卖得挺便宜的，那时候没有意识到这个东西值多少钱，给我钱能花就行了。七十年代人饿得不行，只能先解决糊口问题，古家具流失、买卖，都是在那会儿。一般都是南方人来收，人家懂这个价值，不像我们北方人封闭。我记得我家还有一个镜屏架，是紫檀木的，我安徽那姐夫来了以后拿走了。以前哪里知道什么值钱什么不值钱，

中道庄门楼[1]

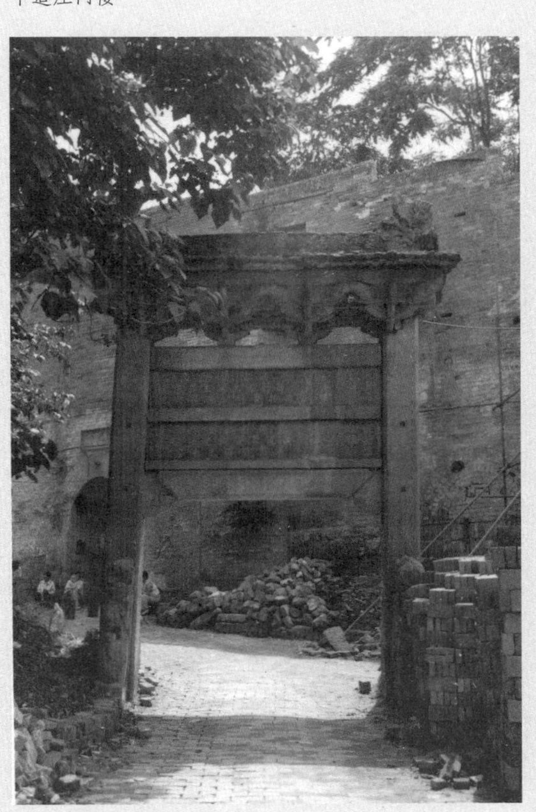

小牌坊及斗筑居城门

1　照片摄于皇城相府开发前夕，1998年左右。

反正放着也是放着，不如换成钱。现在皇城搞旅游开发才真正意识到老家具、老房子值钱。哎，想想以前国家文物破坏流失得太多了，都到海外了，当时都觉得给就给了，要那个干什么用？

还有一次是七四年吧，我生二孩子的时候，家里头实在没有吃的，我在村里当生产队长，借了三十斤谷子。过年成欠款户了，我跟一个朋友借了五块钱就过年了。两毛五分钱买上一挂鞭，八分钱买上一张红纸，回来割成对联，写字贴上。新衣服是几年能拼一身就不错了，还得是今年给你买，明年给他买。那时候不是说有钱就能买上，而是根本没有卖衣服的地方，要用布票扯上布回来自己做。干什么都是要票，割肉要用肉票，吃饭要用粮票，就是买烟也要烟票。不过东西相对都很便宜，肉才六毛三分钱一斤。

在这种情况下，住的倒是觉得还可以，虽然不能和现在比，至少有地方住。那时候住的是什么，只不过冬季基本上冻不着，家里都是烧得暖和和的，回来到炕上坐着不下来，不受冷。七八十年代就很少建房子，那时候嘴都顾不住，温饱问题都解决不了，哪还有钱建房子？都是十几家挤一个院子。不过院子大、人多也有好处，比方说有的人他不会过日子，没到月底粮食就吃完了，最后这四五天没吃的，院子里其他那几家，这家管他一天，那家管他一顿。像有人去世了，帮忙抬材干什么的，家人去给你磕一个头，就是再忙都得来帮忙。像盖房子，有一百块钱就敢盖房子，上面要现浇，全村人都来帮忙，都给你送干粮啥的，一家有事大家都来帮忙，都跟自己人是一样样的。

张书记盯上旅游了

后来我就去搞副业了，在外面干活，每个月给村里交钱。我先后在三四个煤矿上过班，改革开放以后才知道手里边有钱是什么概念，真真体会到生活幸福了。八六年以后，我在北留镇经济联合社上班，集中管企业。

九五年的时候，张书记叫我回来了。九六年成立了胜达总公司，我在总公司当办公室主任。那时候上头的领导们根本就不来这儿，因为搞废水利用工程，开始经常下来。有时候他们把工作干完以后，就让我带着客人到皇城相府里面看看，上城墙转转。那时城墙就转不过去了，我们从小还在那上边玩，可以走动串圈，后来慢慢就不行了，特别是到了七八十年代，建房子比较多，城墙拆得也多。

后来有一次张书记去太原开会，说起开发旅游了，省水利副厅长刘润堂兴趣很高，因为他是代县人，代县那儿也是个历史古城，雁门关就在那儿。他说能搞旅游呀，就给张书记介绍王家大院。王家大院是1997年8月18号开放的，张书记开完会就直接去王家大院了解情况，回来跟我说王家大院投资一百来万就能搞旅游了。我说那能行呀，投资一百来万块钱，咱还能投得起嘛。那时候一百多万估计相当于现在的几千万。

到九七年八九月份，张书记就盯上这个旅游了。请了社科院张海瀛，还有首师大阎守诚这两个人来皇城看了看，都说不错，保存得还基本上是比较有规模。他们都是咱山西本乡人嘛，愿意来帮忙。他们回到北京以后，就联系了一部分专家，酝酿在北京开个研讨会，把专家都集中到一起看看有没有开发价值。

九七年十一月五号开研讨会，我们是四号去北京的。到了首师大，阎守诚组织了十几个专家学者，记得有人大的刘凤云，还有北师大一个，社科院几个，还有高翔这个清史专家。我们去的时候，把皇城用摄像机拍下来，弄了个简单的解说，给人家一放映，那些专家都很惊讶。其实他们对陈廷敬只知道一点点，并不是专门研究陈廷敬的，也是光听说过，具体情况不太清楚，没想到还有保存这么好的住宅。对我们搞旅游开发，他们也很高兴。这个小型研讨最终得出两条结论：第一，陈廷敬是清代著名的政治家、文学家；第二，皇城陈氏家族是中国清代北方第一文化大家族。就弄了这么两条结论。当时在会上还约定，有机会的话就组织个全国比较大的陈廷敬学术研讨会。

以前皇城是郭峪的一个自然村，是陈廷敬的“别业”。郭峪村到处都写陈廷敬是郭峪人，一直宣传这个，还有纪要。我记得他们郭峪人来皇城，我也不知道他们是干什么的，把皇城整个牌坊什么的都摄影摄进去，到专家那儿给他们看，说这就是郭峪。我们也有这个纪要，后来我们带着皇城村党支部的公章和村委会的公章，又到北京，意思是，现在皇城村和郭峪村是两个单独的行政村，皇城村从来也没有归属郭峪管过。皇城村原来村小，新中国成立初期和上面的沟底村一起叫新华社，郭峪叫晋华社，史山叫国华社，统称“三华片”。郭峪村大，它自己就是一个行政村。所以不知道情形的那些专家们，像罗哲文呀、郑孝燮呀都以为郭峪说的是真的。

九七年十二月几号，我和张书记又去了一趟北京，找国家文物局张文彬，看看是不是能给支持一下，拨点款呀什么的。我们去见张文彬，专门请他给写了个题词：“发展农村经济文化，重视历史文物保护”，主要目的是说明陈廷敬故居是皇城村的，而不是郭峪的。后来张文彬又给题了一个“陈廷敬的故居皇城村”。我们和张文彬合了个影，下午去找清史所的戴逸。原来的结论是“陈廷敬是清代著名的政治家、文学家”，后来戴逸说，应该也是个理学家，这句话就完美了。

想起来那时候第一次去北京也闹了好多笑话。当时只带了两万块钱就得够花，包括给专家开学术研讨会、吃住这些，一天一个专家才给二百块钱。那里根本没人听说过阳城县在哪儿。尤其见了领导，我们话也不敢多说，张书记他就根本不会说普通话，和领导就不

张家胜书记与罗哲文合影，摄于1998年9月17日

张家胜书记请时任国家文物局局长张文彬题字（右一为张家胜）

1998年中国史学会会长戴逸光临皇城村（左一为樊书堂，左二为张家胜，左三为戴逸）

能沟通。后来我才和领导沟通，沟通时候人家都认为我是书记，就不认为他是书记。他当时穿着也不讲究，手织的粗线毛衣，灯芯绒衣裳，穿得很普通，吃饭也没有钱么，就在外面小摊上随便吃上点就行了。

后来，我们心想，出去了形象上面也得讲究一点，注意一点，所以开始学着打领带。可是农村人谁打过领带呀？会不会打且不说，主要是不好意思打，但是要去找领导、有关专家，不打又不行。我和张书记开始买的是那种拉链领带，因为普通领带不会打呀。到了领导门口赶紧系上，出来就赶紧装包里头了。后来又买了摩丝，我和张书记在宾馆里头，就不知道那摩丝是干什么的，后来才知道梳头用的。这些东西回到村里根本不敢拿出来，害怕老百姓骂了么，说我们稍不干、圪逞了[1]，那时候八字还没一撇呢。我们都是悄悄地出去悄悄地回来，反正事情不办好，就不敢说，害怕老百姓不理解。现在老百姓素质也高了，都理解了，什么都可以跟他们说了。

春节第一天开会

九八年农历春节第一天，二月份左右，我们就把全体党员、干部、军属，还有退伍军人、在外边上学的、参加工作的干部工人等等所有可能用上的人，组织起来开了一个会，专门研究开发皇城相府旅游这个事，征求大家的意见。当时有人是非常支持，但是也有一部分人顾虑，一是皇城这么偏远，开发了能有多少人来；二是担心投资问题。那时候皇城村年收入是三百万，有人说是瞎搞了，能不能搞成？当时的皇城村简直垃圾成堆，里头荒废得不成个样子，城墙上草也长满了，对皇城村的评价是脏、乱、差。脏是环境脏，到处是牛羊鸡鸭，看见不像一个村的样子。乱就是社会秩序非常乱，喝了酒闹事的，打架斗殴的，争房赖地的比比皆是。张书记开个什么会，谁喝两盅酒到那儿拍他的桌子，干什么闹的，冲他的会场，经常有。差就是村民素质差，出口骂人，那是很正常的事情。

最后统一思想，结论是愿意开发。从这次会议以后就马上行动，三月份就开始驻进工程队了。由于老百姓意识跟不上，私人的地方连我们去说都说不通，更别说工程队能拆了。所以暂时不跟老百姓说，不去占用老百姓的地方，先整治公家的地方。后来进驻了三

1 有点钱总想花出去，很得意、炫耀的意思。

旅游开发前的城墙

进驻工程队修复河山楼

旅游开发前的河山楼

个工程队，一个是阳城的谢沟有一个杨家庄的工程队，他们没有资质，专门清理垃圾。第二个是山西河津的工程队，他们专门整修外城墙，还有一个是湖北武汉东方建筑公司，他们专门建设河山楼。

后来皇城全面开工，最多时候有六十多个工程队同时在。那时候流传了这么几句话："修的没有拆得快，挣的没有花得快，计划没有变化快。"这也确实是事实。为什么修的没有拆的快？还不是为了省钱，请的工程队不是全都有资质的，因为文物修缮是有原则的，修旧如旧、保证原貌，那时有的修起来肯定不符合人家文物的修缮原则，所以拆了好几次。有的是只顾着应付，明天领导要来了，今天晚上赶紧加班盖起来，领导走了再拆掉，等有了图纸咱们再按照图纸施工。为什么计划没变化快？挣得没有花得快？修修拆拆，有的东西就拆了好多次。那时候皇城村一年挣三百万，可能就得投资五百万搞旅游修复。后来在这种情况下，上面拨点款，皇城投点资，工程队再垫点。我们采取的办法就是借鸡下蛋，借水行舟，让工程队包工包料，垫钱干活。给一家包个五十万的活干干，给另

1998年9月26日，张书记带领晋城市副市长康杰南参观皇城相府

一家包个三十万的活干干，都不给钱。比如说这一段城墙十万块钱给工程队了，我们啥也不管，顶多给点生活费，工程队自己弄料自己干，干好了再结算。都是十几万、二十万的小工程，他们也能垫得起。后来就不找那太大的工程队了，因为没人愿意垫几百万给你干。小工程队垫上五十万也不怕，就算要不出来钱，也不在乎这个，给他一部分把本钱挣回来就不要了。反正有的工程队，至今也没要到钱，这就是修皇城时候的处境。

开始干了以后，多少也影响到了市里边、县里边、镇里边，他们也派人过来问问看看。那时候市县都还没有旅游局，统战部分管旅游。后来领导看了，给镇里边施加压力，说，村里都搞开旅游了，你们镇里就不给支持？后来镇里边在六月份，以镇的名义和村里结合成立了个皇城古建指挥部。镇里一共派了五个人来到皇城正式开始搞旅游，有一个副镇长，一个人大主任，一个职校的校长，还有两个是基层的。县里边以王爱枝县长为组长也成立了一个皇城古建领导组，开会通知各个部门、县里各科局一把手都到皇城来开会，意思是在搞旅游这方面一律给皇城开绿灯。比如说邮电的负责架线，交通的负责修路，反正都给分了工。当时县里也提出把国营煤矿，就是现在的左岭煤矿给皇城，表示县里对皇城的支持。山城煤矿原来是镇办的煤矿，后来镇里把股抽掉不要了，也给了皇城，表示对皇城的支持。

为什么叫“皇城相府”

九八年十月二十四号，我们又组织了一个全国性的研讨会——首届陈廷敬暨皇城古建学术研讨会，来了二百多个专家、学者，北京就来了好多，新闻媒体也来了二三十家，大专院校的来了几十个，开了三天。县里边承办的，其实是皇城办的，第一天开幕式在皇城，后两天分组讨论都在县里边，住在阳城一招，皇城就这样大致地宣传了一下。研讨会最具争议的有两个问题：一个是皇城相府的名字，一个是陈廷敬出生年月。

专家说“皇城相府”这个名字不符合语法，我去北京、太原的时候，旅游局有人说叫陈家大院吧，因为王家大院、乔家大院在全国都比较出名了。我说他们都叫大院，咱们也叫个大院？没有什么意思。晋中榆次那儿还有个常家庄园，其实和大院也是一样的，但人家就改成庄园了，曹家大院也改成三多堂。南方的乌镇、周庄，人家都有自己的名字，并不都是叫“××水乡”。所以起名不能都叫大院，谁也不知道哪个是哪个，容易混淆。还有人提议叫康熙给题的“午亭山村”，可是这名字从来就没有叫过。其实当时我们去北京就已经叫“皇城相府”了，可能张书记听别人叫了这么个名字，也不是有意坐一块起的名字。为什么叫“皇城相府”？因为皇城村有个相府院，就在大学士第那里边，我们从小就一直叫，所以把“皇城”、“相府”两个词加在一起就叫“皇城相府”。后来欧阳中石他们题了词，慢慢就延续下去了。我感觉这个名字特别好，不可能再有“××相府”重名了，我们也已经注册了著名商标，没人来冒用这个名字了。

1998年10月24日，名相陈廷敬皇城古建学研讨会开幕式

皇城到底是哪个“皇（黄）”，开研讨会之前好多人，包括阳城县地方志办公室主任刘伯伦，他都一直认为是黄色的黄，觉得皇城人是炫耀

才用皇帝的“皇”。后来我找了好多资料，最让他服气的就是，在他亲自编的《阳城县志》上面，有一张清光绪年间的地图，上面写的就是皇帝的“皇”。我指着这个说：“刘老师，你到底看看是哪个皇？”

后来山西日报上登过一篇文章叫《质疑皇城相府》，内容里边反驳这个“皇”，说当时就不可以用这个“皇”字，是犯上的。其实他不知道黄颜色也是犯上的呀，是皇帝的专用词。后来我和刘伯伦看到这个报道以后，就去山西日报社找到总编理论，因为刘伯伦就是最开始最反对叫这个“皇”字的那一个人。总编说我也不希望你们打这个学术官司，你们如果证实这个“皇”是有依据的话，就再写上一篇报道，我给你在同版同条登出去。如果原作者不再吭声了，没有什么反驳，就等于是他承认你这个了。如果他和你们打官司，就再去辩论。后来我们写了个《皇城相府无可非议》，也没有人说什么。

不过，我记得从小也用过黄颜色的“黄”。那是在“文化大革命”时期，回来村里边开介绍信就改成这个“黄”了。我问为什么改了？他们说因为“打倒保皇派”，“打倒走资派”，运动可厉害了，谁也不敢用那个“皇”，公章上面都刻的都是“黄”。后来在国营皇城煤矿成立后，八三年、八四年左右就用成“皇城煤矿”了。其实在八几年、九几年那会儿，两个“皇（黄）”都用，皇城村的公章上面都还没有改，喜欢哪个用哪个，也没人去细追究。这就跟叫名字一样，一个小名一个曾用名，想叫什么叫什么，都是一回事。以前老人还把皇城叫上河，郭峪叫下河呢，因为河是从皇城流去郭峪的么，就约定俗成了。像见面打招呼问：“去哪呢？”答“下下河去”或者“去城里头”，意思就是去郭峪。除了有的文化程度比较高点的人叫皇城，农村老百姓都是叫“上河”，上岁数的现在还这种叫法，从小养成的习惯。现在三四十岁的人，给他说“上河”还不一定知道在哪呢。

在搞旅游开发后，“皇”才正儿八经全部替代“黄”。晋城市确立市重点文物保护单位的时候，下发文件上面还是黄颜色的“黄”，在皇城村门边竖了块碑，上面写着“晋城市文物保护单位——黄城”。后来张书记跟我说，咱那个“黄”字得改改。我说那还不容易？我去改！那时候皇城做石雕的也多，把上面一打磨，电脑上找见这个“皇”，马上就改了。后来一直反对用“皇城”和搞旅游的陈金生老汉说：“谁让你改了？”我说：“省文物局让改的呀。”他说：“是谁？”我说：“你认得谁，我给你说上几个你谁也认不得呀！”后来就这么把它改掉了。

所以说这个“皇”呀，也不是什么时候规定必须用，是在人们的思想意识中慢慢就变了。现在没有一人写那个“黄”字了。当然是听起来皇帝的“皇”比较好，和北京紫禁城是一个名字，肯定好嘛，不过确实以前也叫过这个皇，不是咱们无中生有非要改的。

陈廷敬的出生年月专家们也是糊涂了一样，有的说是一六三八年，有的说是一六三九年。为什么出现这么两个年份？因为陈廷敬农历生日是一六三八年十一月二十七日，但阳历是一六三九年的元月份，差异就在这。出生年月不可能有两个时间，后来专家们研究才确定的。

所以好多东西都是慢慢研究，时间长了以后才能把这些总结起来转成一个结果的。我们成立皇城相府管理处的时候，有三个单位，一个是皇城相府古建指挥部；一个是皇城相府管理处，专门管理旅游这一方面的；还有一个是皇城相府历史文化研究中心是我负责的，可我好多都讲不来，因为以前不关心这些事，牌坊上面那字都念不下来，进士是怎么一回事我也不知道。我去找晋城市地方志办公室的马甫平，他和我一起跑旅游，晚上我问他："马老师，侍读学士官大还是侍讲学士大？"咱猛一听肯定是侍讲学士要大，因为侍讲是要讲了么。马老师说："其实侍读学士比侍讲学士官大。"后来我就经常问问，也查查资料。像石牌坊的修建时间没有记载，但从历史文字可以看出来，康熙三十六年陈廷敬小儿子中进士，康熙四十二年陈廷敬升大学士，四十四年拜相入阁，但牌坊上面没有写陈廷敬担任大学士这个官职，只是冢宰第。所以说经过我们考察是康熙三十八年到四十二年之间。搞历史文化研究很关键，必须有依据推测才行。

研讨会结束以后，九八年十月二十八号，山西省省委书记胡富国就来皇城了，因为开研讨会时他有事没顾上来。我记得他来时，外边城墙修复了有一半，人可以上去走了，但是还连不起来，他上城墙后从麒麟院那儿搭了个竹梯半路下来的。河山楼里边也能上去了。书记看了后说："规模还可以，不错，我回去把五大班子领导全都带上来看看你们皇城！"到了十一月五号，就来了省委、省政府、人大、政协、纪委等二百多人，声势浩大，来了都给皇城签了字。胡富国一个多星期就来了两次。

我去北京图书馆抄诗

开始时一方面搞建设，一方面主要是宣传。我们和中央电视台七频道建立了紧密联系，主要是便宜。因为中央一台费用太高，后来也感动了中央二台，新闻联播也给报道过。再后来我们也找专家出点书、搞点展览啦，不靠上边专家也做不成。我们去北京跑了好几次，去故宫东华门那儿和馆长秦国基说，只要查到有关陈廷敬的档案赶紧通知我们，我们就都复制回来。后来我们找遍了故宫博物院和中国历史档案馆。

但是当时关于陈廷敬的资料非常少。就像电视剧《康熙王朝》吧，这个剧本是取材于河南的二月河，上面只字没有提到过陈廷敬，为什么那么大的官职留下的资料、历史档案不多？大家知道清朝是满人掌权的，汉人都是卖力气干活的，所以汉人的成绩都总结在人家满人头上。像明珠、索额图，平时不干活但是功劳都在人家头上。但是陈廷敬当时和康熙关系是很好，虽说表面上不说，但他那时候是南书院行走，行走就是一直跟着皇帝走，有什么直接说话就行了，不写奏折，不写题榜，所以留下的东西不多，不是咱想象的那样。

《阳城县志》里基本没有陈廷敬的资料。当时陈氏家族迁自晋城半坡村，现在距离樊山、陈廷敬父亲的墓地不远，离湘峪也不远。陈家始祖经常放羊，在樊山的山头看见咱这条河不错，生意真红火，就萌发了想来的念头。过去说这里是金裹谷，意思是很富裕，炼铁业相当发达。他来这儿跟打工的一样，在煤矿上给人家打工，时间长了，这孩子又特别能干、精干，帮助店掌柜、算账先生干点活，打扫打扫卫生，干点零活。后来掌柜就把他看上了，看他也有这个经营能力，就给了他一个小煤矿自己去经营。所以，陈家开始是干煤矿慢慢发迹的。后来陈廷敬在北京当官，用的祖籍地名都是泽州天户里。到很晚《阳城县志》上才有他们的资料，《泽州县志》上也没陈家资料。

我们出的《陈氏诗人遗集》这本书，好多诗都是我去北京图书馆抄的。光弄这个诗我就去了北京好几次。当时陈家一个后代在北京做官，也算是一个地市级干部吧。他发现了北京图书馆有个《高都陈氏诗抄》，全都是手抄本，是个孤本。后来我们就去看，抄诗的时候可费劲了。我们住在首都师范大学，教授给我们出上介绍信，去里边抄。早上八点钟去，开了门以后递上介绍信，人家把这个书调出来，旁边坐上一个人看住你，用人家的笔记本、人家的铅笔抄，抄完以后人家还要检查。中午吃饭的时候把这些东西都交回去，下午再给你拿出来抄。进了里边跟进了看守所一样，就不许你自由了，在里边吃的是盒饭，不允许拿东西，圆珠笔也不许带，因为那个孤本书是非常珍贵的东西，怕你在书上点一点。就这样抄完以后才把它带回来。

《皇城故事集》，是我们在晋城市文联找了一个善于写故事的作家写的，好几个人编的，还有阳城那个最爱写故事的潘小蒲。这些故事有些是有点小依据，还有些完全是编的。那里头我估计有一半是真实的，一半是假的。

所以说，陈廷敬的资料是很珍贵的。有一部分是找到的，有些是和专家们研讨分析的，还有些东西都不是从书面上来的，引用其他地方的，再加点比较好听的。后来我也参与写导游词了，我还不知道怎么回事？像我们一直说康熙皇帝来过皇城，学术界争论得很厉害，谁也不同意，后来我们编了个开城仪式，迎圣驾，出了一本书说康熙皇帝来过皇城，现在没有人质疑了，都承认康熙皇帝来过皇城。但是我们其实也没有什么依据，只是根据康熙皇帝西巡去洛阳的时候写了一句诗："顾盼一过丞相府"，意思是好像路过这儿，但是究竟这个诗是不是给皇城、给陈廷敬写的，我们也没什么依据，到现在也没有人在这上面研究了。

还有，我细细数了数台阶到底有多少，是53阶，恰好陈廷敬做官是做了54年，20岁中进士，75岁去世的。53和54就不巧合了，所以我们导游词就写成了陈廷敬做官53年，现在都以为是真的了，好像是出自资料一样。再比如说牌坊那儿，"摸摸狮子头，一辈不发愁，摸摸狮子背，荣华又富贵"。这个是因为我去好多地方游，承德的导游就是这么讲的，回来后我就加在了我们这上边。导游一忽悠，游客也想去摸一摸。

但是我在给导游讲解时就说，你们不要乱改，有些东西是可以改的，有些东西是绝对不可以改的。比如说"陈氏家族是中国北方第一文化大家族"，必须加个"北方"，因为南方大家族多的是，人家南方那个陈阁老家（浙江海宁县）比咱这个陈家出的官多多了，光正儿八经宰相就出了一二十个。专家们用词很严谨，陈廷敬是清代著名的政治家，必须提出是清代的，否则就不严肃了。所以我说这两句结论必须严格用专家的原话讲。有的导游就在瞎讲，非要给人家加个"诗人"，说"陈廷敬是清代著名的政治家、文学家、理学家和诗人"，那个"诗人"就是多此一举了，诗人的名字大还是文学家的名字大？专家的结论就好比那时候毛主席语录，放之四海而皆准的真理。毛主席说什么，你也改改？人家说出的话在用词上面就好像已经完善了，没有修改的余地了。我还和导游讲，我们皇城相府千万不要和王家大院比，王家大院主要是讲三雕艺术，皇城相府绝对是比不上的，一个是不如它多，一个是不如它精美。商人和现在的有钱人一样，资本家什么车都可以开，想把这家修成什么样子就修成什么样子，但是陈家是官员身份，不是想买什么买什么。就像上庄的天官王府那建筑，也是更粗犷、简单一点。

正儿八经困难的就是搬迁

开发相府，正儿八经困难的就是搬迁。那时候认为没有钱很难，其实没钱并不如这个搬迁工作难。没有钱可以贷，可以借，搬迁是完全没有办法，不像现在一呼百应，一搬就都走了。当时开拆迁会议一批批搬迁，比方说这一片涉及停车场，这一片就定下来拆迁；比方说要修内城了，再根据需要拆迁。

九九年开始搬迁城墙里边的住户，这在当时是很漫长的一项工作，搬了好多年，是最难做的一项工作，非常不简单，一直到前几年才彻底结束了。城墙里面的每一块地方，每一处房子都是土改分了的，都有民国时候土地证，上面房子也好、土地也好都写得清清楚楚。即便是房子塌了，只剩下地基，也能找到户主。以前除了城墙公家没有分，河山楼、御书楼、魁星楼，包括城墙上的角楼文昌阁、关帝阁，凡是有利用价值的，都分给私人了。像这旧房如果不是现在搞旅游开发，简直就成废墟了。那个藏兵洞，开发之前喂牲口的放点草呀什么的，还住的有外地人，打工的家属们，几百年的垃圾都在那上边，脏的不像样。专门清理垃圾的工程队，主要就是清理那一片的垃圾了。这些窑洞一开始没人要，后来正儿八经开始分钱的时候就都有主家了。反正咱也弄不清都是谁的，那东西只要没有两家来认领就算了。要是两家都来了，拿字据、证据说话，毕竟都有人占用的，况且还有一部分刚搬走没多长时间，也都知道大致是谁的。

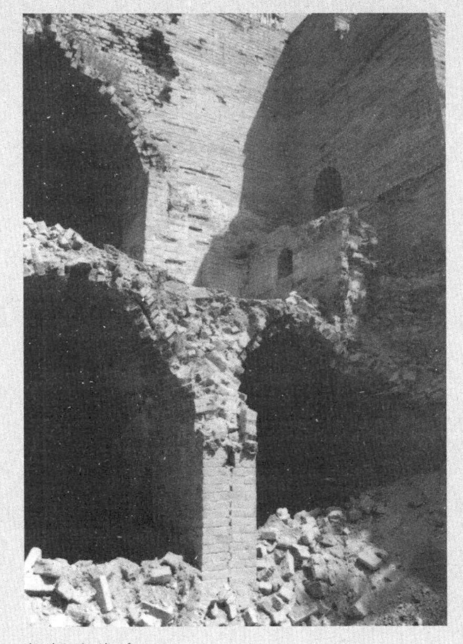
坍塌的藏兵洞

当时搬迁还没有修好新房，就给一万块钱搬迁费，自己去找房子找住处。最后都是党员、干部带头，一个党员包几户。我就是第一户最开始往外搬的，张书记原来是定了两户，那一户人家不愿意搬，张书记说不行你先搬吧，我说行。我回去以后就开始搬，我有三个儿子，二儿子刚结婚一个多月，都住在一起。当时我爸是个老顽固，他在老房子住着不搬，后来倒是都搬了。我是在国营矿上找地方住了两年，有的去郭峪亲戚们家里，有的在皇城亲戚们家里住着。自己搬迁损失也不小，像好多旧东西、旧家具，组合柜什么的，都以为没用就没搬走，扔了。当时意识也不高，不知道古家具古董值钱，只知道旧房子没有新房子值钱。

那时候拆迁有个标准，这么大的项目，没有统一的规定能行？比如这房子是几几年之前的，几几年之后的，小孔窑还是现浇的，或者砖瓦房，都有个统一规定，分别是××元/平方米，我记得藏兵洞一眼窑洞是一百块钱。先有规定，再看符合哪一条。只能说，当时在量平方面积上可能稍有点出入，但是价格上面肯定是统一的。我那樊家院的房子算了两万多块钱。

总之，当时搬迁给各种优惠政策，尽管如此，一少部分人还是不愿意搬，一直到最后还有强制执行的。有的年纪稍微大点的，不想离开这老住宅，老祖宗留下来的东西，不想败坏祖宗。有的搬迁户说，你能占了那么多地方？别人都不知道皇城，修停车场能来几个车？结果现在到五一、国庆，七八个停车场根本都不够停。当时村里就拉上他们到外边看，去河北香河县那个天下第一城，停车场就相当大。其实我们也是受那儿启发，他们有个开城仪式，皇帝迎宾，我去看回来后想咱也搞一个这。于是我们想办法找到北京那个搞策划的人，和他联系上，他在文化部下属的一个单位，叫邓天和。不过他策划的那个来咱这里不实用，后来用的是开封群众艺术馆的一个馆长策划的，重新搞了个开城仪式。

搬迁、修复差不多以后，皇城首届文化旅游节开幕，就正式对外开放了。皇城那时候没有饭店，只有两家在那里搭个小棚棚卖肉丸，很简单。我们这地方的人是很封建的，卖个东西感觉很丢人，不像现在到处是经商的。2000年第一个五一黄金周，不得不给老百姓下任务。我们二十几个党员，一个党员管十户，一个党员必须出一家卖饭的。皇城村从包产到户后没有村民小组，就是党员联户，一个党员管十户，什么事情都是党员负责。像我爸那时候担着担子去卖凉粉，我打心里就不想让他去。

老百姓从开始的不认可到现在认可，也是经历了十几年漫长的过程。实践证明这个事是对的。皇城村让老百姓真真富裕了，吃不愁穿不愁，白白坐在家里不干活，一年发的也吃不完，花不完。看病有人给出钱，上学有人给出钱，老了养老有人给出钱，村里什么都管，和那贫穷落后的村相比要强好几倍。

皇城的旅游发展确确实实是抓住机遇了，机遇是可遇不可求的。像郭峪搞了好多次，一直在搞，一直搞不起来，国家拨款只能把外头城墙修起来，里边的人搬不出来，这才是最难干的。当时晋城就皇城一家，大力扶持、拨款开发旅游，鼓励朝阳产业，晋城由于有了皇城相府才成立阳城县旅游局、晋城市旅游局。没有领导的关怀和有关部门支持皇城旅游也搞不到今天。

皇城左右不了皇城

开始开发以后，就不由人了，不是想干成什么就做什么。上面领导知道了，陆陆续续都来皇城考察，领导也施加点压力，结果越干越大。后来张书记又是人大代表，又是全国劳模，这一个地方没有几个呀。山西省的全国人大代表才五十多个，晋城市才两三个，了不得。那时候我们想，皇城村人口少，开发旅游一年能给皇城创收几十万、上百万那就已经很好了。没有想到这个事情一干开也不容易，上边市里、省里领导一次次来，越干越大，皇城左右不了皇城呀。

国家副主席曾庆红来过皇城一回说，张家胜你把皇城搞成这个样子还不行，把附近周边这些村全都带起来和皇城一样！华西村不是也是兼并了周围几个村？张书记也是，说不上兼并吧，基本上这几个村都没有地了，皇城村把沟底、郭峪、大桥、史山附近这几千口人全部跟皇城一样养活着。皇城发什么，给人家也发什么，那时候皇城挣的钱一半也花不上，其他一半都是用这些了。张书记在这条沟里面，去哪一个村，老百姓大部分还是赞成的，可以说一呼百应，让老百姓干什么村里基本没人反对。搞选举也不存在和其他村一样你争我斗。皇城村就是张书记说让谁干谁就干，反正谁干都一样，老百姓得利就行了。

现在北留镇好多人都觉得他在北留镇还当书记一样，哪个村来也是找张书记，皇城村名气太大了，不管不行。他自己作为一个全国劳模，觉得应该让大家都能富裕，但是也不可能把全部北留镇、阳城县的人都带起来呀。在可能的情况下，能带动一批算一批。更别说每次受灾捐资、助教，皇城都是首先带头的。现在皇城村的村民整体素质还是高了，对外面的帮助，老百姓也觉得应该，要是没有其他领导上级的支持、关心帮助，皇城也搞不成这个样子。所以说现在富了以后，帮助帮助人家也是应该的。

人都是过了多少年以后评价，当时也看不出个什么来，时间长了才能慢慢看出来。我和张书记在一起好多年，我对他的评价：一个是私心不大，所以在他的影响下，老百姓、干部们不能说没有私心，但私心不是太大，还是为了老百姓。他这个人如果心贪点，他不可能把周围这一片老百姓都和皇城老百姓享受一样的待遇。第二是干什么事情，肯干，横下一条心，家里的事都不管了，非要把它干成，也能干，吃了不少苦。

后记

我们亲切地称为“樊主任”。樊主任的个性给我们留下了深刻的印象。他是一个非常健谈、热情的“文艺青年”，爱音乐、爱写作、爱服装设计，讲起故事来滔滔不绝、栩栩如生、妙语连珠。我们被他的文化气息折服，也被他惊人的记忆力震撼，时隔多年，

樊书堂访谈照片

他能精确地说出时间、地点、人物关系。他也是一个极其讲究的人，关于皇城工作的点点滴滴，他都细心拍照整理成册，旁边附上文字说明，每一次会议他都作了格式异常工整的记录。在电脑还不普及的时代，这些重要的“举手之劳”，为皇城村保留了大量宝贵资料。他的年轻时尚给我们惊喜，将近七旬，流行词汇脱口而出，微信玩转不在话下。微信头像都是自己精挑细选的马克思、恩格斯，起名叫“英特纳雄耐尔”，取自《国际歌》。

这就是樊书堂，无论哪个年代，都行走在文化与时尚的前沿。

樊家后院五翰林

口述 樊生林

樊生林

人物档案：樊生林，男，1952年生于樊家院后院。

访谈时间：2015年11月11日

访谈地点：皇城村花园小区1601号

我以前住在樊家院后院

我以前住在樊家院后院。原来我们姓樊的可能是从外边来的，这房子是祖上分的果实房，就是解放以后给穷人分的房。反正前后院都是一大家的，只有前院一家是姓武的。

我们那后院是个“四大四小”，房子面积小，间架小，都是两层，院子也不大。住得也很乱，可那还算好房子了。南面是过厅，陈廷敬办公的地方，像我们办红白喜事都得从那里穿过来。北房是个正楼，以前说“五翰林”就在那出生的。

我爷爷的父亲是弟兄两个，前边一个，后边一个，大的老爷爷（曾祖父）住在正房，小的老爷爷，就是我爷爷的父亲，住在角角上的一个小院子里。后来我爷爷出去打仗就没回来，杳无音信，所以就两个老爷爷、两个老奶奶带我们一家十几口人住在这么个院里。我爷爷的财产就由我父亲接手了。我母亲住在东房，我结婚在西房。

“认真老汉”保护文物

小时候那会儿太穷了，上小学用的还是石笔、石板，拿上一颗鸡蛋去换一把石笔回来写字，写满了一擦就行。我记得六四年的时候，我十三岁，找照相的去给我老爷爷老奶奶照相，他们都不想掏那个钱。那时候一个工分挣上一两毛钱、两三毛钱都算是好的，有的才挣四五分钱。

我上六年级正好赶上“文化大革命”，每天就是“破四旧”“立四新”，弄个毛主席语录本，拿上个小碳锤，看看有没有文物，要有就砸。像墙上有个雕刻、房子上面的兽脊、龙呀什么的都给敲了。陈廷敬像，祠堂和我们各家的神主，让我们红卫兵知道了，就拿去烧了。那两年就没有学到文化，现在后悔也没办法，老师教我们的就是干这些。当时国家连大学生都没有了，都是“文化大革命”罢了才补考的。

后来1971年我去当兵，到1976年才回来。回来时我们这里还没有煤矿，就是在生产队种地，每天跟着队长去干活。一直到1983年我们村才在樊家院后边批了一个村办煤矿，我担任矿长。到了1988年批大西沟煤矿，我又去大西煤矿了。

1986年的时候，我就从城里挪到城边上修新房住了。以前修房主要成本就是砖钱、材料钱，手上都没有一千块钱就敢修房。大队有砖，修房就给三万砖，一个砖是三分钱，不够了再买。修房倒是还没有人拆城墙砖，后来家里边垒一个厕所、弄一个猪圈啦，就有人去偷砖。我们村里有个姓陈的人，大家叫他“认真老汉”，他就懂得这些都是文物，看住不让破坏。像“午亭山村”的碑，就是他一直保护的。不过“午亭山村”那个亭子，以前的屋顶都是黄琉璃瓦，刚解放那会儿分给私人就被拆掉了。

黄阁青山总是情

口述 郭培刚

郭培刚 访谈照片

人物档案：郭培刚，男，1949年出生于小姐院（黄阁院）。1966年初中毕业，"文革"取消考试后回到村里参加劳动，因"精通报纸文件"，先后被委任团支书、民兵连长、指导员，1975年起接任村主任，1984年接任书记，直到1995年卸甲归田。二十多年的干部经历，不仅让他对皇城村的发展历史了如指掌，更让他对这片土地爱得深沉。郭书记自豪地说，这里的每一片土地，他都用脚丈量过。

访谈时间：2015年11月11日/12月27日/12月29日/12月29日

访谈地点：皇城村花园小区1604号/村委办公室/村委办公室/皇城相府景区

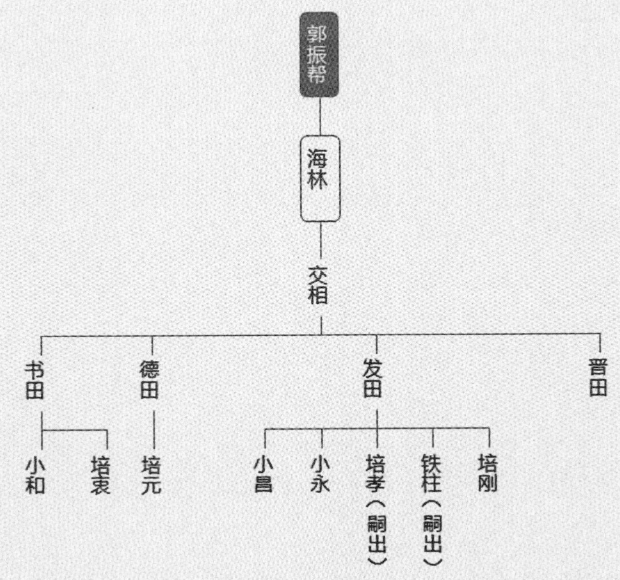

黄阁院郭氏谱系图（局部）

姓郭的都住在小姐院

全皇城村就我们一家姓郭的，都在小姐院里边住着，院里还住了一家姓陈的。听我父亲讲，我们姓郭的，起初是从润城到这大山后边有个叫郭庄的，也属于晋城市，后来估计就是一九二几年、三几年来到皇城这地方。老一辈来了以后，可能是买的，也可能是打听到小姐院有空房就住下来了。所以说，这小姐院的房子也不是我们修的，原来是人家陈廷敬后裔的。

当时这些房子都是破破烂烂的，皇城村人也少，城墙里面住的大部分都是姓陈的，它那陈氏祠堂里有家谱，我看了看，听说上面续到十七代，下面从二十一代开始有人，中间这三代是找不见人。估计都是最鼎盛的时候，都做官去了外地。我老婆就是姓陈的，以前住在相府院，相府院里头东南西北也都是人家姓陈的。

过去相府院叫前院、大前院，我们小姐院叫后院，也叫黄阁院，后来改成小姐院了。那时候进小姐院，不管东南西北，必须得走相府院的前院、前门。小时候经常和小伙伴们在相府院前院玩耍，打玻璃弹珠，一打一下午，每打一次，就在后头的照壁上写上成绩。

过了前院以后，从一个石头圆券券门进去，正对着放了一块青石。其实也不算青石，这里抠一个洞，那里抠一个洞，像个大大的“福”字，我估计可能就是以前在鱼池里放的太湖石。后来“文化大革命”时把它砸掉了，可惜呀，都是好文物。青石边上爬一个三四尺宽的土坡坡，就直接上到山顶上去了，我们那时候唤“小山上”。现在的假山就是在原来这山的基础上修的，比原来修得好。说它是山，实际上它就没有土，都是炉灰渣堆起来的，你倒一筐，我倒一筐，几年就把它倒起来了。山顶上，几百年以前肯定有土，是在思过室屋顶上填的土，一刨那石灰就都出来了。思过室也是以前的，不过不知道它叫“思过室”，光知道那后头有个小背窑，喂牛、喂羊，搁点草啦什么的。

老百姓出来就在那小山上边自己刨一刨，种点豆角、瓜果什么的。山顶的边上原来还长了两棵柏树和一棵白皮松。那么粗的柏树还不知道长了多少年了，都不像是二三百年的，弄不好都在陈廷敬以前就有，四五百年了，直径至少有个六七十公分。松树挺细的，也就二十来公分，但是比前面管家院的正房两层楼还高。

以前从这假山上就上不去城墙。正对着两棵柏树，靠着城墙还有两间窑洞，窑洞顶也是种的地。窑洞边上长了一棵蟠龙松（现鱼池荡秋千处东边一点），那个形式跟龙一样，以前我们都从那树爬到窑洞顶上的晒棚[1]，再从晒棚上爬着树下来。六六年的时候，我有个本家大哥说那树死了，就把它砍掉了。那可是一棵好树，风景树，搁到现在不知道多少人在那儿拍照呢。

过了假山再往里（北）走，是一片圐圙[2]（空地），我父亲在里边刨刨，种点菜，还倒灰渣，还有修的猪圈、羊圈什么的。这片圐圙现在叫鱼池，以前估计也是鱼池，为什么那样讲？因为我们在那一块地方挖红薯窖，就是秋季拿回来红薯以后，挖个深井，下边打个小洞洞，把它放进去。挖这个的时候挖到了水渠，再后来挖到地下全是黄沙，所以觉得它以前是有水渠。不过现在的鱼池，是我们开发以后挖出来的，不是原来就有的，以前的都被埋了。

走过这一片圐圙，就一条三尺宽的小路，右边是一个两米高的墙。墙后边原来有一棵大皂荚树，后来我们把这皂荚树砍了，紧挨着墙垒了两三个猪圈，又打了一溜两三个厕所。从院子里一走出来就到厕所了，再从厕所背后拐上去喂猪。那时候基本上一家都要有一个厕所，下了雨就赶紧往里边倒水，倒上水挑茅粪出去，担两桶给集体，集体还要给个人四五分钱呢，一年就能收入个四五块。谁家要是没有猪圈、没有厕所，一年吃菜吃粮都顾不住，所以哪一户必须都得有。我印象最深的是，青林院厕所在院里，厕所口在院外的青林胡同里，紧挨着城墙，以前去青林胡同里掏粪，只能直上直下地掏，因为量杆斜着顶住这城墙就掏不上来了。

再往前走就是小姐院，现在的大门是后来改修的。进去以后，院子地面都是石条墁起来的，还有那么一个古东西放在院里，说是“四旧”，也不是什么值钱的东西，就是一个放琴的或者坐的砖凳，跟现在小圆凳一样，里边是空的，泥土做好以后烧制的。院中间还安了个院心，古时候叫“中宫爷”。每年过春节时，我们一大家子人就在这儿“堆年柴”，把那柏树枝都堆起来。早上五点钟起床时，家家都放上开门炮，我们院里有一个姓陈的，就喊我们：“都弄好了吧？”我们说：“都弄好了！”然后就把年柴点着，才开始放鞭放炮。

我们那院子四面有房，只有北房有二层楼，其他都没有楼。我父亲兄弟四个，他排行

1　当地方言，窑洞顶或平房顶叫晒棚，上面是平地，可晾晒粮食。

2　当地方言，围起来的空土场。

老三。东房、南房归我父亲，土改时候南房分给别人了，后来我们人口多，没地方住，可能是我父亲又给了人家点米，就买回来了。西房是我二伯父一家四口的，后来他孩子长大当了矿长以后，把它拆掉修成两层了，等相府恢复古建的时候，又把两层楼扒掉修成现在这样了。北房一楼的三间堂房土改时候分给了陈广元一家，他的孩子多，三四个儿子一个女儿，都在家里边没有出去，好几口人呢。二楼有两间也是他的，没有住人，给生产队做仓库用，放点粮食或者草。东房、堂房、南房虽然房子没有动过，但是门窗都换过，像堂房楼上的栏杆形状就有点变了，以前二层是挑出来的阳台，一层没有这些柱子。

堂房的东北角房，底下的一间，夏季做做饭，楼上的一间，加上堂房连着的一间，一共有两间，都不住人，放点东西。从东北角房拐进去东面还有个小偏院，券了一个横窑，够三间长就一个门，比我们的东房还大。这些是我四叔父郭进田的，他们一家三口人住着。堂房的西北角房住着蔡氏，她女儿嫁到远处了，儿子也是早早就没有了，就剩她一个人，后来又要了个小孙女。她屋里采光不好，就在这炉上头的山墙上打了个小窗窗透光。

从西北角房出去院子往右（北侧）拐，上个小坡，经过两个厕所就到了一个小后院，那是我大伯父的地方。小后院地势高，修在城墙拐角的位置，上下两层一共四间，一层是老房子，二层是五几年修的，坐北朝南。当我记事起伯父就已经去世了，只剩我伯母。他们楼上不住人，楼下两间，儿子儿媳妇住一间，大伯母和另一个孩子住一间。

从西北角房出去院子往左（南）拐，是一条窄窄的小路。城墙上挖了个洞当鸡窝，里面喂的是鸡。再过去是我二伯父修的小羊屋，喂羊用的。再往南走，路边有一家修了个堆煤的煤池，过了煤池以后就能进两个小窑窑，藏兵洞一样的，实际上就是城墙下边的窑洞，修上窑洞以后再上城墙。城墙上还有个门，门外边的护城坝上还有两个窑洞。那人把这城墙弄了以后，两处窑洞打通了。我们平时贴着墙上到羊圈晒棚，再上到窑洞晒棚，扒着城墙口子上去就看到下边河了。

从我记事起，我和父母亲三口人就住在东房。里边垒了两个墙，变成三间了，每间是三米长三米宽，总共有个二十七平方米，还算宽敞。我父母在南边这一间住，中间是个小客厅，我在北边这一间住，从中间的门进去客厅然后再进一个小门。

六八年的时候，我们住的东房屋坡漏了，揭瓦时把隔扇窗拆下来了，然后把前墙用砖垒起来，弄成现在的方格窗。靠着外墙又垒了个小墙，顶上放个棚，做了个小饭厦（厨房）。有了厨房以后，没有吃饭的地方。有一天晚上下工以后，不用干活了，回来的时候，我找了三个人和我一起，从生态园那个坟地[1]抬回来一块大石头，放在东房屋檐下，我父亲每天回来，就坐在那儿，我母亲给他把饭端过来放在这个桌上吃饭。当时还给抬石头的每个人蒸了一个黄蒸窝窝头。现在这块石头抬到鱼池那里当一个过桥石头了。

后来我一结婚，不方便了，把这个小门关掉垒成墙，在北山墙上挖了个门和窗。窗下边有个煤池，旁边垒了个小饭厦。再后来父母去世以后，三间房都让我住上了。大概也就是七五、七六年那会，地砖都烂掉，我就把那个砖撬起来，然后用水泥打的地板。刨地砖的时候，当中那一间有块地砖下边有个小小的陶瓷罐罐。我高兴得不得了，结果里边啥都没有，就扔掉了，咱要那个有什么用？后来在院子外边生火倒炉灰那灰坡上（现鱼池附近的假山上），原来是个猪圈，刨出了一口大缸。高兴得不得了，结果里边也是啥都没有，全是垃圾。

七九年的时候，我又在父亲修的楼房后面，修了三间房一个小院子，坐南朝北。因为紧贴着我四叔的窑，人家那墙上有个窗，我修的时候，四婶跟我生气，坐在我房里面不出来，说我给她留的地方窄了。本来想着和她的窑洞留得窄些，上边盖住算了，可是她不行，按以前土改时那个规定，房外应该有她三尺地方是滴水。后来我没有办法，又退了三尺，才开始修房。这个房子挨着我的东房，我也在墙上挖了一个洞可以直接过来。

南房是归我大哥大嫂他们一家三口人，我大哥不在家，就我大嫂和孩子在家。五几年的时候，我父亲在院子外边靠着东房山墙盖了两间房，就是现在进小姐院、过了小亭子的小走廊那儿。这个房子紧挨着东房，中间留了一个小门洞，大门和路实际就在东房和新修的房子中间，顶上是盖着的，底下房子窄，上边楼房宽。估计盖这个房子是给我二哥二嫂结婚用的，他们一家三口人就一直住在那儿。后来父亲给我们分家的时候，南房给了我大哥；东房给了我，他也还住着；盖的那个小楼，给了我二哥。三哥和四哥出了门（给到外面）了。我们弟兄五个是这样分的房子，这些原来都是我父亲的房产。

总的来说，我们这家里倒还算可以的，因为我父亲从小是在商丘那边做生意，他回来可能也有几个银圆。我父亲跟我讲，我爷爷还是奶奶去世的时候，就请了很多人，花了三百块钱的现大洋。那时三百块钱现大洋就顶大事了，有钱户。我小时候记得他还有银圆，不多。解放以后，反正只要我们没东西吃了，或者要做什么事情没钱，家里生活紧

1　编者按：根据地理位置推断，可能为世德坟。

修复前的河山楼底部

张，我父亲就拿上那么几个银圆把它卖掉，一般是去收银圆的收购站或者银行。我记得特别是在七五六年以后，银圆又不值钱，一个银圆换人民币一块钱。我大哥1947年就去当兵了，当兵就结婚了，我是最小的，那时候我还没出生。他在部队是干部嘛，五八年以前我不知道，五八年以后一直到他去世，每一年都要给我们家里边寄十多块钱，不是十块就是十五块，我们家在村里还是高生活的。

我们小姐院这一片，包括整个城墙里头的人吃水，都是在世德院外头、祠堂边上的那个井。这个井和河山楼下面的井、南书院下面的井三处是连通的。像平时我们谁的桶掉到世德院边上这个井里了，那就得捞呀，怎么办？抓紧时间把那井底下水快快舀干了，不用多大工夫，二十担水就把底下水绞干了。一抽干就把桶拿上了。祠堂这儿的井没水了，南书院的井就没水了。慢慢地祠堂院这井水满了，就又流到南书院那边去了。这三处水的母井是河山楼里头的那一个，因为最先有的是河山楼。[1] 不过现在咱们看到的河山楼都是恢复旅游时才修复的，主要加了个屋顶。墙没有动，人家原来的墙，包括这个城墙，用的东西比咱们现在用的材料结实得多。像咱们现在用的砖经受不了一百年，人家用的砖经过三四百年还是那样。

我们附近的人要是有人想推点麦子、玉米，就从管家院这个门进来。原来从管家院就根本进不来我们小姐院，现在开发旅游走的那条路，以前都是石头垒起来堵死了，放了个磨大家用。现在的管家院老房子都被扒掉了，是拆了以后重修的，不过根基没有变。大门还是原来的，我记得院子里有东房、西房，后边有个堂房（北房）。堂房是我们老书记倪福顺的，它是三间，上下两层，还有耳房。院子中间隔了一道墙，分成前后院了，从前院进来，再进一个小门，就到了后院。当时后院住着老书记，前院住了一个憨憨，骂骂乎乎

1 据《河山楼》记载，河山楼建于明崇祯五年（1632年），此时距离陈氏家族迁居中道庄（1429）已两百余年，所以河山楼并非最早建筑。其次，河山楼建立时，“掘地为井”故此井并非母井，乃新挖之井。

的，不过他们也是一家人。老书记嫌他乱得慌，就把他隔出外边了，我估计是这样才修的这堵墙。那个憨的男人，现在是死了，不死也了不得，听说他见过邓政委，给邓小平牵过马，是邓小平的马夫。

从村主任到书记干了二十多年

我是从郭峪高小毕业后，到北留上了三年农业中学，六六年初中毕业。我上一届还允许考试，我这一届就不允许考了，“文化大革命”不兴考试了嘛。还有一个在阳城一中上的樊书堂也不让考试了。高中都不让考了，更不要说考大学。要是能考试，我敢说，最低也考个师范，可是人家不让考了，废除这个考试制度了。我从学校回到村里，但人家还不一定把我当成红卫兵用，而把我当作保皇派，因为我家里边有当权派（我嫂子是村书记），所以也不重用我。六七年、六八年、六九年，我就在队里边劳动，在砖厂扣砖。

七零年的时候，村里边选举团支部书记，老书记看我毕竟是上过两天学嘛，对报纸什么的还是比较精通的。那时候中共中央文件多的是！每天晚上跟背老三篇一样，中共中央，中央各大军区，各军种党委，各野战军党委，好多绝密文件，公社拿过来以后，让我在这里读完，再封住拿回去，文件都不让放到村里。慢慢地念的文件多了，认得的字也比较多些，念得也比较顺些，后来大队说，团支部书记，就是我上一届那老书记，岁数大了，得退了，让我接着当团支部书记。

当了两年团支部书记，大队觉着也还可以，就让我当民兵连长。当了民兵连长以后，指导员比我小两岁，他入党早，后来当兵走了，就没有指导员了。村里又说把我提拔起来当指导员。我七一年才入党，入党以后当上指导员。当时基本没有什么副业，春夏秋这三季种种地，到了冬季，出去打工挣钱的很少，县里边、镇里边，就有修铁路、修水库的。那时候兴修水利，七四年我领着人去公社搞了两年水利。也有的人冬天是没有零花钱，就担上点萝卜，或者是咱们这个地方产的柿子，到晋城、周村这边去卖，卖回钱来换点盐，或者是干点什么。

七六年，毛主席去世那一年，我就回来接班当村主任。我们这个老书记跟原来的老村长，他们两个是主任（村主任）比书记的岁数还大，后来经公社党委调整以后，把这个主任换下去了，我就跟上我们那老书记干开了，干了七八年。老书记和我每天晚上没事都在大队火边的桌上坐着，有一天他说：“你给咱接着干书记吧？”我说：“我就没有担任过这些主要工作，我敢接住干？我不干。”他说：“你要干了，我就退下去让你干几年；你

要不干了，咱还管人家谁上去干？”我不想干它，因为那时不像现在，当官是讨便宜了，那时当官都是吃亏了，哪一个当官的不是欠款户？我就感觉着我们这个家庭也不是什么肥户，不想去弄这。后来没有办法，我们公社党委把他们这一批调整下去了，因为岁数大了。八四年，我又接着当书记。我当上书记以后，张家胜当村长。张家胜当了六年村长，然后第三届的时候，镇党委把他调出去皇联煤矿，让他到那矿上负责去了。当时镇里边文件有规定，在企业上干，不能回村里干；在村里干，不能到企业上去干。把张家胜的村长免了以后，后来又上来一任村长陈智语，他跟我干了三年。张家胜跟我说又想回来了，我说你就不要回来了。他说还是想回，回来咱俩人还能配合。张家胜回来后又干了两年，他想当书记，九五年，我顺手就推给他当了。

我是二十七岁接村长，三十六岁接书记，四十七岁退书记。从村长到书记，干了二十多年，皇城的山山水水，山上的每一块土地，我敢说我都走遍了。因为那时候光是参加劳动、检查生产，一年不知道要跑多少路。七十年代我当村长的时候，当时每一家的房子是多大，地有多少，我都能说上来。每个人分的地是几亩几分，是哪几块，地前边什么样，后边什么样，每一块我都知道，都属于咱管呀。按土改时候的老地名，这三亩地是哪几块，这一块地是有几亩，都有这个山头表，清清楚楚。每天脑袋里头都有数，要给上面领导汇报生产，哪一块地种了，哪一块地没种，通通种了多少，还有多少没种，多少犁过了，多少没犁，都得弄清楚，每天晚上电话给上面汇报。

农业学大寨，我们种过一年水稻

原来的时候，我们这个村子是一个小自然村，它的名字叫“黄城村”，红黄的“黄”。中华人民共和国成立以后，才三百来口人。到五八年以前，我们这个村和这一道沟里沿着河的几个村（郭峪、沟底等）都是同一个村公所。五八年人民公社以后，我们这就分开了，成了黄城大队。

六几年的时候，我们这个村子一共有五百多口人，耕种了七百多亩土地。整个土地就是“三条沟一条岭”，还有一个“杜梨坪”。三条沟指的是小凹沟、窑义沟、大西沟，地都在这沟两边挂着。小凹沟就是现在集团、村委大楼背后，往南是桃坡；窑义沟就是修老年亭子那一块；大西沟就是开煤矿那一块。一道岭，就是杨庄岭，现在我们坐观光车上生态园的路就叫杨庄坡路，坡叫杨庄坡，杨庄坡到了顶上是杨庄岭。现在装移动信号塔的那个圆蛋蛋山包，就叫杜梨坪，在皇城北面。土地都在山上，那时候又没有拖拉机，全部是靠牛拉。六十年代，我们这个地方的人很苦，苦得不得了，我说了你们都不信。我们这里的人是每天往山上跑，背朝天脸朝地，整整劳动一年，养活三四口人，一年挣不了五块钱。

毛主席提出农业学大寨是“文革”前，1963年。正儿八经到我们这儿，就是六五年，六六年，六七年以后了，一直在搞，学大寨学了好多年。因为大寨那里都是层层梯田，我们这个山沟就是搬山造梯田，小的搬掉弄成大块搞梯田。像平原地方都是一大块，它没有梯田呀，硬是把那大块地中间垒上一条塄变成小地，这么一层一层去垛成梯田，我去过老多地方，人家就讲他们那儿农业学大寨是大地做小地。农业学大寨那时风气怕着呢，“千里百担”，哪怕你跑一千里，担一担土，来垫一块地搞大寨都行，唱的什么歌也都是大寨的，学大寨、赶大寨。

村里的大部分土地基本都被平整了，我们还拉上土把城墙外边的河滩（现停车场、广场）垫成了地。当时村前有一股水，我们叫“小河”，大券口这一块老百姓吃的用的都是这个水，用不完就流到大河里边去了。六六年以后，我们沿着护城坝修了一条小渠渠，把小河水引过去浇这垫起来的河滩地。在上游垒了个岔口，弄个插板，不浇地就把它放走到大河里去了，浇地的时候就用它。这个水，沿着小渠一直流到皇楼底（御书楼）门口那，被城堡里头出来的路截住了。我们就用一根铸铁水管埋到路下面，到了路那边继续往下流，下边还有好多地也都要让它浇。小河浇的这一片地都是垫的，原来私人你弄一小块，我弄一小块，一块一块都挖地种菜了。后来归了集体，推平了就都成了大块地。

当时就着这个水，我们种了一年水稻，因为它不怕天旱，一旱了就浇。公社干部来吃到大米了，那相当不容易。水稻长得很好，清水稻，主要是水好，也甜。那水应该是从后边山里流出来的，具体是哪儿我们也不得而知，估计是陈廷敬时候就引过来的泉水，还修了个像井一样的池子，具体位置就在中道庄城门往北走个四五十米，从大券口拐出来一个小坡路下来的地方。

这个井池子有一米见方，上面都是石头甃的，基本和地面是平的，打水的时候站到井边上就行了。从井池子往上走四五十米是用石头盖着的明渠，水多的时候都从那石头缝里边冒出来。再往上到一百五十米左右，是砖修的五十公分宽的暗渠，上边有土盖着，离地面几十公分不到一米吧，水就在里边流。每年立秋的前三天，这个水就来了，特别大，冬至的前几天，这个水就小了，这是有规律性的。井池子下边是修了一米宽的槽，两边有洗菜的池子，往下流有洗衣裳的池子，再有大概四五米就流到大河里边去了。这水冬暖夏凉，每年到了冬季去洗手干什么啦，水既不凉又不结冰，是暖的，夏季凉的厉害。

七十年代以前，这大河、小河都不断流，大河里还有鱼什么的，后来挖煤窑把小河水挖断了。我当书记的时候还跟他们打官司，去闹过，公社领导也不听我的，跟我也不站一边，也不帮我说话，因为他怕得罪人家，所以这个水就这么没了。

陈廷敬的相片扣在米罐上

“文革”的时候，要说我们这儿毁坏的东西，就是把陈廷敬的好多古书烧了，都是以前那种黄黄的草纸，毛笔写的字。烧东西是在东坡庙，我记得点翰堂后边也烧过，大食堂的后边也烧过。还有以前我们农村有风俗习惯，家里边父母或者爷爷奶奶死了，都弄个神主龛，这些也全让红卫兵拿过来放到火里边烧掉了。凡是“四旧”的东西都要拿走，像有的鞋上扎花，或者碗上画的有“寿”字就都不行。因为那时除了“忠”字以外的，全部都是“四旧”。世德院的地下，看见是平地，实际上全是空的，地下是窑洞，讲究嘛。那时陈廷敬他有老多好东西，像书架呀什么的就都在这个地方放，后来也不知道去哪儿了。反正烧得不少，乌烟瘴气，烟冒得老高。

陈廷敬画像，跟中堂一样大，以前在南书院厅房的南面放着，红卫兵把它拿过来，当“四旧”卷起来，扔在学校的梁头上面，当时学校已经搬到了点翰堂后边，五八年那儿修了个大食堂，住着个老师。在南书院厅房东面的桌上，还放着一张照的相，几十公分大。当时咱们中国根本没有那个东西，我估计都是日本人或者什么人照的。这个相，老师拿着盖米盔面盔了，就是拿个小罐罐，里边放点玉茭面、白面啦，用陈廷敬的相片扣在上面，害怕老鼠钻里边了。

房子破坏的倒是不多。从斗筑居城门进去，从井圪洞往右拐，有个功德牌坊。我们小时候就都已经没有屋坡了，破破烂烂的，下面有两个石狮子，破“四旧”的时候就被砸了。年轻人砸得也快，那青石好砸，叮叮咣咣就砸烂了，他们的成分不好，富农成分，还得积极些砸才行。青林院有个人把那两个狮子砸碎，把这个青石堆上，放上点碳烧成石灰了。到了七几年，这个牌坊是公家的没人管，你要一块，我要一块就拆了，有时候天黑就悄悄被偷走了。

其他主要是把兽头毁了，墙上的砖雕砸坏了，都是些无关要紧的地方，破坏地不是太严重。红卫兵基本是姓陈的后人，他愿意破坏自己的？他愿意把他的屋坡砸漏了？房子分给谁谁就要保护，不保护下雨漏了怎么办？所以，破“四旧”时，光拿个小锤子把那屋脊上边的兽头破坏掉就可以了，或者打掉一个角。而且只敢少打掉几个，要全部都砸烂了，

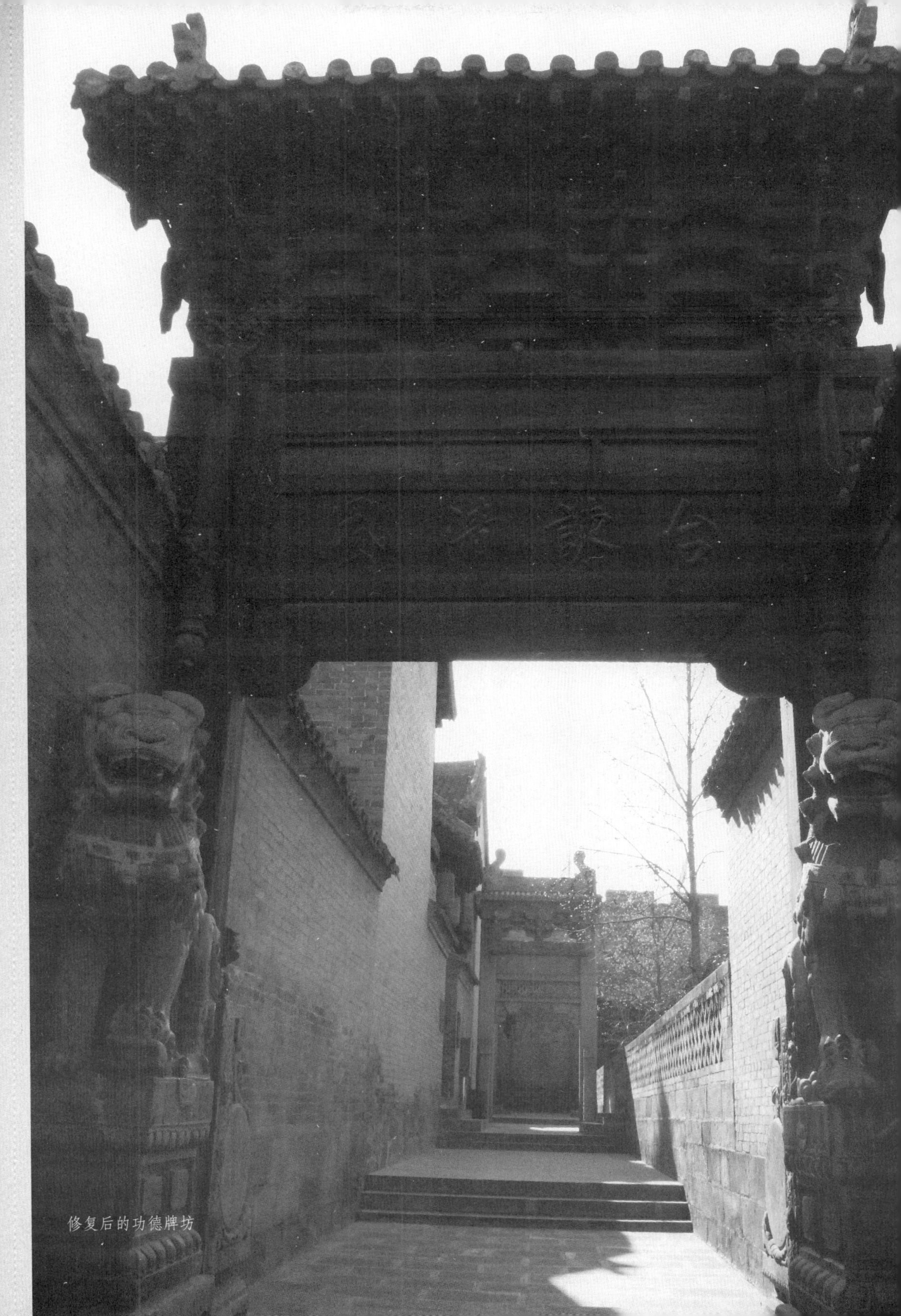

修复后的功德牌坊

正在养护的石牌坊

把瓦都砸了还怎么住？所以没有很破坏。

至于石牌坊，不要说当时人工弄，现在看来都不好弄。急得民兵没办法，就让木匠弄上些泥、土，放点麦糠和一下，把它抹住，用石灰水一冒，上面写上“读毛主席的书，听毛主席的话，做毛主席的指示战士，做毛主席的好战士”，底下写个“林彪”就妥了，这都是我亲自参加过的。

当时每个院里也都有毛主席语录，家家都有毛主席语录台，早请示晚汇报。每天去地里参加劳动之前，给毛主席做“五首先”，首先祝毛主席老人家万寿无疆；再祝林副主席身体健康，永远健康。罢了，院子里的人多了，合起来唱歌，唱《大海航行靠舵手》。唱罢了，去地里劳动回来，到中午，再给毛主席汇报，今天都去干什么了，然后还是万寿无疆，身体健康，永远健康。吃罢中午饭走的时候，还是站在那台下，做一遍；晚上回来，再做一遍。走的时候请示，回来的时候汇报，就这么一天四次。在每个院大门外，或者一进大门，用红涂料画的方格格，上边写上“学毛著专栏”，下边有心得栏，估计有个八十公分见方大。写了心得还得贴到这上边。心得栏也是批判栏，基本上都是“批林批孔”这些内容。

小姐院“下定决心 改天换地”

村里到处都写的“忠”字，“为人民服务”，或者是《白求恩》的“毫不利己，专门利人”，哪里都是口号。口号多的是：“与天斗，与地斗，与阶级斗，其乐无穷”；“深挖洞，广积粮，备战备荒为人民”；“天大旱，人大干，活着干死了算”。只要找到能写字的地方，用石灰一喷白墙，就写“愚公移山”什么的。我记得我们小姐院东房的后墙上，我父亲亲手写的“下定决心，改天换地”。原来墙上有个封住的窗户印，有轮廓没有窗，现在开发又把它掏开了。

棺材板解了燃眉之急

七零年左右，我当民兵连长那时候，每年秋分节过了寒露节，就不让再种小麦了，都是平田整地，搞农田基本建设。当时静坪的土地比较大。陈廷敬墓地那儿是前静坪，往后（北）走是后静坪，有老王家的祖坟，都是种地的。

陈廷敬墓地的石猪、石羊、石人、石马那儿，原来是一块金针地，里边种的都是黄花菜，要平整土地嘛，来吧，两个民兵一个坑，合起来挖一个大坑，把它推翻了埋住，垒了塄以后，里头还得填土。这样平起地来，只管犁地，又不坏事。后来开发以后，张家胜问情况，我说你就不用问，这个我知道，就是我埋的，我告你在哪儿，挖出来就是了。当时把它推倒了埋下，现在刨出来又把它竖起来了，没有动。原来石人石马雕像中间那个去墓地的路，铺的都是鹅卵石，小青石、小圆蛋蛋铺上去的，现在弄成水泥路了。经我记事也没有现在那个亭子。保护得最完好的就是墓地前面立的石碑和石牌坊，都是原汁原味没人动过的。

陈廷敬墓地前立的小牌楼，都用撬棍给撬起来了。墓碑后边有个很大的坟冢，坟冢一圈垒的石头，这样下雨啊什么的，雨水就顺着坡流走了不会渗到下面。这些坟冢和石头太占地方，全部都被拆掉去垒塄了。当时还想把他那墓地搬出去，可是人家那墓穴修得很

结实，弄了半天打不开。正好到了早上吃饭的时间，饭来了，我们就休息吃饭。吃饭的时候，我们队里边的一个生产队长是姓陈的，这是刨人家的老坟了呀，人家都不吭气。后来我们觉得，算了吧，人家都不吭气，咱刨人家的坟干什么？队长都不吭声，咱管人家那闲事干什么？后来我们村有个老头，刨墓是好把式，我们找不见墓口，人家把那坟的石头一拆，告诉我们哪里是虚土，我们就顺着这个虚土一直往下挖，从上边到下边总共挖了有三米深还要多。反正我们以前用的那个铁锹，那一铁锹带把下去，还不够，还得弯下腰。这个土上来不容易呀，那时就是挖了一个小方方口，用铁锹铲下去，用劲一铲，往上一甩，硬把它甩上来。就这么铲下去，甩出来，铲下去，甩出来，才挖下去找到了原来盗墓的小口口。那是人家盗墓的旧口，就这么宽的地方我们都找不见，那些老盗墓的人就知道这下边是盗墓人进去的地方。

那个小口口干什么用？它其实是墓室顶上长长一块石头，盗墓的人把这石头砍掉一半

1998年10月24日，陈廷敬暨皇城相府古建研讨会专家们实地考察

拿上来，露出个小口口。人下去墓室弄了东西，上来以后又把这半块放到原处，放得没以前那么整齐，然后再埋住，不然别人就知道盗了墓。听老人们传说，陈廷敬刚去世两三年这墓就被盗了，当时阳城县县太爷都来了。在村口还是这紫云阡坡下面，我记不清了，就有下马的地方，他的官没人家陈廷敬的大呀。这县太爷下马后，一步一磕头地上到这墓地断案，最后也是不了了之，没破了案，赶快把这墓又埋得好好的，不然他就是在这个地方失职呀。这墓后来被盗过都不知道多少次了。

我们找到洞口以后，点了个马灯吊下去先看看灯灭不灭，如果灯一灭，就是缺氧，咱们就不敢下去，要是不灭，咱们就敢下去。后来灯没灭，我当时从学校刚回来不久，个子也比较小，人家就找了绳子把我一捆吊下去了。我一下去，口下面正好是陈廷敬老婆的一个棺材。陈廷敬和他老婆的棺材不像现在的棺材，人家是一棺一椁，两层的。里面的叫棺材，棺材外面再套个大的，我们这儿叫椁，历史上叫什么不知道，反正大棺材套小棺材。我正好就站到这棺材上边了。我说："快些、快些把我吊上去，我害怕了！"人家都问："怎么了？"我说："我不下，我不下，我害怕了，我不下！"当时棺材上都是老铂金画的龙了什么的，金光闪闪的，我就担心是蛇，害怕得厉害了。我上去以后说："我不下了！"他们说："不下也得下，数你小了，非把你吊下去！"又把我吊下去，我一看是棺材，这才不怕了。

后来把这棺材底下一摸，人家问我："底下有没有什么东西？"我说："什么也没有呀！"他这个坟墓是石头券的，窑的正中间，挂了一个小黄旗，是黄绸的，我想肯定是康熙皇帝给他送的挽联呀祭文什么的。要是搁到现在，那东西可是康熙的亲笔东西呀，价值连城了。我一边说着"什么都没有"，一边就把黄旗拽下来一卷摞上去了。

然后其他人就都能点上灯下来了，灯拨亮一点，这回四下都能看清楚了。地下是干干净净的，铺的方砖，墙上用的是石条，石条之间用榫卯扣搭接的。墓穴门上雕刻得很精美，和小门楼一样，两边还有字，记不得写的什么了。墓室里头，棺材与棺材之间砌的是整砖矮墙，摞七层，按古人的说法，一个人就是这么宽的地方。坟地都在三米深以下了，那地场肯定是温的，可以说是没有进一点水，没有进一把土，温度是适宜的，里边干燥得很。陈廷敬这墓地呀，不是他死的时候弄的，可能是他死了以后几个月才从北京抬回来，他的儿子才给他搞的。那碑文上不是写了么，几时到几时回来的，这有日期的。不过也很难说，樊书堂他在相府里头研究陈廷敬这个好多年了，他知道得比较多一点。

人都下来以后，我们就开始弄棺材了。把那棺材扒开以后里边什么也没有，两层棺材中间塞满了松香，一颗跟核桃一样大。以前我们这里人死了，身躯底下要垫炉灰，结果连灰都没有，干干净净的，更别说这个衣服了。只有棺材小头那一边，放了一点骨头，还有头骨，弄不好现在还在里边呢。

按碑文上说，这棺材板是好木头，楠木什么的，我看见也并不好呀，可是不坏。这棺材板怎么弄上去？口口那儿的石头不是打开了一半？后来民兵又用大锤，把它另一半也打开了，那个口就有差不多一米宽了。我们就把他那棺材板，全部用铁橇撬开，从那个窟窿，上边人用大绳往上拽，下面人往上推。陈廷敬是两个老婆连他一共三个棺材三个椁，全部弄上来了。最后一块，就是陈廷敬老婆的那个板，比较宽，窟窿的口比较窄，弄不出去。最后底下就留了一块那个东西，其他的都弄上来了。全部拿上来以后，民兵们都在那里大搞农田建设，冬季下午五点多收工的时候，两个人一块，抬上回来送到东坡庙。我们东坡庙正好是东西两边修房做仓库，没有楼板。哎呀，正好！就把陈廷敬棺材板扯开，给我们做了楼板。陈廷敬活的时候虽然没有给我们这儿留下什么好的东西，但是他不让开采煤炭，这个祖先给我们留下来了。他死了以后，这个棺材板给我们解决了当时的燃眉之急，修房没有钱，棺材板都当作楼板了。

那个黄旌旗，我也没看写的是什么，光知道是“四旧”的东西把它拽下来，就卷着扔在那个地方没往回拿。每天我们早上去上工时，就在墓地边上那儿，有的去得早烧柴烧火，黄旌旗在地上，这人踢过来，那人踢过去。过了这么十多天，经过风化以后，它就慢慢地，一丝一丝就都烂掉了。一开始刚拽下来，紧邦邦的，一点都不坏，可惜了。像现在看来，那个就是宝贝呀！要是卷好包住装到一个小塑料袋里边，保存到现在，它不知道要值多少钱了。

一顿饭就把一院房子吃光了

冬季农田基本建设干到什么时候？冬至，一数九就要准备过年了。冬至十天后是阳历年，阳历年后四十天过春节，这时间就安排得紧紧的。像这冬至以后，回来就是榨油，搞这么几天结算。一进了农历的腊月，就是腾腾茅房，把这个茅厕里边的粪，担到山上去灌小麦，或者是明年地里没有粪肥了，把这担上去泼成个圈圈。年轻人担，老年人拢，拢成小圪堆。到了来年犁地的时候，把它撒开，就等于上肥料了。再往后头走，就是把猪圈、羊圈、牛圈全部都清理出来。进了腊月二十，人就比较轻松了，每天就是往地担粪了，一天担五次、十次，或者十五次。吃过中午饭也能出发，睡到两点起来也能出发，反正担够次数，才能回来记一个工，那就稍微自由些了。过了腊月二十，还得给牛啦、羊啦铡草，准备过年。过了腊月二十五以后，干脆是杀杀猪，给老百姓分分油，分分肉，兑兑现，谁买点什么东西就给谁点钱。钱也不多，一家能分个十块钱、十五块钱的都是好户。百分之六七十都是欠款户，一家五六口人一年下来，到了年终一算账还欠款，春节都过不去。

过不了年怎么办？房子多的户，就把房子卖了换吃的。六几年那会，住在世德院的陈晓栓他父亲，因为吃不饱肚子，就把书房院卖给了大桥沟一个在部队当团长的人。书房院实际上和世德院是前后院，以前都是他们家的老房子，扫盲时候的识字班、住民校，就都设在书房院。房子卖了一千块钱，他们一家人到庄河口那地方去赶了个集，一顿饭就把一院房子吃光了，还没吃饱。那时候贵着呢，肉丸是一块钱一个，烤的煎饼两块钱一个，那时的人也能吃。魁星阁也卖过。土改的时候本来分给裴小乞那一家了，他们住在南书院大厅房。七五年左右吧，这家欠款还不起账，那个楼就给他作了70块钱的价。70块钱也得卖呀，因为实在没有钱。后来他们下边一家给他拨了70块钱的账，把那房子买下来了。魁星阁里头原来有老爷像，在上边一个小房房里。现在魁星阁都是拆了以后新修的，原来那屋顶就一点点，没现在这么大。要是连房产都没有的户，只能是村里再跟上边要点救济款，救济两三块钱让过个年。当时吃都顾不住了哪有心思建房？

集体把宅基地归公了

改革开放以前，我们这个村子里边很少有人建房。当时大家住的都是土改时候分的老房子。楼上一家楼下一家，或者五间房里边，一家分两间，一家分三间。听他们说分房也是论户、论人口分，要是有三口人，就只能给三间房，或者五口人以下是三间房，五口人以上就是四间房，集体留的公共房子是很少的。那时候七八口人住个二三十平方米多的是。比如一个三间的正房，打上隔断，左右两边都有炕，中间放个一米见方的小方桌，两边摆两个椅子，来了客人当客厅，这还是有办法的户。没办法的户就有个小凳子，小桌子。有的大厅房房高，像祠堂院厅房，原来是一层，后来就在中间把它挡起来，上边放点乱七八糟的东西，下头住人。做饭是冬季在屋里用煤火，夏季在院子里搭个小棚子，就找一块木头顶个小柱子，上边用铁丝绕好一绑，找点东西盖上下雨不漏就行了。

房子也是破破烂烂的，像六七十年代，下了雨家里都准备盆盆罐罐，哪里漏雨就往哪里放，一个家里七八个盆盆罐罐。睡觉的地方漏雨了就得放个盆，“砰！砰！砰！”水从上边滴下来的声音，一晚上就在耳朵边上回响。雨水滴到楼上就继续往下渗，从二层再漏到一层，楼上没住人或者楼上是另外一家的，他又不收拾。因为这个下雨，两家生气的多的是，楼底怪楼上，楼上是再怪也没有办法，最后只能接住个东西，等天晴了再说。天一放晴就赶快把它盖住，或者屋顶把旧的去了，换一层新的。

还有些地方就已经是废墟了。像现在河山楼前面（南侧）、容山公府那地方以前就没有房，是个大坡坡，种的小块地，有大队搭的饲养棚，夏天把杨树枝砍下来放到上边。青林后的院子也是一片废墟了，种着蓖麻、葵花，长着草，放的砖头，粉坊、喂猪都在这个地方。

相对来说，贫下中农的房子好一点，“地富反坏右”这些人肯定不会给好房子，就算有好房子也要弄出来分给贫农，另外再给他们弄歪房。所以说，相府里头住的比较好点的人肯定是贫下中农。土改时候他们姓陈的都是贫下中农，就分给他们了，边上的院一般都是外姓。

所以，以前从这沟里沿着河走上来，就只有一条两米来宽的进村路，路里边是地，地里边是一排护城坝，护城坝上面都是集体种的地，地后面才是城墙。皇城村大部分人都住在城墙里头这一片。反正除了河山楼，前头后头住的都是人，连树德院世德院下边的窑洞、城上的藏兵洞里都有好几家，人口密度非常大。城墙南边的南书院也住满了。

城墙北边有一条沟，东山上的水从这儿流到河里。这个沟里边也有几户，挨着城墙有个院子叫下碾道，沟后头的高地上靠着城墙也有院子，都是王家的旧房。过了这个沟再往北是大券口，那里还住了有一个生产小队，占皇城三分之一的人。大

护城坝地势比较高，防止水涨大把地下挖空，城墙倒了

券口地势也比较高，在土堆上面，这土堆有一层半房屋高，后来开发的时候把地下全部挖出来，盖成了相府宾馆。其他地方就没住人了。

从中道庄城门出来，下个小坡，穿过御书楼就能上了河边的大路。要是从后城门（北城门）出来，直接就到这护城坝的高地上了，再直直走到头往左拐出了大券口，也到这大路上了。所以我们皇城只要大券口、皇楼底（御书楼）、南书院那个圆洞这三处地方有人站岗就卡住了。我们村里边、村外边的人都得从这三个口进，要是偷了集体的东西就逃脱不了。

虽然住地很乱，不过各家宅基地这事都是凭老土地证的，每家每户都有，写得很清楚，东至哪儿，西至哪儿，南至哪儿，北至哪儿。比如说一块空地，房子早就拆掉了，或者是没有顶、墙塌了的烂房子，就成宅基地了。如果是两人共有的，中间是伙墙，修房子的时候你一砖、我一砖修两道，八寸厚的墙每人各四寸。所以，城堡里面每一寸土地都能找到主儿，除了路是公共的。当时路也很窄，就在石牌坊中间那个门里，两边全部是宅基地。除了宅基地，老土地证上还写着种地的上至下至，这都是有讲究的，塄下三锹土宽的地是塄上的，一塄一塄类推，一直到底。为什么这样讲？上边这个地的土溜着溜着就到下边这个地了，越来越窄。人家来下边地里往回铲土是应该的，那本来就是人家溜下来的，下边人不得有意见。

一般情况下，像我们村那个老书记，也经过土改，几十年了比较熟悉，基本上都知道哪里是谁的。比如说村里边有人争宅基地打架了，因为他的水滴下来滴到我这地方了，就要打官司。村里就组织起原来这些土改老干部、老党员来议议，把这俩人拿的土地证放到一块，看看到底是谁占谁的。跟不讲理的人说，你多占了，强词夺理也不行，人家的土地证放在这里了。上一届老书记交接工作的时候，就转移给我一本厚厚的土地房产所有证（土地证），是那种黄纸的，上边盖个大方章，每家每户都有。这种土地房产所有证是自己一份，集体一份存根，原来就在我办公室。九五年，我宣布下台的时候，把这些都交给村里了，人家老书记传给我的，我还得传下去。

五八年“大跃进”、人民公社以后，统一来了个文件，宅基地归公，集体把村中间大片土地、空闲地全部收起来归公了。正在使用的有使用权，不使用的全部归公。其实不管是谁的宅基地，集体该占就要占，况且谁也不敢说是他自己的呀。集体把宅基地收了以后，种点药材、蓖麻、大麻，或者找一块地把它弄平了以后，搞个土广场或者篮球场，让老百姓娱乐，开会也有个集中场地。像相府院后头一片空着的宅基地，六几年的时候集体修学校了。南书房花园，早都毁坏成了一片空地，也归集体种地了。

这一时期破坏最大的就是城墙。城墙在五八年以前也还可以，还能在上边转圈走，它不像现在这城墙垒得直，它修的是带坡度的，下边宽，上边窄，城墙下边还有洞，下雨了有水沟流水。后来一到大跃进，成立人民公社，集体修食堂、修饲养圈要用砖，没有钱就去城墙上拆砖。还有好几处城墙是抄近路挖断的。大搞钢铁时，为了老百姓去食堂（点翰堂后）打饭方便，就在城墙上面挖了一个洞，从顶上到下边都挖断了，这样前沟[1]的人去后沟，就不用绕到后城门那儿，走城墙口这儿直接能进去食堂，很近，我们小姐院也能从后边城墙绕回来了。后来学校搬到了现在的点翰堂后面、小姐院东边这个位置，在城墙上又给它挖了一个门，城墙外边挨着城墙根有个大操场。还有藏兵洞那上面的城墙，塌了这么一块，就叫“塌城口”，当时村里人抄近路，从城墙扒上去，再扒下来，就到城后的地里了。

城墙大部分都是集体拆了，也有老百姓拆了修鸡窝、修猪圈的，或者是谁家里盘个火炕没有砖，出去买还得出钱，就上城墙刨砖。那会儿这砖是哪里需要哪里刨，基本损坏得就剩下个轮廓了，遍地开花。城墙上都长的是草，基本上就不能走人，有一截能走的，但是两边都没城垛了。所以城墙到处都是口子，随便扒一个就上去了，我们小时候还经常上去玩。比如青林后院南房的位置长了棵老核桃树，那树枝就能垂到这城墙上，我们来偷人家的核桃，不敢走院子里，就来到这城墙上抓着树枝上树，摘上点核桃赶紧跑了。还有城墙北边沟里张书记的老院子，屋檐下边经常藏鸽子，我们扒着那个破口，稳稳地就走上城墙了，晚上鸽子回来，我们几个就站在城墙上打。恢复旅游的时候，城墙、阁楼都是后来又修起来的，原来城墙也没有现在这么宽，是把它改修了。

内城东城墙

1　以前后城门（靠近樊家院的北城门）以里叫前沟，后城门以外叫后沟。

不到万不得已不敢修房

自己有宅基地还没归公的话，建房就不需要什么手续，只要在准备修的时候，给上边打报告，报告这个房的四至在什么地方，写上申请，政府一批就允许修了。像当时我们村的陈起生，陈兴富，孙正彪，这些人以前修房就都是在城堡里面自己的宅基地上修的。后来还有好几家申请在南书院花园那里建房，经过集体研究讨论，真需要房也就让他修。

我们这地方，“房一间，砖五千”。用的砖一般是集体砖厂烧的。以前从大队（东坡庙）出来，那里有个土垸院，是个土崖，村里做砖什么的都从那里弄土。“土垸”是老地名，古时候的人就在那里做砖挖了一大片，现在那里放了一个江泽民题词。集体把砖烧好后给修房子的人拨砖，比如有三户修房的，一户分配一定数量的砖就行了。当时那个砖很便宜，七几年的时候，一块砖两分钱。这钱能交上就给集体交了，交不上，先把全年全家的工资都扣完。要是扣完还欠钱，就成欠款户了。年年到了腊月天集体就要清理拖欠了，怎么办？只能看谁是有钱的存款户，欠钱的去跟人家商量，让他给拨点。还有的反正没钱给，存款户来要钱了，屋里还有一对椅子、一张桌子，就抬到大队，用这个顶钱。那都是明清时候的老式椅子，顶不上多少钱，一个椅子大概也就是二十块钱左右。等年终分配罢了，要是还没卖掉，家具还得再抬回去，该欠人家多少钱还欠多少钱，什么时候有了什么时候给。

盖房子的木头柱子，基本上就是，这河槽里有煤矿，有关系的跟人家矿上去说说，给买一些拉回来。或者是矿上的采购在木材公司有关系，那时木头也好批，买上拉回来。也有用旧房子木头盖的，但是那旧房子的木头一拆下来就不能用了，那都是受过气、出过力的，不敢用。

当时能修起房子的人，都是家庭劳力多的户，不是放羊的，就是当干部的、在外边当工人的投资户。为什么这么说呢？那时候挣钱还是靠记工分，参加一天劳动，记一个工分。村里的人每工平均六毛钱，一年大概就是一百多块钱，一年的工钱往往不够盖房。放羊的一年四季在外边流浪，家里边起码还存有粮食。当干部的一年能挣个360块钱。要是凭集体的介绍信去外头搞副业的人，再不挣钱，一个月也是三四十块钱，一年就是五百块钱。比如在外边一天能挣两块钱，一块半钱算生产队一个工，相当于这个人每天记一个工，还能净收入五毛钱。年终的时候集体开上证明去结算，挣了多少钱，核算成工分回到生产队，生产队这边一个工评的是五毛八毛啦，再按照你有多少个工发工资。那时一个人一年也花不了多少，一户一年最多花上十块钱，甚至几块钱就可以生活一年，因为吃粮、吃菜都是集体分的。

所以说，一般每天在地里劳动的农户，不到万不得已不敢修房。等孩子结婚了，真正住不下了，五六口人住一个家，怎么办？不修点也不行。像皇楼（御书楼）土改的时候分给了城墙里头住的一个贫下中农，在四五十年代人家也是老党员、老干部。后来他给儿子娶媳妇，老房子屋顶漏得实在没有办法，就把那二层皇亭上的木头、瓦拆下来，在老房子旁边修了一个小房，也没多大，楼下楼上一共才两间。1991年我们才恢复的这个皇楼，在上面修了一个小亭子，后来张书记嫌那个木料细，又重新修了一个御书楼，不过下面这一层没动，只是修了上面一层。拆下来的亭子挪到对面的山上，那是我们皇城的地界，他找了一个平台把它蹲到上头去了。

1999年的“皇楼”

一根大梁换了一头牛

七六年、七七年吧，陈兴富修了一孔大窑洞，有三四间房长，坐南朝北，虽然靠着路但是背朝路，从老院子那边进院子。他修房子这钱是卖老房子大梁柱换的。

点翰堂老厅房中间是三间，一边各一间角房，土改时从正中间分开，一半是归了我老岳父，另一半是陈兴富他父亲的，他们是亲弟兄。厅房太高太冷，没法住人。陈兴富他父亲是木匠，解放后，就在过了小牌坊往左拐弯那儿（现公厕），以前是一片空地，修了四间楼房，上下八间，坐北朝南。我结婚的时候，我老婆就是在陈兴富他父亲修的房里穿戴好，从他们那大门出来走到街上，然后走到小牌坊那儿，再走到大牌坊那儿，进了相府院前院，再顺着我们那个小路进小姐院，绕了一大圈，一共也没多远。

相府院厅房空了以后，五八年开大食堂，哪有空房子就在哪儿。那时候的人谁还看得起“点翰堂”？那就是“封资修”，打得他就不行。当时这个厅房就弄上三四口大锅在里头做饭、做菜。后来食堂不用了，厅房又给集体做仓库，再后来就又是私人的了。

点翰堂里边，按理说现在是四根梁，中间两根，靠西边山墙一根，东边山墙一根。七几年的时候，为了卖这个大梁柱换钱，我老岳父和陈兴富他们两家开始买砖垒墙。他们两家先在中间修了四寸墙，一家一半，一家垒一砖，你在那边垒，我在这边垒，垒起来顶到房上边，分成两间。然后陈兴富他们把平材都去掉以后，把山墙上那个梁打下来，再用砖垒起来。这边我老丈人也是，把它打下去了，再垒上砖。中间梁没动，因为没有墙能撑住。

为了换墙上那个柱，打的是砖柱子，前墙也打掉了，再用砖垒起来，两家在两边各开一个门。柱础太沉，没人要。窗户拆的时候都还在，整整齐齐的，后来不知道他们都拿去做什么了。现在这窗的花型，是按以前搞的，可是没有原来那个搞得好。上边没用的尽量都拆下来了，斗栱也拆了，大部分都是槐木，月梁是椿木，雕花全部是大杨木。拆了以后就在这房子前头扔着，后来我们都搬回院，小娃们坐了、耍了什么的，后来都烧火烧了。当时谁要它？没有用。我记得我那院里边还留了一个斗栱，老槐木的，挺重，后来修房搬来搬去，搬不动就扔了。

檐下的柱子也换掉以后，屋坡到了前边就不能挑檐了。后来干脆把屋坡都拆了揭开，不然怎么弄？下面弄好了以后再给它瓦上去。第二次修回去的时候，就已经大大简化了。揭这个屋顶，一天就把它揭完了。盖回去用的时间长，连揭带盖六七天就把它弄起来了。当时还请工人弄的，大工一天就是两块半钱，小工是一块五毛钱。

屋坡上边那屋脊，正中间有个花，当时我拆下来，扔在地上没用，我想了个办法，就把它拉回去放到我小姐院新盖的小院墙上边。院墙不是不够高么？我把它放上去，院墙就稍高一点，里边再装点土，种一棵辣椒啦什么的。后来我在河对岸修上房，又把它扒了拿过去，放到晒棚前边，我在里头装上点土种花啦干什么的，挺好看。后来家胜恢复古建，非要不行，我说："不给你，给你做什么？"他说："你就给了集体吧！"还问我有什么要求？我说，"你把我这晒棚给我用钢苫墁一遍吧！"人家用这钢苫把我整个晒棚给我墁了一遍，我把那屋脊就全部给他了。现在相府院厅房上的屋脊还都是我原来的东西，没有变，就是两头的吻兽那个不是，余下中间都是。

我记得最后他们两家各拆了八根柱、一组山梁，放在各自的那一间房里，好像是卖了一两千块吧。反正我老丈人那一根梁，不说高处那小梁，光说下面这一根大的，卖给一个河南人了，那人是在煤矿拉煤的司机，弄这木头要做蜂箱，人家说那是大杨木，好木头，出了七百块钱。我老丈人把那一根梁卖了以后买了一头牛呢？像这个柱子，一根有四米长，后来我和郭峪那书记两个人分了一根。为啥给我分呢？拆这个房的时候，我在这出力，把我这腰、腿都砸伤了，老丈人说："给你点吧，就是高处那些好木头，做大立柜，你都能搞。"后来这半根柱子，我们每个人做了两口装衣服的大板箱。我那时候就已经当上村长了吧，到七六年了。

所以说，点翰堂厅房基本就重新建了一遍。现在这个样式我觉得是有点过时了，斗栱也没有原来那个好，里头的匾也是后来搞上去的，以前把它拆下来竖在墙根。集体要它有什么用？没用，就坏了。还有相府大前门挂的"大学士第"木匾，当时拆下来以后放在我们大队部粉坊那个地方。我们那个保管，晚上睡觉冻得不行，睡到床上吧，他发癔症就掉下床底了。后来他把那个"大学士第"四角上拴上绳，吊到梁上，他睡到里边，一上去晃来晃去就睡着了。现在这个匾都是假的，原来那个可比现在的大多了，好多了。

集体划地抓阄修房

1978年改革开放以后，土地慢慢下户，村里的粮食基本上能自给，不吃国家的救济粮了，老百姓手上也慢慢有点钱了。当时政府有文件，修房需要跟上级申请，由村里规划、镇里批。1980年，我们村就开始搞这个私人宅基地归公。虽然宅基地不属于私人了，但是私人修房优先，如果私人不修，那集体就统一规划，让别人修。当时我们这地方还很穷，光修房子也不行，还需要一个小院子放点农具啦什么的，打了粮食倒在院里边晒。

1983年，我们村委干部就作了个决定，把城堡护城坝沿河这一溜地方（现相府景区大门外停车场、广场及向南一带）划给老百姓修房，原来这些全都是集体破破烂烂的地。只要修房，就批不超过200平方米的地基，这个都是经过上边审批的。

这200平方米是怎么定的呢？我们那个房的尺寸都是木匠设计出来的，尺寸和用料都精确算好了，按照砖路排这个房，一块不多一块不少，除了灰缝基本都用上砖了。一间房，一般就是面宽3米，进深是5.12米，从后墙外边顶到前墙外边。那时候统一规定是修六间房，所以整个地基长度就是18米，宽度是5米的房加上6米的院，一共11米，算下来就是198平方米。有时候稍微多那么一点点，弄个小院子，弄个大门，家家户户都有个小厨房。按照这个尺寸，用多少砖用多少料到时候准备就行了，基本上错不了。

造价方面，六间房需要三万砖，一块砖二分钱，总共六百块钱。除了料钱还有工钱。从六几年农业社、农业学大寨开始，到1978年以前都是算工分，不算工钱。盖房子的木匠，原则上，比如我修房，队里人都来帮忙，也不要工钱，管顿饭就行。咱看见人家那一家修房子，以前给自己修过，咱也赶快去给人家帮忙。改革开放以后，邓小平以经济建设为中心，打破大锅饭这个制度就开始不算工分算工钱了。修房的时候我给你工钱，明天你修房，我想去就去，不想去就不用去了。那时候一个小工一天一块五毛钱，当匠工（木匠）的，一天两块五毛钱，私人就直接给了。

因为之前有好多人上头批回来申请了，我们没有给人家划地，再加上也有准备新修房的，所以我们村里一下子就规划了十七八户，两块地，上边一排，下面两排，全部坐北朝南。一般这个排房规划，先把路让开，路两边剩多少算多少，能修五间的就修五间，能修六间的就修六间。打上灰线划出来以后，想修房、准备修房的户，全部报上来抓阄。主要是防备干部们，有的不要前排要后排，有的不要下边要上边，有的维护亲戚什么的。这个我们也是动脑筋的，不好弄，主要是为了解决公平这个事。其实谁的房困难不困难，咱脑筋里是有底的，比如说孩子要结婚了，房子漏的要塌了，这个集体就要优先考虑。

抓阄以后，各人占住各人的号，反正地基集体已经定死了，哪一块是谁的，表上就已经有名字了。从1984年以后，城外就开始陆续修房。每一年上边给我们3户指标，不让一下子全修。当时也考虑修房能力，谁今年有办法，谁就今年修。今年没有办法的，到下一年修。有时候有点特殊关系的，到政府那里能说上话拿回来指标，就允许修。

反正不管谁，保证地基是挨着修的，修完一溜再修下一溜，一个挨着一个，他也多占

摘自论文《午亭山村与陈廷敬》，前排房屋即为村中第一批新修民宅

不了一分，你也少占不了一尺。在弄起根基的时候，村委干部就去拉皮尺量准了，看超不超，不超可以修建，超就得拆了重来。当时修的一批房，都是一样的，有办法（经济条件好）的起个楼房，没有办法的就修个平房。起楼房的不多，一般都是修平房。我们这里一般是坡屋顶，不希望是平顶，因为平顶在北方这个地方不耐冻。到了冬季一下雪，都是拢雪，什么也干不了。

不过要是多占了集体几米宽的地方，老百姓谁天天去管那事儿？每天着急地都是在地里劳动。村干部知道了就跟他说："这里这么点地方显得空了，也划不够一户了，你虽然已经占够了，不行就把这个也修起来了。"多修起来的又属于超占，1983年的时候我们为超占的补办过一批手续。我们这儿超占不像其他地方要拆干净，而是超占一平方米交多少钱。镇里边、县里边、土管部门把这钱收走了，打一个收据，收好，以后谁要再提起这个事儿来，就说这个房超占我是出过钱的，就顶土地证了，以前超占土地就是这么搞的。

1985年以后，河东边修完了，我们又过来河槽的西面，当时全是地。从西山院下边，到现在村委大楼往下这一片，又规划了两排，打上线，一户一户挨着修。我也弄了一块地方，政府批示了三分地，成了河西的第一户。

八几年的时候，也有在城墙里头拆了旧房或者在旧房边上的空地上修的，一是能跟老房子挨着，二是也没能力修那么多。这空地要是属于自己的宅基地，就不需要审批了。要是规划给集体了，就得审批。当时城里头修房的每年也就一户两户，还是修不起。比如现在的东花园，以前有两个院，前边那院出来以后有个栅栏门，就是木头一道一道隔开的那种，叫栅栏院，是樊广兴申请修的。栅栏门外头还有一块宅基地，是土改时候分给他哥哥樊广富的，这个老同志不在家，在开封。他弟弟在家，想占那一块地方挨着栅栏院修点房，但是他已经申请过修房了。所以，1981年，樊广兴用他哥的名，又经社队批准在栅栏门外修房子。开发旅游的时候，这个樊广富跟我们生了好几年气，他说他的房子不让开放，把门锁了。后来集体来强拆了它，无非再给他补上俩钱吧，它碍事么。现在这里拆地改成东花园了，实际上以前就不是花园，皇城村只有一处叫花园的，因为陈廷敬他在南书房读书，那后边有个花园。

1985年以后村里的情况就稍微好转一点，因为我们村里边有煤矿了，再后来我们引进外面的企业，像镇里边、县里边来我们这里开办煤矿，经济基本上就不愁了。1993年，有些不愿意在城堡里边住的就从里边往外搬，想在外边修房。反正不管在城堡里头修还是在外头修，还是按着咱们这三分地的大小，只管修就行。

1995年，我把这个支部书记让给张家胜，他们就开始搞规划。到了1998年，好像这天还热了，开始开发皇城相府。开发的时候，城堡里边就已经修了很多新房了，有些是自己的宅基地修的，有些是申请别人没用的宅基地修的。局部宅基地条件困难的，就出来在城堡外面规划的地方修房。后来2000年，村委开始搞拆迁，集体给找好工程队，房子的样式是住户去考察回来后，修一些小的独家院。那时候我就不在村委，去煤矿工作了。

最可惜的是把一些大树砍掉了

我们皇城相府里边，最可惜的是把一些大树砍掉了，要不然这些大树长到现在，不说价值连城吧，反正来到相府里边有的研究。我小时候，大树多的是，槐树、榆树都有，少说也有几百年。大部分的大树下边都是喂牛的，到了夏季，牛从地里回来以后，把它放到那底下吃草，树叶盖着凉快。

这些树大部分都是七六年、七七年这个时间，“文革”罢了以后没的。我都清楚记得，是经我和我们上一届的老书记，大队统一处理掉的。当时觉得，一是集体的树粗了，上面枝丫什么都烂掉了，害怕它越长越烂，把它合理作个价，一棵树又不贵，五六十块钱就把它卖了；二是土改时候分给谁了，或者这个院子里几家共有一棵树，私人就自行把它处理掉了。

像河山楼的前边，卫福明他们那门前有一棵大槐树；青林院前边有一棵大槐树，靠着城墙根都是猪圈、羊圈、碾、磨；在北出口这个地方，樊家院修公厕那儿，有一棵大皂

下碾道院的槐树，是现在唯一留下来的古树

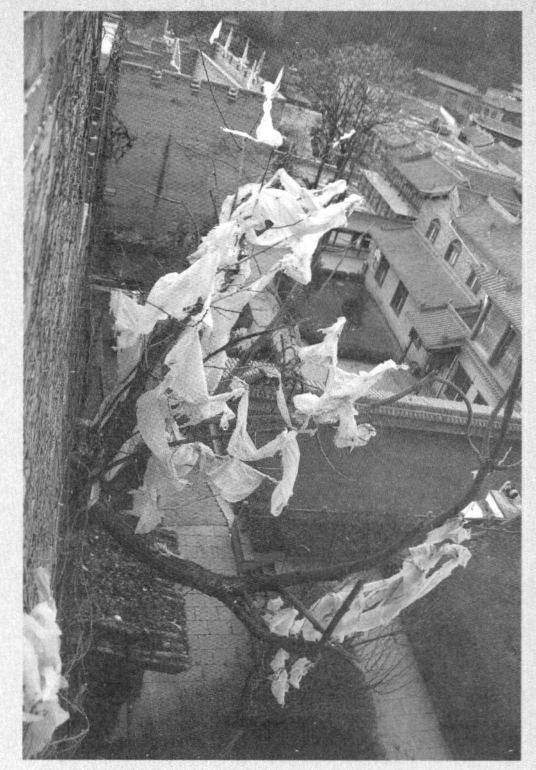

现在的风景树

角树，粗着呢，上面结的皂荚，以前我们这儿的人洗衣服时没有肥皂，就用那个；在皂角树的对面又有一棵老榆树，两三个大人都抱不住，直径得有一米二三以上；出了这个后门（北出口）往外走，到了现在明清街丁字口往右拐，那个石牌坊那儿也有一棵大槐树，那个树是姓王的，几家把它砍了以后分掉了。我们黄阁院的鱼池，思过室上面有两棵柏树，那肯定也是好几百年了，那房子是我上一任老书记的，人家八几年也把它砍了。现在还存在的，就是靠着城墙北边，相府宾馆那个院里边，有一棵老槐树，以前是下碾道院的，现在围了个老大圈。

我还记得城上院（树德院）那的城墙上边有一处极好的风景，秋天墙上全是红叶，从这城墙上的排水口出去长了一棵松树，青枝绿叶，再加红叶，可好看了。后来修复城墙时，可能是用水泥把人家蜇死了，这一棵树是一个风景树呀，可惜了。

后记

我们亲切地称为“郭书记”。多年农村干部工作的风雨历练，使得郭书记讲话条理清晰、声音洪亮，每当谈起皇城村的往事都如数家珍，历历在目。“你想了解什么情况，有时间给我打电话，我把你引进去，从城上转一圈，每一户宅基地、每一片田地的概况我脑海里基本是清楚的。”除了全力以赴配合我们访谈之外，还专门安排时间，引我们在皇城村“走街串巷”，“爬上爬下”，“指点江山”，亲自告诉我们每一处地方曾经的面貌，一直到天色渐晚家里人催促吃饭才收工。我们不禁被他对这片土地的热忱所感染。

这就是郭培刚，对皇城村每一刻变化都了如指掌，最接地气的老书记。

赤脚医生斗城墙

口述 郭培孝

郭培孝

人物档案： 郭培孝，男，1939年出生于小姐院，郭培刚的三哥。1958年去唐山当兵六年，回乡后，当了一辈子的乡村医生。既用医者仁心守卫着全村人的健康，也下过狠心在城墙上挖洞修房。现在已经古稀之年的老人，身体还很硬朗，思维清晰，常常去老年活动中心下象棋。采访的时候虽然话不多，却一本正经，有问必答，不紧不慢，淡定自若。

访谈时间： 2015年11月11日/12月27日

访谈地点： 皇城村花园小区1005号

河山楼有地道

我们皇城，最开始用的是红黄的“黄”，后来搞开发就写成皇上的“皇”了。这也是有依据的，传说康熙皇帝来过两回呢[1]。

刚解放时我们这里才四百多口人，基本都住在城里头和城外头。城里头住了也就二三百口人吧，不到一百户。城外头就是现在明清街和南花园。挑水的地方也是有三处，内罗城有一个井，城墙里头的人吃水主要靠这个；北边有一个从山里流出来的泉水，水不大但是水源挺充足的，后来挖煤的时候地下塌陷了，水渗下去后就没有了；南花园也有一个井。

现在城里头百分之五六十是原来留下来的老房子，比如说陈阁老的府第、小姐院、世德院、樊家院、城上院（树德院）、南书院这些地方。那时候里头都住的是家户老百姓，当时房子也没有什么装饰，也没有什么看头。院子里住得都很拥挤，一般家里长辈住大点

1. 暂时没有确切史料记载，此论断源于村中老人的口口相传。

的，比如堂屋三间、东房、西房，余下的孩子们就住些耳房、小房房。楼房大部分不住人，就是放点东西，实在没地方的只能上楼去住，挑水、吃饭、上厕所就不方便。也没有厨房，冬天在家里生火做饭，夏天热得不行，在院子里弄个饭厦，临时搭个小棚棚做几个月饭。

还有不少院子改修了，把旧房子拆掉自己盖新房。像陈廷敬那个书院（南书院），老厅房原来是一层，又高又大，后来八几年拆了，改修成两层楼，洋灰预制块。那老梁粗得很，一般地方就找不到，也拆下来用了，修房做门窗、家具、板箱，什么都能做。有的人还卖钱了，一根梁能卖几百块吧，卖给村里和附近的人了。后来恢复古建的时候，才把改修的都拆掉了，把那些老房子的根基刨出来，恢复成原来的样子。

我记得小时候常去河山楼玩。河山楼那会就没有顶了，里面都是土，土改的时候分给私人了，当时村民们也没多大用处，最下边那一层有个地下室，就在里面喂牲口、搁点草。小时候好奇，都想下去看看，有井、有碾、有磨。我记得井旁边有一个洞，进去是个地道，有一米多宽，一人多高，四五十米长。地道里还券的是窑洞，人都能藏到里面去住，实际上是河山楼背面的窑洞下面还有一层暗窑洞，在地下一层。过去的时候，万一河山楼的大门被堵上出不来，人就从这个小通道跑走了，一直往北通到现在的城坡那里，以前叫下圐圙，从下面的窑洞再上到上面的窑洞里头，人就能往外头跑了，现在好像还通着。

城墙也不是现在这个样子，毁坏了有三分之一，断了三四截。有的是塌得厉害，有的是六七、六八年那时候拆了半截垒猪圈、盖房子。城墙也不好拆，就是挨着那儿的人家拆俩砖，不挨着的就算了，因为当时河里的石头也多，垒了也能用。城墙上面的城垛、阁楼几乎都没有了，像我这么大的年纪都记不得。有的阁楼没拆分给私人了，七几年、八几年以后，私人想要些木头啦，修个什么东西就把它拆掉了。藏兵洞土改时候分给个人以后，有人为拆砖的，也有失修塌掉的。

御书楼土改时候分给个人以后，七几年的时候都拆掉修房了，城楼门洞都没了。其实也没有什么砖，就是有些木头。上面亭子里的那块碑，“午亭山村”是个文物，康熙赐的，那个最宝贵了。那个碑当时拆下来就放在城门脚下，搁了十来年，外面人来看的时候还在上面拓片、照相。后来御书楼修复的时候还是在老地方修起来的，有根基，下面的券券都在，上面的楼架也在，基本还一样。

城里头百分之五六十都是姓陈的。陈廷敬祖上就有做官的，根基好，好几辈才修成现在这个样子。像里头那城墙就是陈廷敬他伯父明代修的，外边城墙就是陈廷敬修的。城墙是根据这个山势修的，后面是山，窑洞就有三四层，一层一层摞起来，这些都住过人，当时条件确实挺艰苦的。陈廷敬家族兴旺了一百多年，后来衰败了，到他儿子、孙子后头就不行了。有一部分外姓来到这里买下住了，像我们以前就是从润城来到这里，从我老爷爷就落下户了，在这里种地，现在他也埋在这儿了。我们当时是住在小姐院，堂房是楼房，其他都是平房。那房子从我爷爷、我爸爸手里传下来，大约一百多年了，土改也没有再分，好像只有堂屋分给别人了。我们一个院也住了十来家，大部分是姓郭的，也有姓陈的。我爸那会在外面做生意，过年的时候才回来看一看，解放以后才回来得多了。

城外头是姓王的多。皇城原来修城墙的时候计划把整个村子都包围起来，但是北面姓王的不同意，结果就包了一半。

那时候一个村至少一个庙

那时候一个村至少一个庙，东坡庙，也就是老爷庙，是村里的正庙，西山庙偏一些。正庙都是南北方向，东坡庙也是坐南朝北，庙里只有堂房和戏台。

以前小学就在东坡庙，我上学的时候学校里都有老爷，我也不知道是什么老爷，三间堂房里头竖了四五个老爷像，每间耳房里头也竖了两三个，起码也有八九个。土改时候民兵把泥胎像都推掉了，那会就不信这个，大桥、郭峪那庙里头的像也拆了，大部分村都拆了。现在开发旅游又都在庙里竖老爷像。堂房的角角上，还有一通碑放在那里。我看过上面的字，修庙的时候谁出的工，谁出的钱，出多少钱，那碑上都写的有名有姓，就是全村的。还有年代，我记不得了，好像是清朝的吧，那碑时间也不是很长。后来咱就不知道那碑挪哪儿了，倒是还在，可能挪到西山庙了。

戏台在南面，就一层，中间三间，有俩耳房，大门是在戏台的耳房下边。小的时候还看戏了，“文化大革命”后来就不让唱旧戏，光能唱新戏，像《红灯记》、《智取威虎山》，七十年代初年年都唱。院里头还有几棵又粗又好的柏树，可能有一百多年了。后来盖新小学，连东坡庙也拆了。那会儿的东坡庙就和现在修复的西山庙一样，不过比西山庙[1]要好。

---

1 指西山院。

西山院土改的时候分给私人了，不过没有人去那里住。西山院比东坡庙的房还多，四面都有房。遇到天旱得厉害了，老百姓就要在那里祈雨。大伏天，人都戴上柳条编的帽圈，到晋城马尧头那儿去接雨，敲锣打鼓走上一天，周边村里没事儿的人都去。抬回来就是那老磙爷，有二百来斤重，十来个人用碾场那半截磙滚着抬上来，有时候也灵，准准地就下雨了，也怪神奇的。有时候也不灵，就不下。不下就不下吧，回来接着推碾干活，它能旱几天？旱个三五天、七八天、十来天，总要下雨。七几年的时候，西山院都拆光了，拆的东西弄回来还能修点什么。庙拆了以后也祈过雨，天旱人没事干总要寻点事了。现在的西山院是1992年以后，修复皇城时候才新盖的庙。

我一个大夫要看一村人的病

我是1939年在小姐院出生的。小学毕业后，郭峪还没有高小，整个阳城县连中学都没有，只有第一高小、第二高小，一个在阳城，一个在润城，后来在芹池又弄了个第三高小。我就在润城上的高小，来回十里来地都是走着去的，一星期放一天假回来一次，洗洗衣裳。

我们是第一批到小城二高去上学的，去了五六个。五几年以前，皇城上个小学都不简单，连高小毕业的学生都没有。像我爸小小年纪、十二三岁就出去河南徐州做生意了，做些小买卖，给人家当伙计。过去稍微有些文化有点能力的都是出外面跑跑，做点小生意。连小学都上不起的，没有文化就去蹄炉上学铁匠、钉蹄。我高小毕业后，又在晋城上了一年多师范。那会儿去晋城六十里路，五毛钱坐个汽车，没有钱，都是走着去。

1958年我结完婚就当兵走了，在河北唐山待了6年。像我们去当兵的时候，部队都开始控制饭了，一天只能吃二斤粮，那都是比较高级的。村里的老百姓饿得厉害，就没粮。我们下去支助老百姓的时候，一个小队长带一二十人，去割麦的时候他们都捋麦子吃，饿得急了能不吃？群众吃不饱饭就要乱了。后来他们就每天弄点那玉茭圪棒[1]，那算什么糖呀，都是哄人的。实际上不够吃饭就是六零年、六一年那时候最厉害了。

1964年我当兵回来，基本就能紧紧张张吃饱饭了。我在部队上是搞卫生的卫生兵，

1　一种口味像糖果的代食品。

回来以后就在郭峪当医生，方圆周边哪儿都去，哪儿请我就去哪儿，好比半峪、王街、于山，来唤我，我能说不去？那时候流行病厉害，到了春天小孩差不多年年有出麻疹的，一身红红的疙瘩，到了秋天是痢疾。有时候看着病就看死了，都是耽搁的病人多。像村里的人看不起病，要是烧得不厉害，他自己弄点红萝卜水，芫荽水烧开喝喝就好了。有时候稍重些的受凉、惊厥，大部分小孩都烧到三四十度了，难受得厉害才来唤我，等我去的时候小孩病就重得厉害了，家人就不让我走，还得住三四天，有时候我刚去还没看病，小孩就死了。那会儿条件也不像现在这么好，就是退退烧，降降温，老土办法那么看。老中医只能治点头疼脑热，风寒火冷，像现在的有些病真看不了。以前都是中药，农村就没有西药，连镇痛片都没有，到五几年才有点西药了，打点青霉素就是比较高级的。

1965年那会，我一个月挣22块钱，出诊看病是义务的，就不记工，余下就是在药里头抽点少挣俩钱。那会出来看病都顺带买点药，中药得去药铺抓，西药是打点针收点费，也就花个三毛五毛，没有到几块钱的。就这，老百姓也是看不起病，连三毛五毛都拿不出来，六几年生活水平很低。那时候的人生活很困难，苦得厉害，大人天天早起来就是去地里，放放羊，还顾得上出去游玩？谁也顾不得。家里种点地就没有什么闲工夫。种地什么的，一个工分才四五毛钱。

在郭峪干了两三年，各村要成立卫生所，又下放让我回村里当医生。回到皇城以后，我就在上边东坡庙那东北角房，那时候学校已经从东坡庙搬到相府院后头了。后来我才又回到村里头。当时的工资就是大队给记点工，一年二三百工。那会还要让我去地里，不过去得少，每天在村里跑，就我一个大夫要看一村人的病了么，也就去不了。后来我出外头得有个看门的，就收了个小徒弟，李粉玲，一直跟着我当医生，现在是卫生所所长了。她也是大队的，一年给一百多工，安排在药铺抓抓药、卖卖药。那时候药就从县里买了，从郭峪回来的时候也给我分了五六百块钱的药。

圣旨在老草窝里放着

六六年冬天“文革”开始了，也就乱了几年，我们这个小村村倒是也没有多大的影响，破坏得少。屋檐上的龙嘴什么的都敲了，雕刻没怎么损坏。就是南书院有些书，陈廷敬他爷爷那会的书，就搁在人家那老厅房桌上，红卫兵弄出来给烧了。那圣旨在老草窝里放着，搁了几十年也没有人动过它，“文化大革命”的时候都不知道扔哪了，扔没了。

相府院大厅里头，放了一张以前的老桌子，有一米宽，两米多长，靠着墙，桌上也放的圣旨，那是真的朝廷圣旨，当时我们在那屋里给牛铡草的时候还见了，没人动没人看，后来也不知道去哪了，可能是“文化大革命”时候把它毁掉了。桌子后面是牌匾，后来做饭时候把它拆掉扔了。桌也不知道去哪了。

其实陈家以前也留了些东西，八几年的时候，长治、候马有人来收古董，像那些檀木柜啦、碗啦、筷啦就都卖了，也就没留下什么。古董也就世德院有点，陈小栓可能卖过，就是些瓶瓶和屋里的家具。后来恢复古建的时候，有的家具、古玩是从外头买回来的，以前就没有。

陈廷敬的坟地倒不是“文化大革命”时候破坏的，是土地基本建设的时候。那里原来有碑文，皇帝给送的，各个大臣给送的，上边都有。老以前盖的有房子，一直有守墓的人，后来衰败就没有了。陈廷敬刚埋进去两三年那墓就被盗了，我也是听村里人传说的。那时候他才刚死，康熙还在，上头还重视，县长都下来了，不过他也找不见个啥，已经盗了也不能怎么办。听老人说，那墓不是被盗一回两回了，钻的人太多了，墓里也刨得不成样了。

后来平整土地，把棺材刨出来了，都是好木头，柏木的吧，把棺材板都扯成五公分厚的木头，大队部在东坡庙两面修楼，三间屋的楼板都是用这个棺材板刮的。还有一间磨坊，就是明清街外面用水打着推磨的水磨房，上面铺的楼板也是。那就不是一个棺材的木头，好几个了。当时棺材里一圈放的都是松香，把那人埋住了，意思是防腐。松香弄出来都是疙瘩，核桃大的、玉茭粒大的都有，化了几百年了。

在城墙上打了个洞

我的旧房子是小姐院的西北角房，紧挨着城墙，七二年、七三年那会，我就在自己的老房子打了个洞，又在城墙上打了一个两三米高、一米多宽的窟窿，再用砖把它拱住券起来，变成一个过道，出到外头又修了一个新房子。这样新老房就连在一块了，和咱们现在的卧室客厅一样，从洞里过去那边就是新房，住着得劲。那时候是买的大队做的砖，一毛钱一个，再稍微买点木头就行了。修了两孔大窑，一个院子，总共花了四五百块钱。盖了新房以后，我就从老房出来住到外头了，老房里住着当家的，我老婆她奶奶蔡氏。

我记得当时那地方的城墙很厚，有三四米、一个屋子这么厚，压着根基，上面都是石头，说实话很难打。又不能用炮杆开炮，都得人挖。我找来人，有时候一个人也打，打了一二十天才打通。这城墙挖开以后，里头修的是一格一格的，三四米见方一个格子。格子是用砖垒的，相互拽住有韧劲，格子里头再填石头和土。要不城墙那么厚，全是土的话一撑就塌了。打到高处也都是砖和石头。

八几年，我又出来在河边修了新房，就是现在的明清街这儿。那时候经济条件稍好些了，有煤窑一个月挣七八十块钱，皇联煤矿是八八年开始干的，一个月就能挣一百来块钱了。能顾住家以后就要修房，不修房也不行，孩子都大了住不下。后来开发旅游的时候，集体都让我们搬了，城里的老房子也给了公家，集体作了价。

其实我也愿意搬，里头穷得不像样。生活太苦了，没有房子，也没有钱花，放上锅都没米下。没有吃的，只想着怎么能去地里多打点粮食，儿子和闺女结婚以后怎么过，啥都顾不上想，想也没用。那会村里穷的，地不好，种地又不行，说不行吧，和周边这些村比起来，也都差不多一样。七几年到八几年，一年到头吃上三十块钱，五口人一年都挣不够这么些钱，一个劳力挣上三百工，才二十四块钱，生活就过不去，大部分都是欠钱户。

小孩一过了十二三岁，上学的就少了，就上不起学。还敢提上学？就没你的门，小小就都出来放牛放羊了，要不就是去种地。也光不是学费的事，是让当劳动力。哪像现在二三十岁了还在晃荡，那会的人根本不行。从六几年以后，特别是九八年以后皇城才开始改变，像八零后、特别是九零后这一代，不上大学就不让你回来，也不给你找工作，必须得上大学。有些考不上的，就是自费也得上，大队给出学费，现在我们村大学生够一百多人了。

和以前相比，现在生活太好了。张书记给皇城弄得相当可以，弄了这么大一个摊子，一般人干不成这个样，不管有功有错，人家干得有功绩，让村里变了样，变化大。也不简单，当了两届人大代表，一般情况下，一个小小的大队书记没点能力能走上那步路？他那人比较直爽，干什么都得比别人在上，就是那种性格，事业心很强，干得也不错。其实他那个人后来有些事就不用管那么宽，可是他不行，有什么事都要通过他才行，管得比较多。没有这么一个人也不行，要是他能扶住旁人管些，还能再干个七八年，十年也没问题，像现在大家都害怕干不了。他干什么都要亲自往外头跑，对旁人不放心，其实早就该让副手往外头跑了。不过他弄的那些事，旁人也就管不了，怎么管？旁人去了不当家，所以什么事情还是他自己一人跑。当时人家说他出车祸了，我还在住院，听了心里挺不得劲的，哎，可惜走得太早了。

寻常百姓入相府

口述 陈接斗

陈接斗

人物档案： 陈接斗，男，1956年生，在相府院长大，是陈廷敬三门第十七代后人。

访谈时间： 2015年12月25日

访谈地点： 皇城村文明三区19号

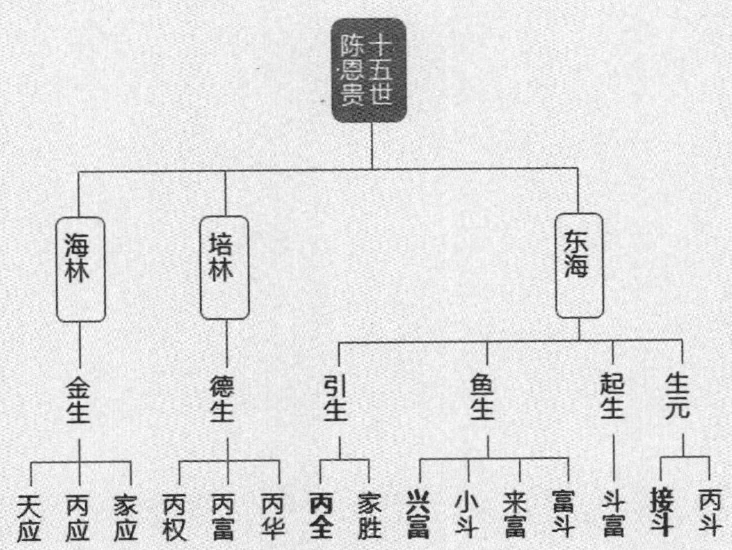

相府院陈氏谱系图（局部）

我们是陈廷敬三门的后代

我是1956年出生的，在山后的大安头出生，三天后就被给到了相府院，在那里长大。相府院正门是个两层的三间门楼，大门两边各一个小耳房，进去以后是前院。门楼的右边是三眼窑洞两个门，坐南朝北，一个大窑一个小窑，以前爷爷奶奶住大窑，小窑空着。过了窑洞再往右（东）走，进个小门，有个小厕所，还有一个后院，里头有一孔大窑，也是属于相府院的，我们一家七口人，我爸妈，还有我兄弟两个、一个姐姐、两个妹妹住这里头。我结婚以后，出来住到我爷爷奶奶边上那一间空着的小窑里头，后来我爷爷奶奶去世以后，我父母就住到大窑里头了。

这三孔窑正对着的是相府院二门。两边的影壁还是以前的，上台阶是个过道，过道顶上是三间大的屋坡，现在都改修了。二门进去是后院，东房、西房都是上下八间，西房的门窗换过了，墙还是以前的。正房是一个三间大的老厅房，大大的三间，以前全是木头的，柱是老木柱，梁是老粗梁。厅房两边是一间长的大耳房。

厅房太高太大，以前里头就没住过人，“大跃进”那会，大灶就设在老厅房里，支着一口很大的锅，村里人都在我们院打饭。那时候我还小，都是大人去地里回来给我端饭。五六口人端上半锅饭，还不够我一个人吃。大锅饭散了以后，有一段时间放的是大队的棺材，后来还在里头教过学。厅房靠右边的耳房住的是陈起生，陈斗富的父亲，他和我父亲陈生元是亲弟兄。他们楼上没住人，一家人全住在楼下，四个闺女一个娃。后来他在点翰堂后边挨着旧房修了一排窑洞，大门朝北，从耳房绕过来就能进相府院。厅房左边的耳房没住人，放的东西。

东房住的是陈引生他们一家人，他老婆、俩闺女、俩儿子俩儿媳妇总共七八口人都在里头住着。老两口还有二闺女住在大屋，大闺女出嫁了。大儿子陈丙全结婚的时候在小耳房的楼下住了一段时间，后来二儿子陈家胜要结婚，他们就上楼了。实际上就是两个儿子住小耳房，楼上住一家，楼下住一家。

西房住的是陈金生他们一家人，他老婆，三个儿子，陈天应、陈丙应、陈家应，还有天应的媳妇菊棉。这家也是，大儿子一结婚就上楼了，剩下的人住楼下，二儿子、三儿子出外头修了房才结的婚。陈金生他们和我们不是一个爷爷，但是同一个老爷爷（曾爷爷）。听老人说，相府院是传给陈廷敬三儿子了，我们是三门第十七代。南书院是二儿子的，大儿子迁移到屯城村了。

陈阁老画像烧了是臭的

我在郭峪文庙上学的时候，正好赶上“文化大革命”，在学校当过红卫兵。老师们带队，我们那时候还小，一人拿一个小木头枪，跟上老师们在郭峪街上转悠转悠。再大点的人，就上屋坡把那兽头都敲了，唯独我们这院的屋坡没动。不过我们相府院正门上头原来挂了三个老匾，三间门楼每间挂一个，那匾不小呢，得有两米高，三四米宽，反正门有多宽，匾就有多宽。后来那匾都拆下来放到大队毁坏完了。四个门簪上头还有一个大匾，也没了。

陈阁老画像以前在南书院挂着，戴的红缨帽，也很大，得有三米高、两米宽了，后来被红卫兵烧了，那东西烧都烧不透，烧了还是臭的。

“文革”后期，七几年那时候，我十八岁一毕业，就给队里请假去沟底煤窑工作了。一天挣两块钱，给队里上交一块五，自己剩五毛。中间回来在生产队里干了一年活，然后就又上煤窑了。当时为了挣那两块钱，每天就是硬着头皮受罪，下到窑底，自己装货自己拉，用平车把煤从窑底拉过来，倒进筐里再往起吊。清早七八点上班，自己带一桶饭，中午的时候上头加热一下，再送到窑底给我们吃，吃了就接着干，一天整整拉三十趟不休息。相当累，汗出得非常厉害，穿的衣裳一天就是湿的，天天洗都不行。晚上从窑底上来以后，衣服让他们挂火上边熏干了，明天清早穿上又下窑底了。他们开炮的两个人，眼睛就被崩得黑乎乎的，像陈黑丑老汉，我拉车看见他被崩了一下，把他抬出来，另一个炮工崩得更厉害，雷管线甩的满脸都是。

那时候没有副业，只有煤窑，老汉们都去地里，年轻人都出外边干活。瓦斯一大，这个煤窑就停工了，我们再去其他煤矿干，去柿园干了四年，也是拉平车。沟底煤窑瓦斯小了我们又回来。

到了1985年，有点钱了，我才搬出老房子，修了七间房。原来挨着城墙根有一片都是我们的古房，现在变成一块空地了，公家那时候把城墙拆了在我家地基上修学校，城墙断口就在那儿，三轮车还可以进出。后来我修的时候，只敢占住我们家剩下的一点地基修，前头是我们院东屋的地基，多占一点人家都不愿意。后来我在樊家院买了他们一间房，拆了当地基修的。修房也很辛苦，砖都是自己扣的，用料是从皇楼底（御书楼），用小三轮车一车车往回拉。

横眉冷对变与革

口述 陈兴富

陈兴富访谈照片

人物档案： 陈兴富，男，1951年生，住在相府院。作为陈氏后人，他孜孜不倦地收集与皇城有关的史料，做了大量整理工作后，续上了珍贵的《陈氏家谱》。无论是当地的逸闻趣事，还是历史上的典故、诗词、碑文，老人知之甚详，是皇城村唯一一个能把史料文字与真实建筑环境联系起来的老人。除了"文艺"之外还有"愤青"的一面，他对社会变革、农村运动有着自己独特的见解，对劳动人民有着深刻的同情。他不苟言笑，言辞犀利，指尖夹着一根烟，冷静地述说。

访谈时间： 2015年11月13日

访谈地点： 皇城相府悟因楼办公室

皇城，在清朝时期就是皇帝的"皇"，虽然史料没记载，但康熙平三番、打吴三桂时，吴三桂主要以黄河为界，这边好多地方都被吴三桂所占，康熙当时的行踪主要是洛阳，相当于前线总指挥。皇帝就在这里住着，所以就叫"皇城"。[1]在清朝版的《阳城县志》上，有个《阳城防御图》，上面标的就是这个"皇"。清朝古地契上也都是这个"皇"。

到了近代，我们这儿是解放区，太岳军区，属于游击区，出了山外面那平原地方就是日本人维持区，日本人经常三天两头进村扫荡，一扫荡老百姓就躲进山里边了，日本人走了后再出来。老百姓住的房子也有被烧的，像我们这个城门就是被日本人浇上汽油给烧了，郭峪那儿的城门也是被日本人烧了，以前土匪也烧过。日本人为什么要烧呢，怕里边有躲藏的八路军，所以都给烧毁了。城楼也有烧的，有的高处建筑经日晒雨淋，不是私人的没人管，时间长了就都塌了。

土改以前，这儿的大部分人不是做官就是经商，百分之六十都是在河南、山东经商，

---

1 无确切证据能证明康熙皇帝曾在皇城村居住过。

晋商、泽商是很厉害的。后来公私合营，这些商人就回来了。集体制以后就得以集体为基础，商业、工业、农业都是集体的，个人挣点钱就只有在生产队里干活，一工评几毛钱，到了年底给分点。

土改时候，我们这城墙里边中农和富裕中农稍多一些，没有地主，调配不太明显。城里头主要还是姓陈的，基本上各家还是各家的，有的多有的少，多的就得给穷人分点。主要分出去的是族产，陈氏家族公用的，不是个人的。像城墙上边那些窑洞，就分给比较贫穷些、没房子的人去住了，喂牛、喂羊的那些小边角房有的也分给外姓了。所以城里边杂姓很少，都是些单门独户，土改时候分的几间房子，城墙外边北面外姓多，有姓王的、姓裴的、姓李的这几家。

我是解放后出生的，那时候就是生产队进入“大跃进”，五六年初级社、高级社，五八年是人民公社，房屋都归公，集体大食堂。“大跃进”那时候就是“赶超英美”大搞钢铁，都是运动型的，当时整个家里一个铁锅、一个铁钉都没有，就是墙上有个铁钉都要被没收了去大炼钢铁。一进城门，相府院外面，有两个铁旗杆，得有七八米高，比屋檐还高。1958年“大炼钢铁”，旗杆就被拿去炼铁了。祠堂变成大食堂了，里面支个大锅做饭，一个人给一个碗，到吃饭的时候每人拿个碗就进去吃饭了。祠堂成了生产队办公的地方，庙院也成生产队的公有财产了。

这些东西原来都是一个家族的族产，进了生产队后都成公有财产了，成大家的了，就没人管了。况且都是些农民，对那种东西的保护意识差。其他人不能说，也不敢拦。像御书楼中间放康熙御制碑的那个亭子，五八年那会，老百姓们为了修房，把上面的小椽子，能盖房子用的东西都偷偷摸摸拆了，只剩下四个柱子一个碑，后来才又恢复起来的。

五九年、六零年、六一年三年自然灾害，整个都是大锅饭，吃都吃不饱，人饿得跌倒就起不来了，面黄肌瘦，得浮肿病的很多。那个阶段连生孩子都生不了。在农村，当时就是生产队的干部，他老婆能生孩子，饲养员的老婆还能生个，其他人饿得根本不行。人口普查表上，在这阶段生育的人很少很少，真正的人口高峰就是1962年到1980年这一段，1980年以后就计划生育了。红白喜事也都办得很简单，白事再不行也要入土为安，哪怕用薄板也要办了，实在不行就是装进缸里埋到地下。这种环境下，主要想的是保命就行了，只有在吃饱的情况下才能谈其他的。

“文化大革命”的时候，主要是六六年开始，好多的古建，基本上比较小型的、能人为打掉的、装饰性的东西都被破坏了，比如大门那儿的牌匾，屋脊、兽头，石狮子，好多东西都被敲了，持续了一年多。砸东西的人都是这一片的年轻人，郭峪中学大点的学生，民兵，有本村的，也有外边的。当时就是砸烂旧世界，破四旧、立四新，有的人不懂这些东西，上去胡砸胡闹，见了砖雕就敲，有的是拆了去盖房子。我那时候正上高中，回来听他们说的。

能保留下来的，一个是经常住的，再一个是建筑比较大型破坏不了的，石牌坊就是因为太大没人敢拆。那么大，谁敢去破坏？他不要命了？敢上去的不怕摔死他？那一倒下来就整个不得了。还有一个就是不让弄的，比如祖坟不让拆。不过陈廷敬墓地还是被破坏了。历史上陈廷敬墓地都是有围墙的，还住着看坟地的。我们小时候在那儿玩，麦地边都是碑，有几百通碑呢。农业学大寨期间，基本上有百分之五六十的碑石都被破坏了，尤其是地中间比较大的碑。当时是七十年代，那会主要是建设土地，农业社亩产四百斤是达纲要，五百斤是跨黄河，八百斤是过长江，吓人着呢。

实际上现在城墙里头的院子没有以前的多，建东花园把这些小院都拆掉了，以前这里都盖的是房子。有的是清代晚期的，有民国的，也有近代的，那会儿孩子娶媳妇没有房子就得盖几间，八十年代以后盖得最多。城里边有地基的就在地基上盖，没有的大多是在城墙外面这一片。那时候都是互相帮忙盖，只给专门的工匠出个工资，一天两块多。要是自己有材料的，找个工匠，五六十块钱就能盖起来。要是再买木料、买砖头的话就贵了，七十年代一个砖头二分钱，一间房就得上百块钱。有的家庭劳动力多，有钱，盖房子就好点，都是新砖。没钱的家庭旧房子拆掉的哪敢浪费？都可以继续用，有的把石碑都砌地基用了，社会变迁嘛，有些就要消失。还有的家庭盖房子外面是砖，里面是土坯，结合的也很多。

当时的住房条件也很差，七八口人都挤在一个房子里，有的是借房娶媳妇，有的挖个土窑洞，有的盖个土坯房，凑合能住就行了，农民的生存能力最强，只要有点吃的就行了。像我家当时住在相府院、大学士第，还算好的。我们是陈廷敬三儿子的后代，留下来的古房、土地都多，基本上外城那一片都是我们一大本家的地基。主要的庄在这儿（中道庄），其他地方也有。像下边那个庄，房子就有几千间，郭峪也有我们的房子和地。后来有的就迁出去了，流动性大，土改以后又分出去了一些。我小时候，我们弟兄四个、我父亲弟兄四个、我爷爷弟兄四个，都住在里头。到我父亲才分到三间房，根本就不够住，所以五几年他就在外面修房住了。到我们弟兄们这一辈时，随着经济增长，有能力的就在外面修点房。

改革开放以后，邓小平提出“有水快流”。我们这山区土地不行，主要集中在对面的山上和河道两边，城后面是沙土地，只能种树，靠农业发不了财。但在古时，我们这儿的工矿业经商相当发达，都是露天煤矿。山区里这种古房子，过去都是有钱的大户。所以这煤挖出来就是钱，七十年代那会儿河南上来拉煤拉碳的车多着呢。现在的煤矿一点都不行，干着还赔钱。不过煤矿本身就是破坏性开采，下面开采后，上面的地质、水土都受影响了，山上好多地都开始出现裂缝。这沟里的河，以前山上塌陷少，生态保护得好，水就很大，有十几米宽，河边有将近二百亩的水田，种水稻、蔬菜、粮食。现在受煤矿地质灾害影响，裂缝多，水都渗到地下了，变少了。

陈兴富访谈照片

文物陨落陈家屋

口述 陈丙全夫妇

陈丙全

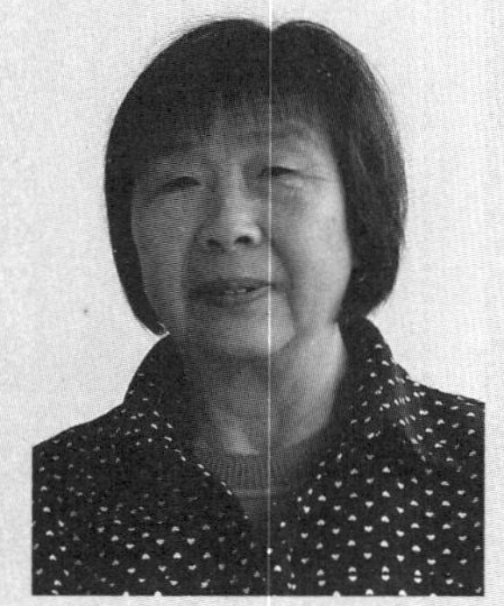

王小桃

人物档案：陈丙全，男，1947年出生于相府院，学过木匠，在东坡庙修过房，居于相府院东屋。

访谈时间：2015年12月25日

访谈地点：皇城村花园小区502号

陈丙全：

我是在东坡庙上的小学。正殿是三间，两边俩耳房，一共五间，我们在正殿上课，老师一个人住在小耳房里。原来东西两面是砌了两米高的院墙，南面是一个舞台，舞台两边有俩小房。院门是朝南的，在舞台底下，东南角房那里，上一个老石头坡，再上俩台阶，就进大门了。实际上这院子风脉很紧，晚上里头还有响动。

“大跃进”的时候，我们前晌上课，后晌送矿石，上面派的任务敢不去送？老师也是听人家安排，两个学生一组，一人拿担，一人拿筐，去山上拾点矿石，俩人抬着去史山。有一次炼钢的人不要，说：“这就不是矿石，这是石头蛋！” 把我们老师骂得厉害了，老师也没办法，说：“倒河里扔了算了。” 大队怕完不成任务，还让老百姓把屋里铁的东西都卖了，连炉子的炉齿都刨了，把锅、铁灯树这些都收到那上头炼钢铁，这些东西比矿石好炼。所以屋里基本上什么都没有了，大队也不让生火，都在大灶上吃饭。

我们在东坡庙上了一二年，小学就搬到相府院后头了，在后圐圙[1]中间修的，不挨着城墙根，城墙根那里修了个篮球场。后来东坡庙就成大队的了，大队找来木匠要修东坡庙，这样打回来粮食能搁在那里保管。我十几岁的时候，跟我叔叔（陈兴富父亲）学木匠，还在东坡庙修过房，算是搞副业，又不挣钱，回来记俩工就行了。东坡庙修了一两年，才有的东房西房。东房是一层一层修的，先在底下券了五眼窑洞，农业社喂牲口就在那儿。把这窑券起来上头修的是楼房，会计占一间，还有个保管房，剩下成了粮食库。

到了“文革”那时候，学生们回来了，大队支书就说，给你个红袖章戴上当红卫兵吧！像相府院门外头挂了俩宽宽的匾，都让这些年轻人卸了砸了，后来做成推磨放面粉的篮子了。还有这屋坡两头的兽头，也要卸了、扔了、敲了，反正就是破坏这古迹，一般砖垒的也不破坏。

要说字画，陈阁老画像我知道，当时要是把它叠住藏起来，放到现在多好啊，值钱着呢。也不是说要用它去卖钱，只能说那好歹是真的文物。那像是画在五尺长一块布上，他就坐在椅子上，俩手托在膝盖上，红缨帽，马蹄袖，脸是长长的，瘦巴巴的，看着也不威武呀。那时候我们相府院老厅房有隔扇，红卫兵就把画像叠住，放在隔扇里头，扔到这儿，扔到那儿。后来又拿到老厅房后头，学校的小火炉后边，再后来就不知道扔哪儿了。

陈丙全妻子：

我们是“文革”开始时结的婚，六六年或六七年。比我们稍大些的人，结婚穿的就和唱戏一样，戴个帽，花冠旗袍，披肩围着头，下面还有小穗穗，穿个缎子鞋，红缎、粉缎，反正有三四双，扎的是满蹬花，骑着马。我们结婚那会就不时兴花冠旗袍了，穿的是红灯芯绒衣裳，方口鞋。后来又有穿旗袍的，戴一个文明滚，就是底下有个桃形的银东西。“文化大革命”不让铺张浪费，也没有典礼，亲戚六门来了也没有请客。彩礼有个一二百块钱，给女方买点围巾、衣裳裤子之类的东西。然后晚上五六点，乐队把你迎回来到屋里，住的地方是相府院东屋，一进大门、二门，有个小屋屋，四口人挤着住。家里也没有什么家具，就是这方桌和一个椅。

1　地名：原相府院北侧的一片空地

刚结婚前两年还在大灶上吃饭。大灶就在我们相府院的房后面，大队找上厨师管做饭，有事务长管派粮，一顿有多少人吃，派多少粮。吃完饭就是去地里劳动，那时候也没表，就是看院里的红爷（太阳日头）走到哪儿了。夏天去得早，六点多吧，到了收秋时候，也就是六七点。生产队长觉得到时候该走了，队里挂了个钢板，走的时候敲敲，就跟现在上班考勤一样。我们就得快点去，去迟了队长到地里还要训你。去地里有时就是睡觉，也不能说是睡觉吧，快到中午的时候，肚子饿得不行人都干不动了，就在那里坐一会儿，听见敲锣或者是打钟能打饭了，赶快往回走。

六几年、七几年生活正是艰苦受罪的时候。我去队里干活，一年也不给钱，到了过年的时候，要是干得多，还能稍微给俩钱，要是干得不多，到腊月也没有钱。我老伴那时候算是在公社企业，一个月给大队回26工，剩下4天算自己的。不但没钱，也没有吃的。因为是大队分粮，又不是自己种，有一次整整一年都没有分一颗麦子，进了腊月要过年，一口人才给分了七斤麦。只能中午吃小米焖饭，晚上吃玉米面疙瘩，孩子们也是顿顿吃这饭。后来又把高粱在磨上推成面，蒸成疙瘩，再压成饸饹，弄点菜或者捣点蒜拌着吃，就是瞎吃，很难吃。可不是说就光我们家，家家都这样。像我们院里的菊棉，和我一样，也是陈家屋媳妇，过年的时候她外甥们来了，就给人家吃点饸饹，稍微有点好面，里面掺点玉米面一起吃。他们走了，又吃剩下的汤才煮煮给自己喝点。还有我姐她们，坐月子就喝点玉米面糊糊。

后来土地下户以后，八零年左右就好多了，有吃的，也有钱了，我们就出来在南书院这外边修了新房。

树德深深深几许

口述 陈胜利

陈胜利

人物档案：陈胜利，男，1952年生，住在树德院外院。老爷爷（曾祖父）曾为武状元出身，因跟随老奶奶（曾祖母）长大，从小听她讲述了不少过去的故事。

访谈时间：2015年12月28日

访谈地点：皇城村花园小区1303号

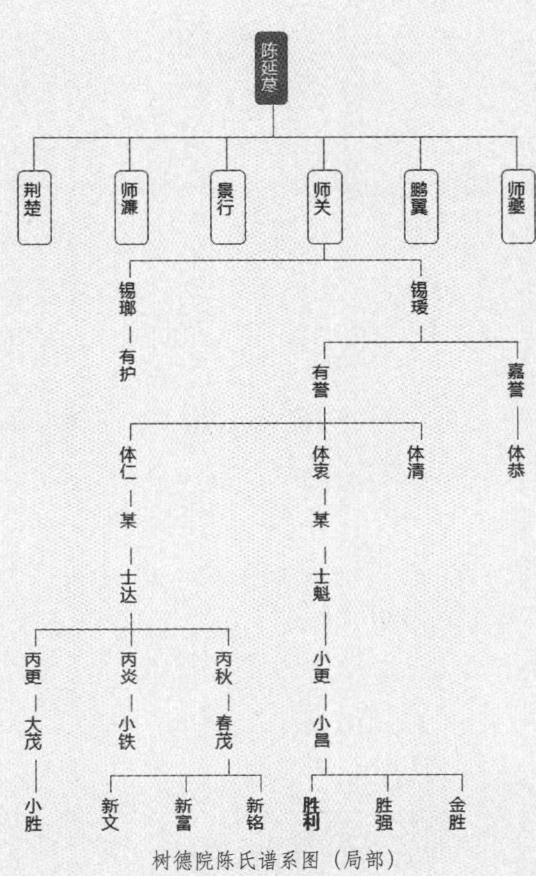

树德院陈氏谱系图（局部）

下篇

口述皇城村

我们属于长门

我以前住在大楼（河山楼）背后的三层楼那里，现在叫树德院。我们这些房子都是正儿八经祖上一辈一辈传给我们的，三四百年了，不是土改分的。树德院分前后两个院，一个靠着大路，一个靠着城墙。我就住在靠着大路的前院里。以前从城坡上去，半山腰上有个房，要是土匪或者日本人来了，把那个门一闩，就根本上不去。现在开发旅游才在河山楼背后修了个楼梯进院子。

我小时候是跟着我老奶奶（曾祖母）长大的，她和我比较亲，所以什么都和我聊。小时候听她讲，她和后院的老奶奶是妯娌俩，丈夫们是亲兄弟。当时我老爷爷（曾祖父）陈世奎去北京赶考是武状元，在回来晋城至河南的焦作一路上插个镖旗保镖，很有名望，我们家族也很兴旺。后来别人明的斗不过他，就想了个办法，在酒里下毒药把他暗害了。我老爷爷死的时候才三十出头，现在郭峪山上还有给他和祖上两代立的碑文。要是我老爷爷还活着，我们这家庭肯定相当厉害。可是我老奶奶二十六岁就守寡了，只剩下两个女儿。

当时后院老奶奶有三个儿子，非要把儿子过继给我老奶奶，实际上是想霸占她的家产。我老奶奶虽然是个封建社会的家庭妇女，但也是有本事的人，她坚决不要，他们那家人就要赖。实在没办法，我老奶奶才去郭峪北沟要了我父亲。我父亲九岁来的皇城，给我奶奶当孙子，他并不是陈家的后代。其实后院老奶奶的老公也是要来的，所以我们这两支人就根本不是正儿八经陈家的后代了，都是断了再续上的。

过去的人很讲究家族，这三个儿子长大了又开始欺负我老奶奶，解放前常常找麻烦。他们说厅房是老兄弟俩共有的，他们要来分。我老奶奶不同意，最后是给了陈兴富二弟陈小斗，他们家就到我们这上头，把底下垒的一间和上头屋顶的一间半拆走了。剩下的一半还是我们的，我父亲那时候也没办法，他还是十几岁的小孩，就用半头砖凑合地垒起这么个山墙来，用以前的埽，就是炼铁的铁渣，和上白石灰，隔两天弄上水把它和一遍，然后抹在墙上补起来，那东西比现在的水泥还耐用，前墙也拆掉垒上砖了。

实际上除了这个树德院前院，还有外面藏兵洞那一片上下两层窑洞，院子下面十孔窑洞，以前说的外圐圙那几眼窑洞，都是我们两家的。我们家房多，又没有人住，后来我老奶奶把城墙上的窑洞，上下六眼白给了她亲外甥女，就是现在王永红、王永胜、王润红的妈，他们没地方住，就在那儿安了个家。树德院下面的窑洞我不记得怎么回事，反正当时住的是卫福明、卫小海他们，可能是后院分给他们的。

我们家为什么那么多房？小时候我老奶奶就给我讲过，我老爷爷那一辈弟兄好几个，我家是老五，后院是老七，还有老大、老二、老三、老四、老六。老五、老六、老七可能是亲弟兄三个，他们坟地是并排的。后来不知道怎么回事，我老爷爷去世以后，老奶奶就继承了老大、老二好几门的房产，反正前后院继承了不少房。像我们院子里虽然楼上没住人，可是我小时候去楼上，房间里都盘着火炉，炉上边都是摸得黑黝黝的，那炉后都是就跟咱日常生活那个环境一样，一看就是住过人。后来集体农业社的时候，大队库房不够，就在我们楼上设了仓库。依我奶奶说，那时候住在里罗城里面的我们这几家，过去都是陈家的细户，按现在来说就是上等户。

从家庭上来说，我们实际上属于皇城村陈家的长门，城上树德院前后这两个院再加上世德院，一共三个院，都是我们长门的。像世德院房子也多，那五间三层东房就是陈留的，北房和前院并排的厅房是陈小栓的。土改划成分的时候要斗争陈小栓家。那时候的工作组，就是村公所的干部都上门来给陈小栓姑姑做思想工作，说要是她和郭峪村一个穷得啥都没有的贫下中农结婚，就不土改她，也不斗争她，后来她姑姑就跟那家结婚了。

南房是陈黑丑的，南房后面的院子塌得不像样，后来才修起来，也是陈黑丑他们的。世德院下边有个叫底下院的，就是青林院，里头住着陈金虎、陈银虎、陈铁虎，父亲叫陈秋旺，他们和陈黑丑关系相对近一点，老以前这个院子也都是陈黑丑他们的。

我和陈晓栓、陈大胜，还有后院的陈新文都属于同辈，我们这一代人最大的就是陈留，他活着的话现在应该是八十一岁了。我们的辈分小，跑得快。陈黑丑虽然比我大个四五岁，但是我跟陈小栓都应该叫他爷爷。

一排房卖七斗米

我们这院子是根据山形修的，东房是主房，以前我父母和我兄弟姐妹住在里边。我从小和老奶奶俩人住在前院的小堂屋里边，就是北房。东北角楼位置靠里一点，黑乎乎地凑合做饭。1955年左右，我父亲在西厅房里边做了两堵墙，中间留个小路，两边是两大间房子，各开一个小门。北边一间喂牛，南边一间做饭。到了1957年后半年开始进食堂，就不在家做饭了。进食堂就是把家里的粮食全给集体食堂送去。食堂刚开始在世德院右边那个院子，我也不知道叫什么。那个院应该是土改时候分给姓陈的了，从我记事起这一家人就出外边做生意了，房子是空的，还能凑合用，就成了公共食堂。刚进食堂那会吃得很好，

摄于1953年的全家福

（从左至右：前一排是陈胜利的老奶奶、姐姐；后一排是陈胜利、母亲、父亲）

比在家里还好，我印象最深的就是做“天门冬”做得不错。后来大炼钢铁，家里古老的铁东西都被弄走了，连一个灯树都不留，洗脸盆也砸了，甚至火炉里的炉齿都撬走炼钢铁了，让你再弄个石头做炉齿。

再后来，过灾荒年的时候（1960年左右），我老奶奶穷得都要饿死了，就把南边的一排房，包括南房、东南角楼和西南角的院门，再加上外面藏兵洞里的两眼窑洞，卖给了在外面做生意比较有钱的许文兴。一共才卖了七斗米，在那种环境下什么值钱？只有命值钱。许文兴有两个儿子，许乐昌和许小正，南房的楼下分给了许乐昌，南房的楼上和外面的两眼窑洞分给了弟弟许小正。六几年的时候，许乐昌他们把东南角大门

陈氏家族四世同堂合影留念 2006.1.24

摄于2006年的四世同堂全家福（二排中为陈胜利父亲）

这个位置封起来，里面券了个很小的窑洞住人。许小正嫌楼上住着不得劲，一直住在窑洞里，和我老奶奶外甥女家挨着。

1964年，我奶奶活到八十四岁去世了，我妈同一年得了心脏病。那时候就让我们村里的医生挂账看病，喝点葡萄糖什么的，一年就得花一百三十块钱。当时一个劳动日才几毛钱，我父亲还是队长，养活这么一家人，每年都是欠钱户，家里就没有钱。后来我姐姐不上学了，他们父女俩挣着工顾全家，一年算下来还可以，能存九十块钱，可是减掉药钱，又欠四十块钱。虽然高兴的是家里有人了，可是正好赶上过渡时候，穷得真受罪。

先分灶再分房产

七二年我结的婚，娶媳妇也在北房，后来生了三个孩子，住了五口人。七三年九月，我父亲就和我分家了，给我娶了媳妇就不管我了。当时分家只是分灶，房产还没有正儿八经分。我兄弟们长大以后结婚，西厅房做饭的那一间归老二，喂牛的那一间归老三，他们就在这里头娶的媳妇，后来都住了四口人。

我记得大概是七八年、七九年那时候开始分家产。我是老大，给我分的是主房加两边耳房的一楼和三楼，总共十间。我说："楼梯在二楼的两间耳房里面，我怎么能上到三楼？"我父亲说："二楼是你俩兄弟的，你得给他们出钱。"不买上不去啊，我说："行，你们说多少钱。"当时分家的时候，我姑父、舅舅、叔叔、还有一个本家叔叔都在，他们商量了下说："你每间房给人家出一百三十块钱吧！"我说："行，没问题。"两间房出了二百六十块钱，等于我分了十二间房。西厅房下边挨着城坡的小黑窑也给了我。

实际上主房二层的三间是给老二的，不知道怎么回事，最后这钱老二和老三俩人平分了。北房楼下的三间，还有厅房下面的两孔大窑洞，再加上窑洞前面的一个大圐圙，算是一块地基，这些也都是老二的，房少地基多。

"文革"时的树德院主房

重新刷漆的老家具

老三分的房子是北房楼上的三间和整个西厅房。大约八五年的时候，老三要到下面皇楼前边修新房，没有钱，就把西厅房屋顶上的木料、小椽这些全部拆下来了，墙还在。修新房的时候，下边是现浇的平房，上边是盖的楼。

以前藏兵洞上面的窑洞，还剩下许小正上层的那两眼窑洞，其实当时没有一起卖给他，可是后来他们强行占了。七五年、七六年那时候，我父亲还和他们弟兄俩打了一场官司，因为我们土地证上都写着，他们就没有赢。那土地证是我老奶奶时候的。那两孔窑也不大，最后他们只给了我父亲四十块钱就买走了。他那窑洞前面，以前估计有个和凉亭一样的房，过去女人家不出门，就在房外面修这么个亭子。不知道什么时候被拆掉了，地基还在，都叫它“小亭底”，这一直是我们的地基，没有卖。

分给我的主房比较大，当时里边还摆了两套家具。中间是一个方桌，后面是一个长条几，上面有一对压几柜。靠南面，盘了个拐角炉。靠北面，又有一个桌，一对烂椅子，再过来是一对老古衣柜。那柜子可真不错，合页是铜的，以前的漆经过多少年，只要过年的时候弄上点炉灰蘸上点醋，把它擦一擦，就是明晃晃得可好看了。后来我父亲就跟我说二弟想要，我说：“抬走吧！”我父亲说：“要是抬走你这家里边可就空了。”我说：“我是老大，人家既然都提出来了，我也不能在乎这。剩下一个也不好看，俩都抬走吧！”我弟弟是木匠，他抬回去就把这柜子毁了做了床。后来我搬了几次家，好多老东西都扔了，就剩一张老桌子和那椅子、长条几。后来我把老家具又重新油漆了一遍。哎，不应该漆，漆完现在不是古董了，那都是八六年时候我在外面修了房带出来的。

屋中自有黄金书

口述 陈黑丑

陈黑丑

人物档案：陈黑丑，男，1947年生。幼时随父母在外漂泊，“文革”前夕才正儿八经回来住在老宅世德院，当了一年多记工员、六七年会记后，去坑下当起了煤矿工人。期间拉过平车开过炮，后来被矿委抽调负责建设山城矿并管理坑下生产，直至六十岁退休。

访谈时间：2015年12月25日

访谈地点：皇城村花园小区902号

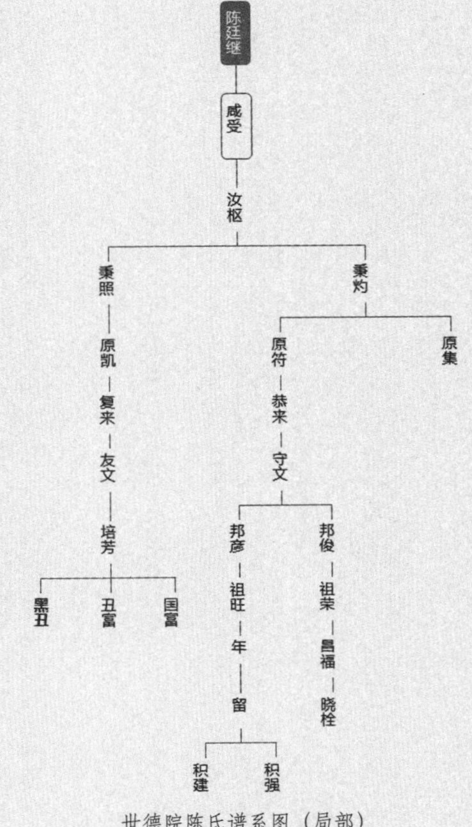

世德院陈氏谱系图（局部）

楼上楼下错开分房

我出生在郭峪对面的黑沙坡（属郭峪），那房子也是姓陈的，我们就住在本家那儿。我听我妈说，当时我母亲和我奶奶关系不是很好，我父亲在北留西封的坨村教书，我们就在外面住，一直到我三四岁才搬回来住在世德院南屋。那时候我记得我爸在外头工作经常不在家，我奶奶住在这个小屋。等我八岁，上了一年级，又跟我母亲走了，那时候我爸调到长治屯留以后，他走到哪儿，我们跟到哪儿。“大跃进”、“人民公社”的时候我正好在外面上学，到了“文革”前头才回来。

我们世德院，就是前城门进去，到了祠堂那里拐过来，走到头上了台阶以后，就是前院。前院没有什么房，光有一个厅房，名叫对厅。前院和后院中间隔了一个圆券门，两边有个影壁，以前没有做饭的地方，就在影壁前头一边修了一个饭厦。进了券门以后就是后院。一般院子都是堂房为主，可是我们那个院，不知道为什么，调的方向不一样，是东房为主，所以把东房修了三层。东房南边的小角楼是三层，北边的小角楼是四层，可是这个四层的小角楼没有三层的东房高。堂屋（北房）是两层，南屋也是两层。南屋以前是个过厅不住人，到了老爷爷那一辈，才把后墙垒住，住上人。穿过南屋，后边有个院，叫青林后，分果实房的时候分给一家人，人家在外头买上房以后不回来住了，就把这房卖了。结果买主也不住，拆了走了，就成了一片土圐圙（空地），栽的是树，搞旅游时候又照着根基修起来了。

这房子都是老以前的古房，到我们这一辈是分家分的，老爷爷（曾祖父）那时候就都分开了。那时候分家是这么个分法，好比一栋楼，楼上三间，楼下三间，他不能把这六间都给一个人，他要楼上楼下错开分，因为祖上的人也不想让这后辈人给他把房卖了，要是卖楼上，不能说连上带下一起卖，吊起来也搬不走呀。

所以说我们院住的三家吧，我家分的就是南屋楼下的三间和堂屋（北房）楼上的三间，我一直住到四十二岁，八五、八六年在外面修了房才从世德院搬出去。南屋楼上三间和堂房楼下三间是陈晓栓家的，他父亲叫陈润元，前院的对厅也是他们的。还有一家是陈积善，他兄弟叫陈积强，他们父亲叫陈小留。他们家分的是东屋的一层和三层，一层住人，三层搁点东西。东屋的二层是三家各占一间，祖上的神主，就是爷爷、老奶奶去世以后的牌位，都让搁在那儿。一般我们都住在楼下，孩子娶媳妇就打成两个隔间，楼上晒了粮食以后，粮仓放在二楼。除非孩子多了修不起房，没办法，才把楼上腾开。

东屋北边的小角房是个小黑屋，有两间房，小四层，这也是陈小留他们家的。楼上二三层搁点东西，四层就不让外人上，因为过去人家安放的是老爷像，老爷像不让生人见。我们这儿老百姓过年春节去烧香什么的，就是人家自己屋的人上去，还得从屋子里面上，二层往上就没有室外楼梯了。屋里面有一个小棚板，掀开就能上，里面全是蜘蛛网。过去也没电灯，那上面就是黑乎乎的，有个小圆窗就和看不见一样。我们小孩子们都不敢上，我是自己悄悄爬上去看的。里面有个小香炉，有个小黑桌，放在那。至于什么老爷，我只知道是那种张牙舞爪、面目狰狞的泥塑像，黑乎乎的也看不清楚，反正我看见都害怕，到现在都没有一点具体印象。我也不敢问，那时候爷爷奶奶不让问，因为不是我们家的地方。

陈阁老戴着保护指甲的小铜鞘

陈家屋老以前都是好东西，现在拿出来都是宝贝，“文化大革命”时候都破坏了。我们世德院有点书，《康熙字典》就在东屋和堂屋夹着的小四层楼上藏着，没人敢上。那时候要说出来早烧光了，能藏一点就藏一点，能留点就留点，最后是陈积强他们拿出来的。我记得大门口放的有古书，可是我还小，也不知道是什么，那时候就是害怕。后来把那古书都担到东坡庙，那里是村办公地点，红卫兵都在那里。南书院他们那地方存的古书也不少，光担就担了七八担，就是咱担粪用的那个箩头，箩头里面担的书，垛在东坡庙里面，好像还有《百家姓》、《三字经》那些。最后这些书堆了两大堆，反正堆地不小，乱七八糟的，有家家户户送的，也有红卫兵搜出来的。送去的就说表现好，搜出来就成表现不好了。当时除了毛主席语录和上课的书，其余的旧书全部都烧，有些小说，他也不知道是什么，就送那里烧了。还有那画，纸老厚了，是裱出来的，一弄还听见“哗啦哗啦”响，反正都撕烂烧了。唱戏穿的衣服也有烧的。我记得那些东西，从半前晌开始烧，烧得费事呢，书不好点着，烧了差不多有一天。

陈阁老的画像是在南书院陈大胜他们家，我们都见过，他是坐在那儿，指甲很长，戴的是保护指甲的那种小铜鞘鞘，人家不让本人的指甲露出来。后来这画像弄出来以后在皇城小学里面挂着，搁了好长时间，就不知道被谁弄到哪儿了，也不知道坏了还是丢了。

那会儿破“四旧”，立“四新”，老以前的东西弄出来以后，不是烧了，就是扔了埋了。像我们老百姓那神主，一辈一辈都搁不下了，也要让烧。老人要知道把这东西往外

陈黑丑爷爷神主

拿肯定生气，最后都担上去埋到我们世德院的老坟地世德坟了，现在生态园那里，我的老老爷爷（曾曾祖父）在那儿。现在我父亲、我爷爷的神主还在我家里，过了三辈以后就送到祠堂那个桌上了，家里面只能搁三辈的。这些能保存下来的都是我偷偷藏起来的，搁到一边不敢让别人看见。

那时候小孩子都拿着锤、斧，回来以后就把屋坡上两边那寿星呀什么的装饰品，都用锤敲了，把那祠堂好好的石狮，脑袋、耳朵、嘴给它敲了。现在看见相府里面那石狮好生生的，其实都是修补的，人家拿化学东西和好以后，和那青石一样样的，搁到上头一干就粘牢弄不下来了。

像这庙院安的那些老爷也让破坏了。西坡庙塑的那泥像画上彩色，一开光就成老爷了，小时候晚上坐到那儿，我二哥就跟我说，磙爷灵着呢，敲锣打鼓把老爷接上来，明天清早就会下雨，下透了，敲锣打鼓再把老爷送回去。“文化大革命”把这老爷像都破坏了，那墙上画的壁画也没了，那个时候不兴这了么，都说反了，成牛鬼蛇神了。也没人敢拦，谁说谁倒霉，家长只敢回去和自己的孩子说，咱不动人家的东西，那都是老爷，不敢出头露面。

石牌楼倒是没有破坏，大人们不去碰那个，觉得心疼，好好砸这干什么？十几岁的小孩子脑袋单纯，他是要造反，想表现得积极，可是也不敢弄，怕那高处的石条掉下来砸到脑袋上砸死了，就不敢爬上去瞎弄。

“文化大革命”的时候，脑袋灵光的人，就知道不敢瞎弄，有些人就和脑子不够一样，“当当当”就砸了。除了“文化大革命”破坏的，也有自己改变的、卖了的。弟兄们多了分家，隔几天改修一下，想改成做饭的屋，就改了，就不是原来的样子了。

底下院里藏字典

口述 陈兴炎

陈兴炎访谈照片

人物档案： 陈兴炎，男，1949年生，住在底下院（又叫青林院，今御史府后院）。原家中藏有《康熙字典》，“文革”时被红卫兵抢走，因成分不好而保持沉默。由穷困潦倒到富足小康，进入花甲之年的老人买了一套骑行装备，每日戴着红军帽，“像少年啦飞驰”在柏油马路上锻炼身体。

访谈时间： 2015年12月27日

访谈地点： 皇城村花园小区901号

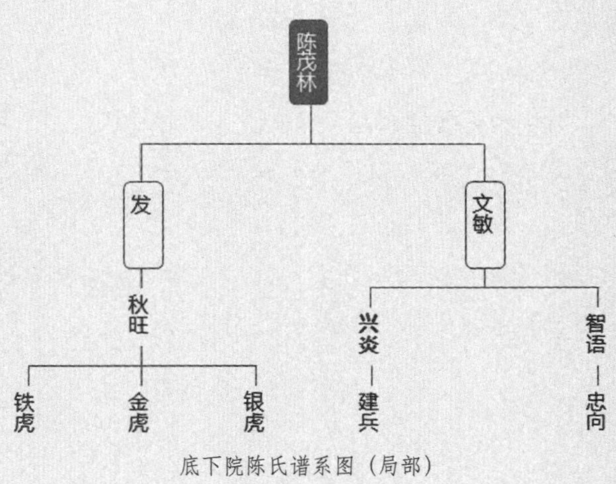

底下院陈氏谱系图（局部）

我出生在底下院，就是从前城门进去，过了井圪洞，有个小牌楼，拐到里头有个长长的圪洞，走到头就是。世德院是上院，我们是下院，在它下面，老以前就叫底下院。不知道后来改成什么名称了，反正大部分房都改了名。

那个院原来是一个大院，中间上五个台阶，分上头院和下头院，只三面有房，东房、西房、南房。东房就等于是正房了，有三间平房，两边各是两间楼子，底下合起来是五间平房，上头两间小阁楼，一共七间。西房原来是三间平房，两边角房是四间楼房。南房是三间，两边角房各一间，上下两层，加起来一共十间，挨着城墙。北面没房，只有一个大门，两边设了一个花墙。

我们一家主要住在东房里头，我兄弟两个加父母，还有四个姐姐一个妹妹。姐姐们都出嫁了，我记得家里就剩下五口人了。像那《康熙字典》有四五卷呢，原来就在我那堂房三间楼上，都是老旧的，我七八岁的时候就见过。“文化大革命”的时候，红卫兵半夜去我家楼上不知道把什么拿走了。我们这陈家屋，就是南书院有书。后来我见那红卫兵弄了个很大的圐圙，里面有书有画，点火都烧了。我们那门外有两个大的、两个小的狮子，把狮头狮嘴都砸了。

西房、南房有一些也是我们的，都是结了婚以后住的。我兄弟结婚的时候，住了西房两间和南房楼上的三间。我一个堂哥，本家哥，陈秋旺，三个娃（陈铁虎、陈金虎、陈银虎）俩闺女，一家七口人占了南房楼下三间和西房楼上楼下小四间。西房这四间怎么来的呢？本来西房三间都没有楼上，我堂哥和我从当中劈开，一人一间半，立了一堵墙，算是小两间吧。农业社那时候，他们在楼下小两间喂牛，楼上有起了两间房。我们这边一间半没起来楼。那时候穷得哪能修起楼来，连吃饭都吃不起，天天吃的是悠糠。人家比我们强，因为那孩子学会木匠后，自己起的楼，他们当时还算好户，不过好户也不如现在的穷鬼。

我们这院子西边有个圐圙，里头有碾、有磨，厕所掏粪都是从圐圙进了。那碾挺忙的，天天白天晚上一直有人碾。五更天不明就起来，去碾上捣点，回来吃了再去地里，天天晚上还得想明天吃什么。每天没东西吃，还得去碾上捣米，去磨上推麦子。那时候又没有麦子，就是有一点，分个十斤八斤，都是晚上在磨上推了，再用箩床筛，现在早扔得没影了。院子北边也是一个别人的大圐圙，圐圙后面才有房。东面后头也是大圐圙，原来叫青林后，也就是清林上院，和世德院连着，没有房了，就剩下靠城墙根那里有几眼窑，地上都是树。

宁舍画像不戴帽

口述 裴小乞

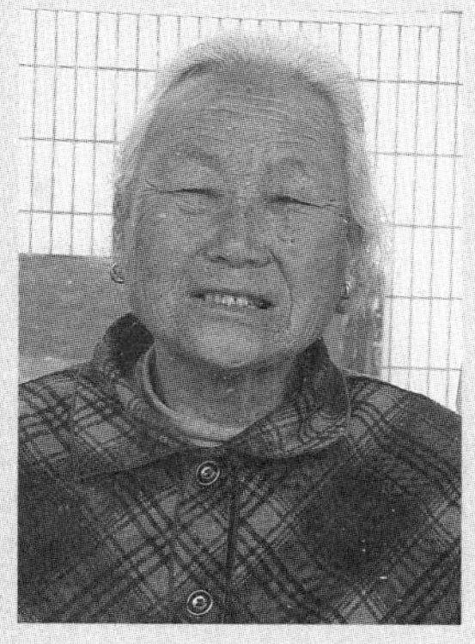

裴小乞

人物档案： 裴小乞，女，1937年生于沟底，17岁时（1953年）嫁到皇城南书院老陈家。小时候没上过学，没有文化，迫于压力无奈将陈廷敬大小画像、圣旨及神主上交，最终这些文物悉数损毁。

访谈时间： 2015年12月24日

访谈地点： 皇城村文明四区24号

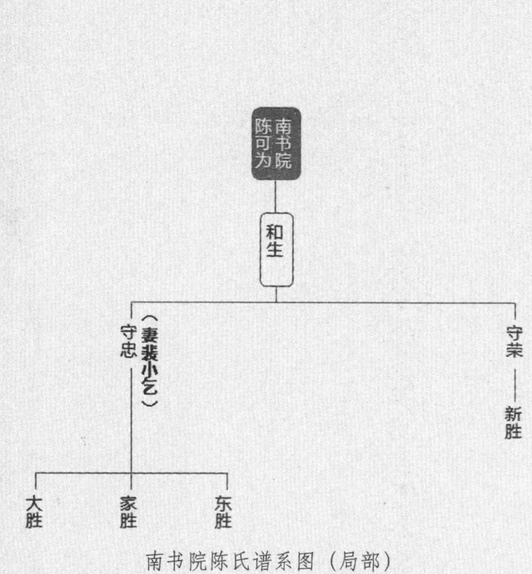

南书院陈氏谱系图（局部）

南书院裴氏谱系图（局部）

一年进一回社

我今年79岁了，名字叫个裴小乞，哪个“乞”字我也不知道，小时候就没上过学，只知道上面是一撇。我是在沟底出生的，小时候也来过皇城，因为我姐嫁到这村里了，住在城上头，好像叫个前头院（树德院前院），现在开发旅游院名都改了，也不知道这会叫什么院。

我17岁的时候也嫁到了皇城。过去男二十女十八就要结婚，走走后门有的十七八就结了，都是父母主婚。我们那时候是父母同意了，还得去区上（润城）花两毛钱领一张结婚证。结婚的时候，我头上戴个花冠，身上穿的是小红缎衣裳和裙子，其实就是织上四十尺粗布，再搁点红颜料在家里染染，连这都做不起的就借，娶过了门赶快给人家送回去。然后骑着马从沟底到皇城，不进城门，从中道庄边上就回南书院了。骑马的人只有五个，两个接嫁，两个送嫁，再加上新娘，后来骑马也变成走路了。娘家陪的嫁妆是一对板箱，都还算是好的了，有时候就什么嫁妆都没有。请客也是吃一顿玉米面饸饹，这也算是好的，老以前是绿豆面饸饹，就把那绿豆泡泡剥了皮，去磨上推成面，来客吃那么一顿饭就走了。

嫁过来以后，我们住在南书院厅房，那是我老伴陈守忠家一直住的老房子，不是土改分的。房里就贴个红对联，炉后铺个席，那真正是“光席片枕砖头”。好点的做个小短褥，短短地铺在席子上就妥了。被子也是做得不够长，盖住这头盖不住那头。被褥都是老红粗布，染坊给印上点蓝花。

我头年腊月结婚，来年就进了互助组，1954年吧。互助组就是五六家在一起干活，给你做完给我做，打回粮食来，你的就是你的，我的还是我的。那时候又没有什么出路，每天就是去地里，地都在河那边，还得踩着石头过河，水大了就起裤腿 上过。有一年下大雨发大水，把牛羊都冲跑了。不过这水漫不上路来，也进不了城。

有时候人家分配的任务是担粪，早上鸡叫就得去，晚上天黑还在吭哧吭哧地担。当时交通也不便利，都是小道道，做什么都硬是靠肩膀担。到了秋天，去的时候担粪，回来的时候担粮，反正是膀上不能让闲着，衣服肩膀上都是磨烂的。连吃盐都是担上绿豆走几天去河南换，有一年就弄不上盐，吃了一年没盐饭。那时候家家都穷，谁也不说谁。

互助组罢了是初级社，我们成分不好的什么都不让干，也不让开会，来年才进了新社。新社罢了是高级社，高级社罢了就成新华社了，反正是一年进一回社。进新华社以后，就成了集体活，多劳多得，不劳不得，去一天记一工。粮食也是大队发，家里有几口人就分几口人的粮。

那时候中苏友好，老百姓胸前都得戴个小牌牌，上面写的是“中苏友好”。后来人家不跟咱友好了，就开始大搞钢铁。我还记得我带着孩子在后河搞钢铁，有一天王庄岭上过来一个汽车，那人都举着铁锹看汽车，一片黑压压的。看完还在地里说，咱村里啥时候也能有一个汽车让咱看看，现在想起来可笑得厉害。后来又带着孩子在史山住了半个月，在黑山那儿抬矿，反正只顾得做这些了。

为了搞钢铁，屋就也没火了。我家本来这火着得红朗朗的，人家端了一盆水，“扑突”一扣，炉齿一抽，火炉“哗啦啦”一塌，屋里就什么都没有了。墙上的钉都被摇走了，人家说屋里不能留寸钉，刀子也被拿走了，只能等着去灶上打那么一点饭了。

五八年那一年，干活不计工，吃饭不掏钱，都是回来搭伙吃饭。黄阁相府那老厅房（点翰堂）就是大食堂，一排盘了五个火炉，一顿要支五口大锅做饭，全村都在一起吃了嘛。端上家伙去打饭，一人一瓢，再各自回家吃。

我还在里头做了五年饭。每天吃完早饭就一直担水，把这五口大锅担满，吃了午饭还得再去担水，吃了晚饭，还得再把这五锅水添上，清早人家还要吃了饭去地里。担水是在祠堂出来那个井圪洞，一个人绞水三个人担水，总共十来个人做饭。

那时候日子是凄惶的

五八年还有吃的，就是米羹饭或者绿豆面搅拌上红萝卜缨。五九年、六零年，只知道搞钢铁，地就没人种，秋天粮食在地里也弄不回来，玉米棒子到下雪都还挂在地里。后来什么吃的也没了，舀点玉米面都是好的。再后来就是捣捣玉米棒，在磨上推成面，树上的老叶子掰回来，焖一焖就吃了。那时候人饿得都得浮肿病了，像西屋我老姨她们，脸上肿得迷糊糊的，走路是晃晃悠悠的，走着走着就跌倒了。

六零年三月份我刚生了三儿子，腿肿得不行。我昌哥说，你还要他干啥，扔了算了。孩子他爸回来了说，你就那么让他住着吧。结果到秋天就有吃的了，人到了地里就像松鼠一样，也能吃涩柿，也能啃生玉米，我也有奶水了。

本来全村人是一个灶，实在没吃的就解散了。不在灶上吃饭，一个人一个月能领12斤粮，前半月是吃啥有啥，后半月是吃啥没啥。那人真的都是拔野菜吃，要不就是用玉米皮煮淀粉。那里头搁了碱，我在南院把手洗得都没皮了。

后来又深翻土地，我们五点起来，把孩子留到屋里去北留。到了下午六点天黑才扛上锄头跑回家，不想在那里住嘛，住的话还得带着孩子。要不就是四个人轮流的，俩人上午出工，俩人在屋看孩子，下午再替换。那时候大灶就不给打饭了，不去地里就没有粮食。有时候搞开门红，大年初一都得去牛圈担粪。

白天被队长撵着去地里，晚上回来还得纺花织布、做鞋、缝补丁。没油点灯，白天就去山上削点黄蜡棒，下午砸开了预备好，晚上坐到炉后用这柴烧火，拨绳、纳鞋底都能看见。要纺线的话，前头还是白的，后头就都熏成黑的了，墙也是熏的黑乎乎。都是老砖房，又不粉刷墙，那老灰缝大得很。

那时候日子是凄惶的，生活艰苦，可是坏的东西倒没有什么，中道庄城楼还在，御书楼也在，城墙本来保护得很好，就是五八年的时候，张书记父亲是畜牧股长，大搞猪场没有砖，就拆了半边城墙。后来樊富应修房，硬把剩下半边也拆了，不然的话城墙就是好好的。

我舍不得把陈廷敬大像给他们

我们是二门[1]，跟陈廷敬离得最近。我老伴的父亲死得早，是爷爷吭哧吭哧养活了他和他弟弟这么俩孙子，所以那老屋的东西，经常是卖了换吃的，就都流失了。好东西就剩了陈阁老两个像，小像不高，竖在镜屏跟前。有一年大像有点破烂了，我们花五块钱在城外面装裱了一下，黄灿灿的老缎子，平常在楼上仓库里头放着，上面用老板子盖着。抽屉里边有两三个圣旨，卷得粗粗的，还有一个跟“圣旨到”一样的题字，摆得好好的。那时候唱戏的来了要看大像，我还给他铺在厅房的地上看。

六六年的时候有了红卫兵。我家里有好些神主，那是一直续下来的，在楼上的桌子上摆得好好的，长长一排。一开门，红卫兵上去“呼差呼差”都从楼上扔下来，担了好几担，弄到东坡庙一把火烧了。那会儿东坡庙就放了好大一堆，我们村好多神主都弄那儿去了。大部分神主是老祠堂的，红卫兵当时担着去烧了，后来祠堂院分给哑巴他们住，有些坏的又砌到墙里头了。

后来红卫兵又来了，说要陈阁老像。我舍不得把大像给他们，就把小像给了。结果不行，第二天晚上，郭峪的红卫兵又来要了。大家都知道我们到过年才在墙上正当中挂大像

1　陈廷敬二儿子陈豫鹏的后代，居于南书院。由于陈廷敬三个儿子中，陈豫鹏最长寿，故大部分重要物品存于其处。

拜年，就这还是不行，红卫兵非要大像。我看这就糊弄不住了，老福顺（倪福顺，原村支书）他们都说，要不行就得带尖尖帽游街了。我说："我宁舍东西也不戴那尖尖帽，你们随便，去楼上去翻吧！"

就这样，我把楼上的门给他们一开，他们十几个人就去楼上翻东西拿了。我家还有个小香炉，上面雕的花，他们走了以后，我上去就没了，也不知道是谁装走了。当时那屋门就是开的，随便来。城上院的陈丙更家就有二斤首饰，都不知道被谁拿走的，肯定归私人了。

小像后来就不知道去哪了，再也没出现过。大像挂到相府那老屋了，贾老师在那儿教学，他又拿上挂到陈兴富他那做饭的屋里了。做饭的屋里挂了一段时间，他们就扔出来了，还叫我去拿，我说我不要了。后来他们说："你去看看，扔在老厅房背后那儿了，你还是拾回去吧！"我去看了看，这一角那一角都烂了，那会儿就已经拿出来三年了。我说我也不保你了，我也不敢要，我还害怕我保住你，让我去游街。后来这画像就那么扔得不知道去哪了。

开发旅游的时候，这些东西值钱了，我又成他们的仇人了。在大队他们都说："你怎么就给人家了？那些东西要在的话可是能卖上俩钱，看你没本事没文化的。"我说："我要不给，就要游街了，我害怕。再说姓陈的多了，除了我们都住在城里头，卖了钱都来争，我顶多算是保存上一会，卖了也是跟他们生气。"最后我也不敢说是谁拿走了，就说是红卫兵去楼上翻到扛走了。

南书院挤得满满的

到了"文革"后期，就好多了。七几年的时候，我要给大儿子娶媳妇。当时我们南书院住的人很多，挤得满满的。我们一家人，我婆婆、我们两口、五个孩子，八口人住在老厅房里，用砖把原来过厅后墙上的门都堵住了。厅房太高，嫌冬天冷得厉害，里头又用砖砌的屋顶和墙，分成三间，每个屋都用砖盘一个炕才能住下。中间是公共的，左边住的是婆婆，右边住的是我们一家人，冷了就都挤在一起。要是现在住，肯定都挤得要塌了。

西屋是楼房，上下六间，住的是姓胡的。这院里只有他的孩子们在开封工作，屋里就孤零零一个老太婆，其余一家都是五六口、六七口。后来七几年的时候，姓胡的去世了，我要给大儿子娶媳妇，没地方住，就花七百块钱买了她的房。那时候经济困难，晚上人家来写地契的时候要押五十块钱，我们连这点钱都凑不出来，全是借的。那七百块钱房钱，

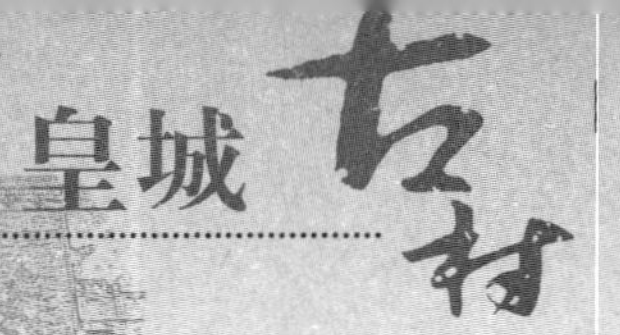

在地契上写的是三年归还。后来我们全家做劳动日，一年做了一千三百个工，一工评个几毛钱，算下来正好够，过年谁也不敢买东西，赶紧还了。那时候的七百块钱就顶大事了呀，跟现在的七八千一样。

东屋住的也是七八口，于小迅、于小介兄弟俩，俩闺女，老两口，还有公公婆婆，他们是上伏[1]人，来这里买的房。南房是陈守荣，和我老伴是亲兄弟俩，当时分家，我们是堂房，他是南房，人家就一个儿子，三个闺女。

后院住了五家，陈小苟、陈壮苟、陈胖苟弟兄仨和他们父母（陈德生）住北房，西屋也是他们的，楼上没有住人。东屋住的是裴小栓、裴小仁一家俩兄弟，哥哥住楼下，弟弟住楼上。我们这姓裴的，原来是大端的，搬到皇城了，他们和我们都还是本家。

从南书院大门洞出来往上走是，我们以前就叫大楼上，那里头住的是裴天胜、裴满胜、裴秋胜弟兄仨，哪一家都五六口人，打的隔间，二层都住得满满的。现在看电视才知道这个楼叫悟因楼，陈阁老有一个孙女在楼上读书出来看花园。像我们住在这老房里，只知道叫姓陈的南书院，老人都去世了，只剩下一伙年轻人，闲下来就忙着拔野菜了，没东西吃的时候，根本没人说些其他的。

大儿子娶过媳妇后，孩子们大了要分家，我们才出来修的新房。南书院外头在我嫁过来的时候就都成种地的了，只知道名叫花园、止园。土地下户以后，各人种的地各人能打上粮食了，越过越好。我们那一片就自己扣砖什么的，开始修房了。我三个儿子就修了三个院，十几间房。其他地方也有人修房，像陈廷敬墓地皇亭的石条都给撬起来了，私人弄回来修房，现在又修复了。

后来要开发，让老百姓腾老房。刚开始谁也不想出来，我们的院都是自己住的，那房又不坏，就是坏了也修修补补就好了。可是出来安家不容易，还得自己装修。像我大儿子，腊月份就出来了，公家只给修了个框架，原来那老房作个价，可是也不够新房的钱，还得去借，有的外面还没弄好房就得借房。当时都是推推诿诿不想出来，我是来年才出来的。现在出来外面住着得劲，也不想那老院子了，也没人进去那里边游。

我现在都快八十了，从互助组走到这社会，享福了呀。

---

1 村名，属阳城县润城镇，距离皇城村7公里左右。

奇门遁甲有说处

口述 王培富

王培富

人物档案：王培富，男，1949年出生于底下院。1962年高小毕业回村里参加劳动，先后担任过生产队副队长、饲养员，后外出长治专业建筑公司当工人至退休。“有说处”意为“有讲究”，老人对于传统神秘莫测的东西，怀有深深的敬畏之心，如陈阁老坟地、如“文革”时期的因果报应，皆为“有说处”。

访谈时间：2015年12月25日/12月26日

访谈地点：皇城村花园小区902号/皇城村花园小区1206号

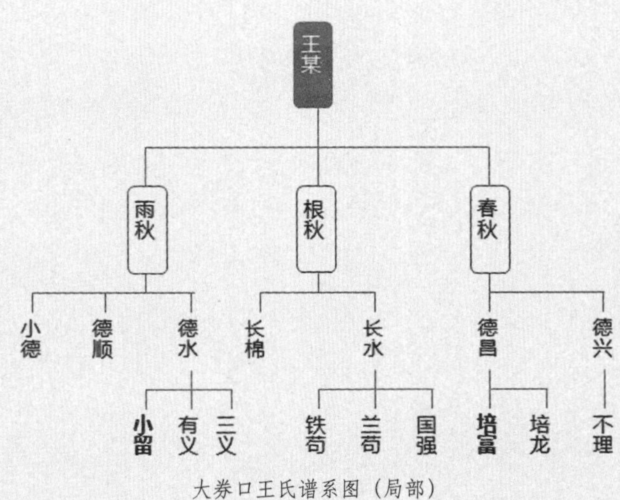

大券口王氏谱系图（局部）

我们姓王的就一直住在城墙外面

以前皇城村是六大姓，姓陈的，接下来是姓王的，姓裴的，姓李的，姓赵的，姓郭的，他们来村里比较早。姓樊的祖籍是樊山那边的庄，来得也是比较迟。姓王的原来都不是这儿的人，家谱上说是清朝时候从山东通过洪洞大槐树搬过来的。郭峪也有姓王的，跟我们是一家，爷爷辈、叔叔辈都还有，像王双庆跟我都是一家，看着岁数小，辈数大，我得叫人家叔叔。像裴家他们也有家谱，祖籍是运城那边的裴家庄，都是逃荒过来的。

我们姓王的就一直住在城墙外面。我父亲在世的时候常说，他也是听我爷爷说的，王国光骑着马过来，说不能把我这姓王的也包到你这姓陈的里边，这是我王家的地盘。当时城墙根基都扎到这里要包住，结果姓陈的就不敢弄了。其实这个城墙也是有说处（有讲究）的，城是龟形，南书院那边是龟尾，北边是龟头，为什么要修个龟形呢？龟是吉祥之物，山城那个地方，那是个龟山，叫玄武山，东边靠相府这山，这是青龙山，靠郭峪的山是白虎山，郭峪这边有五个沟沟，就是白虎那个爪。左青龙，右白虎，玄武山，朱雀山。

我家以前住在底下院，就是现在的明清街。房子很古老，也不知道多少年了，从我记事起就一直在那里。上面是东坡庙，就是学校，学校下边就是我们王家，整个那一片都姓王。王金周是我们这一辈的老大，不过他和我们不是一支，住在下碾道，那里有棵老槐树，现在还在，边上安的石磨和石碾，好多人都去那碾米、推磨。我们这一支王姓里，我父亲是老三王德昌，和我五叔父王德兴是弟兄俩住在底下院的前院，六叔叔是王留（王小留）、王有义、王三义三兄弟的父亲，住在楼上。我们那个四合院，四大八小，有门楼，大概也有一二亩地了。我们这些人在前院住着，老大王长棉，七叔叔王长水这是弟兄俩，在后院住着，前后院中间有一个矮墙。我们底下院基本都是穷老百姓，没有人家老陈家富裕。底下院前面是窑顶院，就是现在相府宾馆那个院，也是四合院，住的是王天义，原来当过村书记。

进了中道庄城门就基本没有姓王的了。管家院，我们叫西院，它里面有水牢，有旱牢，家里出了什么事、犯了家规以后就是打入水牢，打入旱牢。管家院后边是小姐院，就是郭家院，那房不一样，上面没有屋脊，是小姐们住的地方，有屋脊那都是成家了的人住的地方。像小姐院前边那假山、南边那个过厅、靠城墙那个窑洞，土改时候是分给我父亲的。那时候郭家成分不太好，斗了果实以后才把房子弄出来分给我们。我父亲思想落后，又十二斗米把过厅卖给人家了，后边那个窑，几个银圆和铜钱也都卖给了郭家。

樊家院，这个名子已经叫好多年了，以前都是姓陈的，后来才改成樊家院。陈廷敬那个老婆就是姓樊[1]，从庄[2]过来的，把娘家人也带过来了，后来姓陈的侄子又过继给姓樊的，那都是亲戚关系。

相府院以前住的是正儿八经陈家的，陈兴富他三叔、四叔、五叔都住在里边。外边大门都是拆过的，以前的柱子粗着呢，两个人才能抱住，现在的细柱子是后加的。里面点翰堂的梁都是换过的，大概就是七五年、七六年，“文革”快结束的时候，陈兴富给他两个弟弟陈富斗、陈小斗娶媳妇，全凭捣鼓那个梁。那时候他张罗把梁拆下来，柱子也去掉了，重新砌墙顶住新盖的屋坡，这就是“偷梁换柱”。最后弄了好多人，在煤矿上找车把木料运走卖到河南了，变成钱给他弟弟娶媳妇。后来开发旅游的时候，大梁都是新换的，后边那个柱也是按原来的柱墩又弄的新柱子。这个村里就是相府院动了老梁，像南书院老厅房，是古老的没有动。

祠堂院，以前叫老狮院，那也是陈家的。“三面红旗”、“大跃进”、“人民公社”、“文化大革命”时候，反正从我小时候记事起，都在大祠堂里边做饭，气锤“扑通扑通”打铁。祠堂院土改的时候分给了姓于的，姓于的是从李家坟那边过来的，原来住在窑顶院那个小角角上，土改的时候他们沾了点光，安排到了老狮院。

世德院，那宝贵东西多了。我记得十二三岁吧，去那个院子，以前有个鱼缸，比青花瓷看着还高级，那是个宝贝，鱼缸里一弄上水，就能看见六棵松树，六棵松树底是在接近晋城一个叫三不管的地方，一角在晋城，一角在沁水，一角在阳城，三不管。后来这东西究竟去哪儿了，我也不知道。还有前院，靠石榴树那墙根有牡丹，花开得大着呢，还能采上牡丹花做“八八席”。小时候进到世德院，看陈小栓他爷爷，老人家留着个小山羊胡子，那都是富裕户。

树德院，我们叫城上院，那原来是陈家藏书的地方。陈胜利和陈金胜他们，还有姓许的都住在前边院子里。城上院下面、河山楼背面的窑洞住的是王永胜、王永红他们，河山楼前面的窑洞住的是卫小海、卫福明他们。窑洞前面就是空地了，“文化大革命”时在那圐圙养猪的是最多了，后来恢复古建的时候按原来的地基修的新房。

1 此说法有误，墓碑中记载陈公（陈廷敬）暨配一品夫人王氏和太恭人李氏，并无樊氏。有一种民间说法为皇城村陈氏始祖陈林之母为樊氏，其携樊姓娘家人定居于此，故称樊家院。

2 泛指邻村上庄、中庄、下庄村这一片。

以前皇城的大树也多着呢，院里、空地上都栽。过去有人的地方，栽大槐树图旺气，树下有院，有石碾石磨，有人家，凉快。樊家院里边有两棵大槐树，后院还有两棵，那树长得两个人都抱不住。河山楼前边的空地有大槐树。还有现在御史府放碾磨的地方，以前青林院门口，那儿有棵大槐树。老陈家的后院（青林后院），好几棵大槐树、大椿树，黑槐那个嫩芽还能做槐芽菜吃。修复古建的时候，建设施工，树太碍事就砍了，只有石榴树没有砍。城上院（树德院）后院也有大槐树，树下石碾石磨，还有丁香花。

城外头下碾道这儿有三四棵大槐树，最近盖相府宾馆的时候才砍了。我那底下院的后院，小门外就是一棵大槐树，有三四百年了，“文化大革命”以后，六七年或者六八年那时候才把它砍了，砍了以后什么都不能做，里面都成空心的了，就是不占地方能盖房子。现在这些树都是后来栽的。

上头的土垸院也有树，大队修学校用的木头都是在土垸院砍的树。土垸院是在皇城北边，老煤窑下来就是。院里全是土，以前是靠山的土窑，那种老立土[1]，打窑不容易塌，里边一搞粉刷就能住。

说起土垸院，经我记事起，院里地塄后头塌了个洞，有个甃的井，冬天那热水一直在井边冒哈气。这股水一到秋天就涨起来流出来了。以前皇城靠着明清街大券口那里，出来是一道小河，我们吃水就是小河水，有个水井，担上桶就能打水。那个水纯，冬暖夏凉，冬天水是热的，手在里边洗不冷，是皇城最好的水，以前人家叫的是“陈阁老的一杯热茶”。六七年、六八年那时候，史山一做煤窑，就做到土垸院那个矿下边了，水就断了。现在史山矿下边流的水就是土垸院窑洞下边抽出来的水。史山以前就没有河，是干的，就是把这水挖到窑下边，抽那个水才有了河。

清朝瓷瓶换粮吃

我八岁在东坡庙上了小学，那时候顶多就是去沟底煤矿抬炭，冬天要给学生取暖。后来十岁的时候，正好赶上大炼钢铁，上课都让去抬铁矿石了。我的老师是延永澄，我还记得王部长训延老师：“你抬的这矿石质量怎么样？你这不是多快好省，你这是少慢差费

1　竖向的土层，相对于横向的土层，不容易塌方。

呀！”那时候提倡“多快好省地建设社会主义”，要还债了么。

后来，大队在相府后院，后圐圙那地方修了个新学校，总共七间平房。盖新学校那会还能吃饱，六零年的时候就不行了，我的脸肿得和盘子一样，那时候人都是浮肿的，还有饿死的。我看见有个人，担上粪去后边那条路上，把扁担放在坡上就睡那儿，饿得实在走不动了。我们吃啥？就是柿子上长的那个盖子，还有大队把玉米剥了以后，我们吃玉米那个皮皮，煮成淀粉以后做的跟那窝头一样。去地里才有一个窝头，不去地里就只有一瓢稀饭，里边有点菜，下几颗米。大人小孩都饿得不行。我父亲不在家，在磺窑上。我母亲，我，下边还有个大妹妹，三个人的饭打一盆，就和水一样，回来我一个人就喝完了，她两个人就饿着肚子。

《康熙字典》那可是好东西

1962年，我从郭峪完小毕业，想考中学，家里没有劳力，就回来种地了。当时有三个小队一个大队，我那会儿还小，十三四岁就干了一年副队长。当副队长主要是早上起来喊人去地里，低券底那里盖的窑洞是小队部记工室，门口挂着铁轨，咚咚一敲就知道是三队的人要去地里了，然后带上人摇耧播籽，赶着牲口犁地。后来成了四个生产小队，我不当副队长了，又给四队当了两三年饲养员喂牲口。我家外边有个新房，新房外边就是喂牲口的地方，喂五个牲口，那就快“文化大革命”了。

1966年，我就当了一年红卫兵，去郭峪批斗当权派。那时候像我这个年龄段的人都当红卫兵，成分不好的还不能当，人家就不要。家里边也是乱七八糟的，“破四旧”“立四新”，横扫一切牛鬼蛇神。六几年那时候可是毁坏了不少东西。我知道有一卷陈阁老的画像，三米高，跟门一样宽，上头最后有一句话写的是“开拓清朝做栋梁”。红卫兵那时候弄了以后，搁在学校小屋。还有陈家家谱，前两天拍电视的来，还在里面念过，陈兴富就有那家谱，初一早上起来以后，祭祖时候就要念那个东西，我记得有一句话是“说进则进”，“破釜沉舟”什么的，就是对祖宗承诺的话。“文化大革命”那时候那家谱人家就不跟外人显露，我们也不知道。

“文化大革命”时候还烧了很多书，都是从家里面搜出来的老陈旧书，那纸都黄了，写的毛笔字，有《奇门遁》、《施公案》什么的。还有中堂，都是那画得很好的老古画，两边还有木头卷轴。我记得画上头写的“江山千古秀，花木四时新”，还有画的八仙过海，铁拐李那些，反正不少，都堆在东坡庙里头烧了，毁得可惜。《康熙字典》那可是好东西，以前存在世德院那四层楼上，红卫兵弄出来也烧了。给陈阁老看家护院的那个人是小城（润城）人，他还存了一部分，后来弄出来卖了。恢复古建的时候，才从小城又弄回来一部分。

相府院外面那匾，“文革”时候非要让我们拆下来，我还去拆过，那个匾够大，一个人睡上面前后都挨不住，现在那匾都是新做的。

祠堂里边的神主牌位，那时候保存得还算可以，在楼上就没人敢上，年纪大的知道没什么，有年纪轻的非要把门砸开。那会儿我们还是小孩，十八九岁，心里面也害怕。有些东西，是人家的祖宗，说良心话，人家也保护着了，都还知道藏起来，《康熙字典》那都是藏下来的。像我们去搞破坏，人家陈家的老者，就在一旁慢慢说：“你弄那干啥，那东西你弄了没用，它又不碍你的事，以后说起来，有那东西，皇城还有点名堂，看着是古迹。你给人家弄坏以后就不像样子了。”实际上这就是在旁敲侧击。不过祠堂一进门那个照壁，画的葫芦、瓶、花、人，还是都给敲掉砸了，可惜了。

庙里面的老爷像，也都是红卫兵破坏了。东坡庙、西坡庙，史山上的史山庙，沟底的庙，山神坡上的山神庙，文庙，只要是庙就有塑的像，都破坏了。实际上，各人回去也要教育自己那孩子，说不要出什么风头。那时候我妈就和我说，你去动人家的老爷像干什么，像那三应，去到西山院把老爷像的头摇得活络了，把老爷像推翻了，最后他死的时候就是摇着头死的。那也不是迷信，也是有说处（有讲究）的嘛，那时候西山院里边住是磙爷呀，灵着呢。天要旱了，敲锣打鼓，今天把磙爷从下町接上来以后，明天就会下雨，下透了。敲锣打鼓再把磙爷送回，那磙爷就在半山上的洞里面，这都是老以前的事。不过说良心话，有些东西，真是可惜了，一破坏就再也没了。

陈阁老坟地被弄开了

后来我就当工人外出参加工作了，在长治专业建筑公司搞建筑，修房子。去长治干了三四年又回来了，受不了那惊吓。当时回来以后，藏兵洞后头、关帝像那儿的城墙塌了个口，我们叫塌城口，白天我就在塌城口担些砖，把外边那个房子隔成小间，把地墁一墁，墙泥一泥，就在老房子里准备结婚了。

那时候生活也艰苦，没有吃的，就卖银圆、铜圆、家具换钱，五块钱买一个玉米面窝窝，十块钱买一个馍，所以“文化大革命”以后这些东西都不存在了。我老丈人家，拿着插鸡毛掸的瓷瓶换粮吃，15斤玉米就把那瓶换了。那瓷瓶可是清朝的好东西，上等瓷，上边都是字，还画的花。山后的人懂得这东西，弄上粮食专门来换这好东西。等“文化大革命”罢了以后，收古董的把那东西都卖大价钱，卖了好几千，要是这会儿肯定上万了。还有耳朵上戴的那金镏，手上戴的金戒指，盗墓弄出来的，都卖了。像世德院，家里珍贵东西多，里边陈阁老睡的那个上下床，当时是卖到润城，后来又从润城买回来。好东西都变卖了，卖给外边换粮食了，没吃的还要东西有什么用，人都要饿死了。

七零年左右，有一年冬天我们搞土地基本建设的时候，把陈廷敬坟地弄开了。人家陈阁老墓地也是有说处（有讲究）的，那上面是静坪，山形是个葫芦形，后头大，中间细细的，墓地后边的山脉，那是龙凤山。站在山顶孤松圪堆上看，整个山势都能看出来。孤松圪堆就是静坪顶上的那个山头，原来叫黑松圪堆。为什么？三四百年之前上面长了一棵老大黑松树，几个人都抱不住，风刮开以后都能听到那松树“滋滋滋”一直响，现在早没了。选坟地是先有福人，才有福地，后面有几家，他们说咱选墓地也选到陈阁老那地方吧。那不是随便一个人都能镇住那地场，镇不住，甚至就要出事。像郭峪的卫家，大财主，踩的点都是好坟地，那坟地是一把柳椅，只能埋进一人，人家阴阳先生说，一把柳椅哪能坐两人。后来他把老婆也弄进去以后，就出大事了，土改时候卫家就被斗了，家也败了。埋坟地也是有说处（有讲究），比如说爷字辈，左大右小，左边是老大，长兄过来才是弟弟。长兄下边还有孩子，也是这么挨着下来。这叫马步坟，排位和家谱的画法是一样的，坟地埋不下人了，再另选坟地。陈廷敬那个坟地应该也就埋了三代人。

当时弄开那个坟地以后，以为没有动过，其实早盗得不成样了。陈阁老那金银财宝早就盗得没影了。看那样子是解放前也盗过，解放后也盗过，几百年的光景，东西早就没了。听说下边的土都用筛子筛过，细溜溜的，好东西早就盗干净了。他们说“文化大革命”罢了，陈阁老的朝服还在北京的故宫展览，这好多人都知道，都是盗墓卖到那儿了。只知道他们说，陈阁老的墓盗了，那盗墓的人是晚上盗，能干着呢，弄得好好一个坟，人家就知道哪里有口。那墓地被盗了以后，上边也就一个三四十公分的小洞，可想而知，那盗墓的人有多灵活。人那么高，洞那么小他怎么下去？凤凰单展翅，把一只手举起来人，斜斜地才能下去。我们这儿没人盗墓，临汾、侯马那边盗墓的人多。

王街的墓那也是盗过，像沁水窦庄、赵庄的东西才好了。陈兴富还领着我们去窦庄看了，门楼上面雕刻的东西还挺不错的。后来，也是跟皇城村里面的房一样，有些他要改造喂牛就拆了。那是人家的房，你能说不让人家喂牛？就那牌楼，还是点正儿八经的真东西。

话说回来，陈阁老的墓地弄得也好，我还下去过。顶上都是老青石，青石上边是老石雕，雕得可好了。棺木是靠北面，石碾、石磨、石兑臼在最外边，它都是有位置的，哪个地方搁什么。面积也很大，有三四间大吧，每一间都有门。

里头的棺木有两个，左大右小，按位置排的，左面就是陈阁老，右面是他老婆，都是一棺一椁，里边的叫材，外边还罩了一个，叫椁，合起来叫棺材。那棺材都是在地上放着，放的那个位置都是够正，过去这人面朝哪儿，背朝哪儿，左手放哪儿，右手出哪儿，都是有说处（有讲究）的。棺木里头原先有骨头，早成沫沫了，三四百年了，历经的时间太长了。

后来，我们把陈阁老的棺材板弄上来，大队把它棚在轧花房的水车上面。那是好木头，楠木，都厚着呢，用人家那木头刮了做锄把，都挺好的。

大队决定开发旅游

说起皇城村的自然环境，变化也是大着呢。

这地方以前就是穷山恶水，山上那山猪、狼多得很，还有豹子。有树能藏身的地方狼最多，生态园那个沟里边原来就是有狼的地方，庄沟那个狼最多。在矿上看着矿，那狼就从山上下来了。去地里经常碰见狼，狼吃羊那是常事，锄着地的时候狼就从地里跑过去了。我小时候去拾麦子经常见狼，我们在柿树上坐着吃空柿，那狼在树底下舌头吐得很长就等着。那时候我们两三个人，把那柿树的干枝一蹬，“咔擦”一声就折了，有那么个杂声，它起来就跑。群狼不怕孤狼怕，孤狼胆大，群狼没胆，你只要制住一个，起来就跑。

六七年六八年那时候，老拇掌山上那沟里还有豹子。豹子去吃玉茭，地上安的锚把它的腿打折了。还有一次，披甲屯一个老头，今年九十岁了，他去采桑叶喂蚕，那豹子一下从桑树上扑下去咬住他胳膊，那老头端住那豹子嘴，拿着斧子朝豹子头上砍，把它砍疼了才松口，捡回了一条命。

七几年八几年，山上一有灯和车子，动物就少多了。特别是开煤窑，下边炸煤要用炸药，这一响动，动物就怕得厉害。我们这附近煤矿也多，皇联矿，左岭矿，王街矿，沟底矿，山城矿，东庄矿，学校那后边的后沟嘴矿，马尾沟矿，上西沟矿，庄矿，东山矿，史山矿，光史山那边就三四个矿。

一做矿，地质环境也慢慢被破坏了。山上山崩地裂的，到处都是这么宽的缝，汽车轮胎都能陷进去。现在为什么涨不起河来？一下雨水都从山上那缝里跑了，哪还能涨起河来？以前去地里都要过河，一涨水河这两边都是平的，就回不来了，等水落了才能回来。涨河以后，水也是大着呢，把喂的那牲畜、人和房子都冲走了。以前靠着郭峪那边的不沟是缫丝的地方，有一次涨河了以后，房子都被刮走了，生火炉红彤彤的，看着就塌了，以前那个大黑木箱、好绸缎都冲走了。那时候在河西岸边盖房子，买上点钢材还得挑回来，河里边才是条小路，就没有现在这大马路。慢慢地水也被污染了，以前有鱼、螃蟹，靠皇联矿这个沟里边都是红鱼，哪像现在，做煤矿抽上来的水都是黑的。

后来大队决定开发旅游，古建恢复就是以煤炭转型旅游业。当时城里城外的房子也是拆得建得不成样了，又照原来的样子修复。像那城墙破破烂烂，上面的阁都没有了，六几年的时候大队修东坡庙、修学校，都是拆城墙的砖，我们学生还去帮忙抬砖。拆的地方主要就是塌城口，还有后城门樊家院那里，以前叫低券底，当时把那券硬拆了，后来这些都是恢复古建又弄起来的。

“午亭山村”那一块匾，都是修房时候弄下来的。还有那折成两片的对联，就在久昌那里。这些没有分给私人，都是公家的。“文革”罢了以后，有人要卖那东西，他爸不让卖，说这东西是陈家的，皇城祖上的，不是你个人的，不能卖了这东西。就这么，人家老汉拦住了，才把它保存起来。拦住就成了好事，要不然午亭山村两边的对联早就卖了。这老汉是退休回来的老干部，当时干部们对他是一肚子意见，不卖就花不上钱么。这要在“文化大革命”中间，谁敢吭气？卖了也就卖了。

惶惶人心搞运动

口述 王小留

王小留

人物档案：王小留，男，1944年出生于王家旧房。上学赶上“倒运”，分别参加了校舍建设、水利建设、深翻土地等一系列劳动和“运动”，1963年从初中毕业回到村里先后担任过小队保管、记工员，“文革”期间曾担任副主任、武装队长，曾通过自己的“好言相劝”间接保护了一些重要的文物。

访谈时间：2015年11月12日/11月15日/11月16日/12月28日

访谈地点：皇城村花园小区广场/皇城村河东新区3号楼3062/皇城村花园小区广场/皇城相府停车场花园

我们老师是个清末老秀才

我是1952年上小学的，就记事了。像我们这个家庭，家里喂的有牛、有驴，到了冬天和春天这个时间可以上学，春耕开始以后，家里父亲母亲都要去地里，这时就需要我们放牛，到了冬闲再上学。因为一年当中上学时间有限，一年级就没有把一年级的课程全部学下来，所以说是老一年级。

我上小学的时候，是村里边一个比较有文化的人在东坡庙自己办学校教书。东坡庙是个古庙，庙门上有字，记不得写的什么了。南面是个戏台，北面有三间大殿，教室就设在里头。大殿两面各一间角房，就这么多房。还有一块碑，是庙的记载，当时在正殿边墙上靠着，每天学生跑过去，一下把碑抱住就上到碑上面了。后来就出事了，一个学生跑上去在那摇晃，碑倒了把那孩子的腿砸住了，老师学生们都赶紧去把他弄出来。倒是也没有多大事，没有致命，腿伤也看好了。后来跟村里说，家长老师才把这碑移到屋外面西墙这儿放着，再后来就不知道什么时间就把它毁了。

到了1954年，学校请外边一个姓邢的老师教了一段时间，不教了之后又来了个姓马的。他们教的时间都不是很长，又来了一个润城村的延老师，叫延永澄，是个清末老秀才，教的时间比较长一些。他对我们这些学生要求很严，特别是练习毛笔字，必须一笔一画周周正正。如果学生字写得不好，他就要打手。那时候的教学方法虽然不是允许打吧，但是打了也没事，只要不把你打疼了就行。老师每天上课拿一个长教鞭，打你的时候打折了，你就得到山上给他重新找洋槐树（刺槐）再砍一个新的。所以教出来的学生，像我们这一批写字都比较好一点。到了1960年时，老师也到年龄了，那时候不说退休，就是不让干了。又找了北留镇西封村一个姓贾的老师在这里教。再后来学校就扩大成两个老师了。“文革”时候又让那原来的女支书下台去当民办教员，代校长，学校就是这么个情况。

“十五年来超过英国”

村里的情况是，刚解放时村里总共才200多口人，也就这么大点地方。到了1954年，成立了互助组。什么是互助组？就是你有一头牛，我有一头牛，咱们俩互相结合住，你有牛、有牲口能犁地，我有劳力。到了1955年，成立初级社。初级社就是党员，那时候我们村里有两个党员，一个叫王天义，还有一个老头陈引生。陈引生不识字，文化不行，都是由王天义组织的互助组和初级社。开始进社的都是家庭不怎么样的，1955年后半年成立的叫“新社”，原来的叫“老社”，两个社就对比着干了。

到了1956年就成了高级社。我们这一片分为三个社，皇城和沟底是“新华社”，郭峪是“晋华社”，大桥和史山是“国华社”。1957年以前，不管是个人种的，还是进社以后分的，各家都是各家的粮食。1958年就公社化了，大搞钢铁。“十五年来超过英国”，那个口号也是硬着哩。各家各户把铁的东西都收走了，那会儿我还在学校，等回家两个好铁炉就没了。我记得铁炉上面六棱是方的，下面是圆的，肚肚上有花纹、有人物、有动物，有个八十公分大，一米二高。到了夏天吧，外边没地方可以做饭，家里小，盘不下炉，这炉子边上有个铁圈，抬上它就走了，不占地方。这炉子比现在卖的好多了，不过不是我们买的，也不是祖传的，是土改时候分的，肯定有几百年了，那外边都摸得又黑又亮。大搞钢铁的时候，谁敢不卖？最后都打坏炼铁去了。学生在学校也参与了，星期六、星期日不放学，老百姓刨的矿石我们去帮他们抬抬。

集体就开始上大灶了，一个队有一个灶，一共四个灶。我们队的灶就设在城外边大券口（明清街）那里，灶房原来都是私人的房。到了秋天，劳力都调走了，就合并成一个灶，在相府院后边。当时那里是空着的，集体专门修了一个大灶在那里做饭。

“深翻土地五尺深”

我这上学正好赶上倒霉运。小学毕业以后恰好郭峪刚弄了个民办高小，我就去那儿上高小。那时候民高才建校，我们就帮忙修校舍，像现在相府对面的塔，当时就拆了，还去城墙上拆砖修校舍。校舍盖好了，又去支援水利建设。五九年前半年大搞钢铁，冬季大搞水利，像北留的小沟水库，阳城的董封水库，都是那时候搞的。我们学生在小沟水库那里干了一星期。水库上干活主要就是弄土坝，那时候平车很少，就没见过平车，都是调动牛车去那里，全靠人担、牛车拉。我们学生就是两个人拿一个担子抬东西，有专门记的人，每天给派任务。

高小上了两年，毕业后我就去润城上中学，就是原来的阳城二中。结果第二年，二中又挪到海会寺了，因为当时晋城师范原来在那儿，它迁走以后海会寺有教室那些学校基础，我们就在那里上学。可是房子还是不够用，还得建设，跑到阳城那边的杨柏山里去扛小椽。那时候交通不行，杨柏山边上的另一个山通了大车，我们学生头一天从山下边的沟里爬到杨柏山上，把小椽弄好扛下山到驻地，第二天又从驻地扛到另一个山顶，很辛苦的。那时候吃什么？我们学生还是比较好的，每月都有供的白面，老百姓就吃不上了呀。像我们在山里边扛木头，过七一节，我们学校说：“咱是有白面，但是运不进来，给大家吃一顿两和面[1]压饸饹！”当时那山里的老百姓就说：“妈呀！这阳城二中是过年了！”因为他们过年才敢吃那饭。在山里做饭用的是大锅，烧柴火做饭，我们打饭时有一片面掉到了地上的灰里边，那老百姓可怜到啥程度？捡起来把灰一吹就吃了（编者注：说到这里的时候，老人哽咽了，短暂的安静）。那个时候吃饭连盐都是控制的，粮食也是控制的。像山里边的蘑菇、木耳很多，去山上弄点回来还得和大师傅说，让人家搁点盐给煮煮，那就是美味。

后来又搞深翻土地，学生去也是做样子，那时候的口号就是“深翻土地五尺深”，就跟挑战壕一样，浪费劳力。搞运动，搞得人心惶惶，因为要往外边派劳力，人就是来回调动，皇城的调去北留，北留的调去其他地方，晚上一片灯，深翻土地。当时家里就剩些老年妇女，男的很少，就只有个记工员。副队长如果不听队长的话，有时候也被派走了。

1　白面和杂面和在一起的面。

那时候运动太多了，镇里非让搞，只有副业不让搞，因为搞得多了就是资本主义。有的人没批准就去搞副业，成了投机倒把要罚钱。后来毛主席说“南方深耕七八寸，北方深翻一尺多”就行了，可是那时候要五尺深，粮食亩产五千斤，那不是哄人么？种麦子一亩地敢让下三百斤籽，说是“种得多就打得多”。那些歪地（烂地）连籽都打不回来，非常机械，不是科学种田。毛主席说“十五年赶上英国”，上边说是上边说，下边就敢瞎干。

“低标准，瓜菜代”

从1958年到1960年，大炼钢铁、大搞水利、深翻土地这三年，五八年的时候粮食非常丰收，可是一进了公社，就没人爱护粮食了，土地管理就很差。人都去弄钢铁了，妇女劳力、老弱残废把那玉米掰回来以后，放在晒棚上都没人拿一穗。有些私人攒点粮食，生活倒还可以。五九年更没人心疼粮食了，玉米棒子扔在地上，人走路踢过来踢过去。再说家里边锅都砸成铁卖了，拿回去能做什么。加上有点天旱，根本没有抗旱能力。过年的时候还凑合，能给一口人分一斤糖果，那糖果要让现在的小孩们看到肯定就扔掉了。就在郭峪那个东门口的闲房里，有个代食品加工厂，用玉米棒子做糖果。除了一样酥果那是真的，其他都是用代食品做的，就那都高兴得了不得。

1960年，那时候就出名了，“大荒杨庄岭”。地荒了，还有什么粮食？那是人造的自然灾害，也有天造的，不光皇城村，其他村也是。真正饿了肚子，才想起来爱惜粮食。那时人吃的是现在猪都不吃的那个东西。把干柿叶弄回来以后，经过沤制，放点碱把它煮融了，拿出来揉，淋出浆，浆沉淀下来的东西捏成馒头，就吃那个，苦得就不能吃。玉米根、麦秸弄出的淀粉还稍微好吃一点。玉米穗剥下的皮，也是弄的叫人吃了。就数柿叶很难吃，苦的，可是能填了肚子。像我们一个本家兄弟，当时很小，吃那个槐豆，就是国槐树上结的籽，吃得中毒了，脸肿的。

我们在学校生活还算是好点的，每月还能吃到好面，吃个馍呀什么的。就那都饿得不行，因为饭很稀，根本没有油水。有时候到山上弄点，其实也是偷点绿豆叶子回来，用水一煮，偷偷到厨房切一下，跟大师傅有关系的再偷点盐，拌拌就吃了。我记得食堂那个老太婆编的：“稀搅稠，稠搅转，不下米，吃焖饭。” 不下米，就是玉米磨成的大块块，吃焖饭，就是锅里下不了粮食，都是菜，全靠搅，弄上那瓜吧，一搅搅糊了，呵呵。老百姓那顺口溜多了，随便说。家里边做干粮也没东西可弄，就到山上找点叫“米布袋”的野菜，回来把它弄成面一炒，做饭的时候把它搅到里面，稠稠的，光光的就吃了。那个时间没东西吃，口号就是“低标准，瓜菜代”。六几年的生活就很差劲。

1960年、1961年、1962年是灾荒年，三年自然灾害，粮食就很差劲。到了六二年，县里边派了四个工作队进驻村里，也就是四个人吧。当时是感觉运动过火了，村子里搞得很不成样子。光知道搞得不成样，可是我在学校里，也不知道具体的情况。当时工作队带头的，叫郭祯祥、曹宝贵，还有一个阎世恒，这么三个人。他们天不明就喊老百姓去地里，他们也去。那一年的雨水很大，锄谷子相当麻烦。工作队的人有手表，到了中午一看表，说：“十二点了呀！”生产队长就说：“我们农民就不看钟点，就是赶节点了，干到一个程度才能行。”生产队长不放话，谁也不敢回。

到1963年，粮食、油料就大丰收了，单说吃的油，一口人都分四五斤，相当厉害了。要说那时皇城搞得最好的就是那一年。可是丰收了也不行呀，粮食打得再多都交给公家了，除掉牛饲料、羊饲料、猪饲料，下来分到老百姓名底下还是不够吃。

初中毕业的时候，老师介绍我去郭峪当民办教员，教五年级。我说我只能给你代数学，数学代差了我负责，我不能代语文。可是人家说那不行，现在就缺个语文老师。正好那时候村里边，也就是大队，不愿意让我走，我就回村里，在三队当了半年保管。当时村里边是分了四个生产队，一队、二队是城里边，三队是城里边连带城外边点，四队全是城外边的。不过分队也不是那么纯粹整片整片的，谁都不愿意要这投资户[1]，他们是光吃粮，没有劳动力。所以投资户就全村打乱了，城里边的把他调到城外边，这样搭配着分。等于是大部分连片，片中间还有穿插换了的。

后来又让我去四队当记工员。当时的工资就是每工出勤一天挣多少工分。工分是多出力就能多挣，不是定额活，都是评的，像担挑活都是按定额算的，比如去地里的时候要捎肥料、捎粪，到了秋天回来时候要担粮食，挣的工分就不一样。有的挣两个工，有的也挣一工多，妇女们也能挣一工多点。

以前集体就没有固定的房子，比如记工室都是老百姓的房，谁有房子比较富裕，就在谁的房里记工，都没有集体的；库房也是老百姓的，闲房里堆点，楼上放点，也不安全。东坡庙还算是集体的，刚开始是小学，后来大灶解散了，学校就挪到相府院后头了。

1 生产队里的干部或者在外打工的工人，因为他们拿工钱，分粮食，但是不在生产队从事具体的田地劳动，所以称为投资户。

我们姓倪的支书和姓胡的主任，就把东坡庙上下院都修全，成大队部了。西面上院是五间平房，下院是两层楼，二八十六间。东面上院是五间平房，下院下边是窑洞，那窑洞我记不得几孔了，窑洞上面是楼，楼上面又是楼，跟西面一样，二八十六间。光下院就三十二间，上院十间，修了这么多房，就够用了。后来大队办公啦，放粮食啦，都回到这个庙里边了，那个管理就严实了。

“抓革命，促生产”

毛主席那个时间运动很多，“整社”了什么的。我们原来那个支书，姓王，因为作风问题，把他弄下去了，后来上了个姓倪的支书，姓胡的是主任，姓裴的是会计，他们三个领着干。过去村里边的干部就是支书、主任、会计，这就是三职干部，是主职，其他都不是。

“文化大革命”一乱开，就成了我们这几个人负责，后来看看干得不咋样。那时的口号是“抓革命，促生产”，张书记（张家胜）他父亲跟我俩人，我是“抓革命”，他是“促生产”，他都不识字，我还得跟他分配工作。晚上把生活一布置，白天就去干活了，那时候管理就不一样了。都是死工资，谁敢用定额活，要用的话就要受到批判了，就没人敢弄这个。所以男劳力是整份劳力，一个整工；一般妇女都是8分劳力；老头子家有9分有8分；小孩子打6分、7分。那个时间有的家里人口多，不让小孩上学，十三四岁就去地里干活了，担石头蛋干什么的，集体的活多的是。

1966年冬天还没啥，到了1967年，那一年整个是闹革命，红卫兵串联啦，跑啦，今天斗走资派，明天斗走资派，就是干那些了，生产没人管。我们这个地方的红卫兵都是学校的，留下老头子家、稍大点的年轻人组织去地里干活，不种地也得种，都要吃饭呀。让这帮红卫兵闹得，就整个都被夺权了。其实那也是一个教训，都是有人捣乱，我们也弄不了。

当时我在年轻人里边也算是年龄稍大点的，贫下中农，成分也比较好，我是副主任代武装一块干，武装就是民兵队长。民兵是一个组织，也不专门做什么，就是到了冬天没事，早上起来出出操。像到了高平、阳城那面，“文化大革命”时组织民兵三县打高平，我们这儿没有去，就下面那个大桥村去了。

后来农村就是武装干部管全盘，红卫兵要弄什么大点的都向我请示。比如说当时一进门那两个石牌楼，看见很威武，红卫兵要拆了，说这个东西不能保存。我说："就是让我去拆我都不敢拆，你们都是些小娃娃，怎么上去人？上去人拆下来怎么给我处理了？你们红卫兵选出一个代表来，谁负责这个？出了问题我可负不了这责。谁能负了安全的责任谁就去拆，哪怕受伤了，村里一概不管。"那时候穷得哪里有钱，连办公费都没有。当时他们也都害怕了，谁也不敢承担，那可不是一点小活活，光说拆下来这石头怎么破，怎么往外运，运到哪儿，这就很成问题。他们说："那怎么弄了？"我说："牌楼把它用麦糠泥一糊，刷上石灰，白的上面写上红字，宣传毛主席语录。那城墙、城门口的匾上面都给我抹了。"

说句话容易，办起事来就费劲多了。像牌楼上边那么高，搭一层架，写上了，再搭一层架，再写上。写倒是一会儿就写好了，可是搭架子费事。那时候凭工分吃饭，要是集体派人干活，只要干活就得记工，做什么都要记工。记工等于是出勤，年终参加分配，要是这一年就参加红卫兵造反了，没有什么特殊干的，就不记工。当时是给他们姓郭的，郭培元，大队记上工让人家去写，一天也是一工。

可不是光这石牌楼一样活，那时候多了，墙上写毛主席语录，门口写"忠"字，忠于毛主席么，城墙上头都是写大字，不容易了呀。白灰刷了以后，人家弄上一个竹竿，头上绑个笔，蘸上红颜料画上字，后边的人再用木头杆搭起架，站到上面去描边。买的那种红颜料，我记不得叫啥，跟那土一样的红土土，不值钱。那时既得宣传，还得经济，要是不经济把钱都花了还怎么弄？光写那个就起码够五六个人写一个月，那工夫也是大的了呀。毛主席语录遍地都是，城里城外都写，只要能写字的地方都写了，起码街上、能看见的地方都得有，不是我们这个村，哪里都一样。像现在去山里那小村村，毛主席语录什么的都还有了。我们这里是把房子拆了，城墙修了，用泥水刷了一遍，现在见不到了。

有的东西能保存下来有个理由，像那牌楼是破坏不了不敢破。有的东西没有理由，但是你敢公开说，这个"四旧"东西不能破坏，那是文物？那时候就没有这一说。像陈廷敬画像原来在南书院，陈大胜他们那个家，后来弄到学校，在东坡庙，后来学校挪走了，画像还在庙里搁着，再后来就不知道弄哪了。谁敢去保管那个，也没人敢站出来，没有什么理由嘛。还有过去家里的摆设，正对着中间是桌子，桌子后面有几，几两头摆两个瓷瓶，里面插鸡毛掸、弄花什么的，有的是装饰。大部分家里都有瓷器，有好的，有不好的，起码也是清朝时候的，很好看。"文革"的时候这些都摔了，属于"四旧"么。

六七年冬天，武装部训练，我去开会走了几天，回来一看把村里边的石狮都给砸坏了。就是一进内城门，祠堂右边的御史府那里的胡同口，有两对狮子，一对大狮子，一对小狮子，好石狮，真可惜呀，都毁了。到了六八年，我说，砸坏了，这可怎么弄，烧石灰吧，烧成石灰咱弄什么的话也能使，沟底就有炭，去弄回来烧成石灰，就这样都用了。老祠堂那个石狮子倒是原来的，那个院住的人那时候是队长，人家叫他保皇派，当时的老支书也和他关系好，后来有些人非不行，就让我去处理。我说，你这些东西，不让砸吧是"四旧"，砸了吧也可惜的，你弄几个人把它转回你那大门后边用砖一垒，看不着就行了。这样，祠堂的狮子就保住了。

我虽然是干部，其实也就是说说，还能都去参与？我还得顾家庭呀，不挣工怎么行。我们那有粉房，我跟那老支书是推粉的，他是走资派下了台，他是师傅，我是徒弟，去给人家推粉。早起把粉推了就没事了，挣了工分再去跑其他的，也不是专门管这些。

到了"文革"中后期，张书记他父亲是畜牧股长，管畜牧、牛羊那方面的，又跟我说："要么咱们把那十幢碑拆了吧？拆下来用它建几个羊窑、弄几个土窑在上面。"陈廷敬墓地那十个碑，我们叫"十幢碑"。我那时候很胆小，就说："你也能想些那歪点子，把那拆了还得搭架子，搭上架子，不是上头砖弄下来伤着人了，就是人从上边跌下来了，怎么弄了？咱们这里又有土，咱们弄上一个砖窑，自己烧点砖垒羊圈就解决问题了。"我们村里有个土垸，土圪坨，是集体的，有人生土、动工什么的，就去那儿弄土。那土是白土（纯黄土），做砖好，集体在那里开了一个砖场。就这样弄了一个羊圈，后来一个队又打了两个土窑，让冬天圈羊。其实那时候要建个饲养圈，弄羊圈，没有砖，大部分都是去拆城墙。

"天下棺，七尺三"

那时候秋天粮食收了以后，到了冬天还要搞农田基本建设，不是说今年搞明年不搞，是年年都要弄了，要不然到了冬天劳力去干什么。

六八年冬天，他们上去把陈廷敬坟地前边那石人、石马都打了，光打那石人的头就费了一早上功夫，结果一个都没打坏。后来才有一个老队长说："那打掉了可惜呀，况且打的时候石头溅起来把谁伤了怎么办？垒塄也不好呀，这怎么弄？"我说："埋了吧，还怎么弄。"他说："那行！"我们就量量那石人有多厚，上边还得留出一定厚度的土来，在旁边挖一样深的坑，把它推翻了埋到里边。后来开发旅游，就都知道在哪埋着。陈阁老坟地那个小亭子，他们上去要拆，我说："那你可拆不了，能拆了我今天给你记俩工，伤着你我可不管，安全我不管。"当时就有个二杆子去撬它，结果撬不开。人家那里边都是用铁件连在一起。当时那古建筑弄得好着呢，比如这个牌楼，他们想拆都拆不了，上面的屋顶都是用铁东西连在一起了，就弄不开。

陈阁老那墓地，光坟堆就占了几分地，一共有三个大的，其他的都小。坟堆是六角形的，上面都是好土，一圈用石条垒的，那些石头都有三十公分厚，五十公分宽，差不多两米长，种地时这么转一圈，那么转一圈，锄也不好锄，种也不好种。后来平整土地，我们就把陈阁老的坟扒开了。扒开以后，那里头的棺材板省了我们好大事，正好东坡庙修东面的楼房，就把棺材板当了楼板。不花钱么，还都是松木、柏木，一块板二十公分厚，差一点的也有十多公分厚。"天下棺，七尺三"。棺材板有好的有歪的，好的稍微宽一点，歪的就稍窄一些。有的棺材板上还画的花纹，有的是大寿字，用金写的，咱不知道人家过去是怎么弄的，那老黄金字，有的因为时间很长已经脱落了。

听老人讲，其实陈阁老的坟地是清朝时候就盗了，我们这儿的人都知道，墓地盗了以后，阳城县知县来到这坡底，一步一磕头，上去给他破案。像我们当时把他的坟扒开，不是专门去盗，是为了增加土地，提高产量，土地基本建设么。如果那坟地上边的土厚，又不影响什么，刨人家的老坟就没道理。为什么说烧纸是个纪念？坟上要是还烧着纸，人家有后辈人就根本不敢随便去弄。像这个坟堆上几年没人烧纸，就是没后人了，碍事，平了把它种成地算了。一平，就把坟地弄出来了。

陈阁老二儿子他那坟地特殊，我们这的老百姓说那是茅梁券[1]，下面是石条弄的，顶上是石条棚的，其他是砖垒的一米多高的墙，上面券起来。这些墓都是清朝时候就盗了，里头东西早都没有了，我们下去的时候连棺材板都没了。过去锄地那个锄把，我们这儿老百姓说是"锄桨"，就是用那棺材板刮的，没有听说谁是去山上砍个树呀什么弄的。这些锄把具体什么时间做的我们也不知道，反正都是祖上传下来的，基本上家家都是那个锄把，夏天抓住很凉快，用得光溜溜的，可好了。

我们这儿的老坟地也多，山城煤矿那儿有一个，是陈阁老弟兄的坟地。相府对面这山上头也有一个老大石堰坟，是个知县的坟地。那个坟地最好，比陈阁老的坟地还好，一

1　墓室顶部全部为石条做的平顶券，非拱券。

串七院都是通着的，进口的地方也是老石牌楼，比陈廷敬那个小了点。这个坟地破坏得也早。六一、六二年时，那儿也是一块比较宽的地，好地不长粮食，因为里头坟地多，坟地上只有十几公分厚的土。都要提高产量了么，就把那坟地打了以后垫成好地，原来它下边是空的，一垫垫成实的，土层厚了。平那个坟地的时候我没进去过，还在上学，他们有进去的。顶多弄两块棺材板，没有东西，这都是有名的坟地，过去肯定刨过墓（盗墓）。刨墓的都是外边人，我们本地人也不干。后来牌楼也弄坏埋到里边了。现在那个坟地已经破坏没了，要是没弄坏的话，开发了去里头看看，可好了。

“先有窑头，后有梅庄，才有中道庄”

过去阁老坟也称前静坪，我们姓王的祖坟就在后静坪，拐过陈廷敬墓地，后边有条路，就是现在倒垃圾车走的水泥路，再走个差不多一里路吧，很好找。那块地稍宽点，过去没树，到地头一眼都能看见，现在那树都长满了，得从地前边走到中间，就看到了。

坟地上最少也有五个碑，不过比阁老坟的碑小多了。第一通碑上就有记载，刻着我们祖上的名字，他是什么时候来到这。第二通碑就跟咱一般那碑一样，记载人家有几个儿子，几个闺女。我就知道我们和陈家一样，是明朝来的，他们比我们早，具体记不清了。

我们这个王姓，是从沁水狼壁过来的。一九三几年我爷爷他们那一代还回到沁水续家谱，那地方有家谱。到了四几年以后，我父亲他们那一代就不回那儿了。续家谱就把我父亲他们这一辈续上了，我爷爷他们是“秋”字辈，弟兄三个，我父亲他们是“德”字辈，弟兄七个，到我们这一辈就成弟兄十一个了。家谱可能在“文化大革命”那会弄没了，续不上了。

后静坪墓碑照片

姓王的倒是家数也不少，可不都是我们这一支的。有从河南来的，他们在城里边住着，城外边也有两家。窑头有一家姓王的，跟我们也不是一支，年纪再大的人也不知道他们从哪儿来的，因为皇城这个地方是“先有窑头，后有梅庄，才有中道庄”。因为他们来得最早，住在窑头。窑头边上的沟叫窑义沟，这个沟里边都是煤窑，像我们这地下、山里边都是空的，那煤炭祖上早就采空了。干煤窑就有窑头（工头）住在那儿，窑义沟的窑头就是姓王的。

听老人们讲吧，我们姓王的留的古房根基多着哩，得有几亩地大。皇城的外城城墙，往南面是南书院，往北面全是姓王的住的地方。当时这城外东面和西面都有城墙根基，城门也都修起来了，还差北面和南面。传说我们姓王的是种地的，天黑才回家，天不亮就得走，姓陈的是当官的，天不黑就要关城门，天大亮才开城门，我们不能受这个约束。陈廷敬他父亲是商人，不是做官的，不过人家也讲理，感觉是这个理，结果这北面就没有修过来，导致南面也不能修。这么样对他们也有一定的影响，就像小鸟的翅膀一样，他们的后代就飞不起来了，这只是个传说。[1]

我们王家的院子，主要分上院、下院、东院、南院，每个院有个院门，院子里边都是这么大的老方苫砖。因为最上面那个院子外边放了一对麒麟，所以原来叫麒麟四院。这四个院子实际上是规则型的，根基非常齐楚。不过到我们这一代，就只留下一个院了，另外还有半个院子不在麒麟四院之内的，总共一个半院子。

除了这四个院子，城墙边上的老槐树那儿，有个院子还可以，也是姓王的。大券口（现明清街）里边有一个院，基本就拆没了。我听老人们说，我们祖坟那儿就埋了三代人，后来就分支了。那个大券口里边的院子就住了十三支，十三支就是十三家，十三家后来就整个绝支绝后了。绝支了以后，他们那个院子的房产，本来是该我们亲守（继承）了，槐树院那家比我们有办法，人家亲守了。实际上他那房子就够住，他主要是想要人家的地。

我小时候就是在老院子里出生的，也是明清时候修的，现在都拆光了。那个院子四面都有房，缺一面耳房。我们那一片都是院子，可都不是正牌的四合院，有的是三面楼房，有的楼房全了，角房不够。四合院是“四大八小”，北房，也就是堂房，宽度大，东房和西房不能超过北房的宽度，南房也不能超过正房的宽度。我们这一片就唯一一个完整的四合院。皇城总体都不多，郭峪那儿就多。

虽说我家院子不小，可是那时候住的人都多呀。像那个完整的四合院，最多住过十几

1 据《斗筑居记》记载可知，陈氏家族筑内城城堡之时，并未计划将外姓人的房产包括在内，且陈廷敬父亲也并不是商人，而是“以耕读摄家政，铢积寸累，薄成积业”（见《皇城石刻文编》页67）。外城城堡的修筑没有具体记载，但此说法在村中流传度较高。

家。南书院前院，上头那楼上住了四家，下边就住五六家。我那院子是住了五家，我父亲一辈子就一直住在楼上，下楼时小孩子们跑啦什么的，弄弄就从那楼梯上跌下来了，经常摔跤滚下来。我们那一座楼好，后边是靠着山靠着土，角房有个窑洞，平平地就进了，要是担东西，从旁边上个土坡，穿过窑洞顶就直接到二层了。

修房花上三四百块钱就行了

五六十年代，我们这些城边的房，像南书院，大券口（今明清街）这外边，都是土改以前的古房，清朝末年的房子比较多。当时那个居住条件能跟现在比？大部分人还都住着土改分的几间房。像一般情况下，一个院里有十几家，楼上楼下都住的是人，后边那个小角房也要住一家人，藏兵洞、河山楼跟前的窑里都住的是人。要是家里比较宽裕些有楼房的，粮食放在楼上，平房没楼的就只能放家里了。房子多的人家还能在角房里边做饭，房子少的就在院里边的角上搭个小棚棚，能做饭就行。厕所在院内的一般也很少，像我们村里也就两三个，其余都在外边，在各家宅基地范围以内弄个厕所。条件好点的家里边还有点摆设，一进门是个八仙桌，四四方方，两边是清朝那时候的高背椅，后来不时兴了就弄低背椅。桌子后边有个长条几，边上一间房盘的是炕，做饭睡觉，另一边是仓，放粮食，放点盆盆罐罐。

那时候条件不行的连吃都顾不上哪敢修房？没经济就不敢修房。当时我们工资在北留镇说起来还算可以的了，算下来一工也才五六毛钱，最低是四毛五分钱，七五年往后就没有下过五毛钱。像到了南边村子有的还有倒贴的，比如北留那个漏河村，一工还得倒贴五分钱。

所以新修房的人很少，集体也批不下来地基，村里一块一块的地基都是在各人名下，有宅基地的就在宅基地上修点，这些都算是条件可以的户。我记得五几年就姓赵的那么一家修房，他是干蹄炉的有钱，在交口钉蹄，回来修的。下边是两眼窑洞，上边是三间楼房，这种做法其实很少，因为很费工，可是全盖楼的话，木头不好弄。下边要是窑洞，上面用埽一铺，既当梁又当楼层板，上面就能修砖房了。

就连集体修东坡庙，都是分了好几批才修起来的。1962年、1963年第一批修西面的房；到了1965年，修东面下边的窑；后来“文化大革命”，到了1967年、1968年时候才又修东面上边的房。两边都修好后，二层楼是一起盖的。那时候修房，用砖是我们自己烧

的；那木头梁，在阳城县中条山林场有个横河那儿买的；小椽就是自己山上弄的。西面修得早，楼层板还是用的木头，东面楼层板，就是陈廷敬坟地的棺材板，也有买了老树弄的。

1962年我结婚的时候也修过一次房。我那院外大门口靠东面有一个喂牛的两间草房，用砖垒的，前后墙是古墙，两面是红泥半头砖。我就把旧房全部拆了，重新起了一层破房。房子修得很快，那时候村里就有砖窑了，修房都是买的砖。前墙弄的新砖，后墙是红泥半头砖，再用石灰一刷，就当结婚的新房了。当时用木材也很少，一个窗子一个门，门是偏的，窗户在炕这儿，都是投关系到县林业局买的。

当时我那两间婚房还算可以的，有四米多宽，都不够六米长，二十多平方米，这都是比较大的。以前孩子结婚，楼上没人住就搬到楼上结，楼上也没地方的，才弄个一间或者两间大一个小房房，顶多是四米乘四米。里头有一张方桌子，两边两把椅。中堂要是旧了换个新的，不新不旧也行。大部分有个长条几，桌子椅子摆得有多长，几就有多长。后边墙上贴个中堂，中间是画或者字，两边是一副对联。好点的人家几上面还有压几柜，就是小木头柜，那都是过去做的，一般家就没有。像我们结婚那时候有就有，没有就没有，也不时兴（流行）它了。边上再盘个拐角炕，两米长，一米二三宽，后面支个床，再贴上两张画，一毛几分钱一张画，就妥了。

那会儿结婚仪式有个啥？好的弄一条灯芯绒裤，过去说是洋布。我们那时候正好是物价很高，都还穿着粗布裤。男人就是做一身新衣服就行了。女人就穿唱戏那个花冠旗袍，骑着马。花冠旗袍都是在唱戏那里赁人家的，穿一天给多少钱。我那时候是在润城贝坡借的，那里有剧团。骑马也是赁的，那马旁人又牵不了，只有人家才能摸住马的性格，所以连人带马一天出多少钱，人家给你牵上来，后来两三年就不兴骑马了。像我结婚，家里没钱，给人家媳妇那头弄弄，自己只能穿个粗布小大衣，毛毛领，都是自己纺线织布做的。

到了办事那天早上去接人的时候，一般找个放铳的，就是铁的，上边有三个孔，里边捣上用硝、硫磺、木炭做的火药，在三棱棱这里一点就响了，1980年以后都还用，现在早就不用了。在男方家里放了铳，放铳的就跟上去，再到女方家放三铳，再回来男方这边放，也有的就光早上到女方家里放。给多少钱不说，反正清早给放铳的送一坨饸饹，送点馍，都是吃食，也要给点钱，看你放了几铳，人家的火药那要钱了么。白天男方女方就是在家里各待各的客，那个时候又没什么待遇，就是吃个饸饹，搁点豆腐。我结婚还用的是“八八宴”了。五几年就都是这，六几年那会也有，不多，家庭条件稍好些才弄这个。等

此照片拍摄于皇城邻村上庄，室内摆设基本保持了类似的传统风貌

下午天快黑了女方才嫁过来。

1975年的时候，结婚那房子要塌了，那时候地基也批不了，也就没有那规矩。我这两间外边还有一间地基，我就在那上边修房。原来那房是一尺八的墙皮，后来改成八寸墙了。想用旧梁，可是搁不住了，墙要不改的话梁还够长，一改就不够长了，梁头也被雨水沤坏了。实际上我那旧房房不好，梁跟檩条都是椿木的，小椽好，是柏木的。我又找来木匠把我那地基上一棵树砍了，还是不够。那时候我是大队会计，跟支书说说人家给我批了一根。后来还有人提意见，说支书维护我，弄了一棵树就没出钱。我说我那账上有，多少不说，反正是出钱了，十几块钱买了一根梁吧。原来那一根旧梁弄下来做了一堂家具，一个方桌、一个抽屉桌、两个椅子。小椽也不够，我在山上有一家亲戚跟他要了点，又在头南那个地方买了点，一块钱一根，用了三十根小椽。我原来那个房可不宽，这一修弄的，后沟除了那唯一一个四合院的老厅房，我那就是最大的了。

那时修房花上三四百块钱就行了，村里木匠工资一天是一块五毛钱，交给生产队。一天再给人家一盒烟，上午吃一顿干粮，下午吃一顿干粮就行了。修房其实也不简单呀，我怎么敢修房？当时我在闻喜县有个妻姨，给了我150斤粮票100块钱，就这我也修不动呀。后来人家回来说："你怎么还不修？"我说："钱不够嘛！"人家又给了我100块钱，这样才修的。那时，南留粮站有我一个女同学，那人面子不大，见了人很热情。我说："我有点粮票，你能不能给我换点其他的，不要给我玉米面？"她说："你不要玉米面，能给你杂面。"人家给我换成了好面、杂面、米。弄房（修房子）的时候，半晌要管干粮，我们用旧米摊的煎饼，干活的都说："人家到底是会计，干粮都敢吃煎饼。"那时候这就很了不得了。

真正开始批地基就到"文化大革命"以后了，就算批了，也没人修。顶多就是在自己那地基上，给集体写个申请，七几年修房的就不多。正儿八经修房就到改革开放、土地下户以后了。用自己的地基，跟集体说一声就行，要占集体的地方，就必须批。像现在相府下边、上边的停车场，明清街，贵宾楼那儿一整片，原来都是老百姓的住户。

村长的眼光是对的

以前，我们跟大桥、郭峪、镇里边这几家联合起来开了大桥煤矿，后来郭峪自己也开了一个矿。我们心想，我们也有煤窑，就不能自己弄？结果在村后边打下去，空的，没有，不过还有过去留下的煤柱角。后来我们书记又上太原批那个手续，费大劲了。当时批那个煤矿很难批，咱说句实在话，不管领导送不送小礼，确实不容易。书记回来就说，去那煤炭厅人家不给批，煤炭厅里边有一个小秘书，女的，清早起床出来倒夜壶，他看见了赶紧接住给人家去倒，受了不少委屈。后来也找的人跑腿，才把这矿总算批下来了。当时郭峪那支书有本事，把原来工业局的矿弄走了，矿界大。我们村才批了0.05（平方公里）的面积，那场地下边，还有那打口，都是在郭峪和工业局的矿界内。最后和郭峪协商，人家让了零点零几，工业局让了点，这么样才弄起来敢打口了。没办法，在人家的矿区底下开口，不协商通了那能行？

1988年，我们开始打口，一两年就投产了。投产以后那个坡度陡，小矿斗不行，我们找太原的设计师给弄的大机斗。当时我们那矿长，就是张家胜，喜欢在外面跑，看了以后，他就说这能改皮带的呀，矿斗就又改成皮带了。

后来村里边竞选村长，张家胜回来选上了。到了1998年，他就赶紧去跑这个旅游了。

当时不光是老百姓想不通，干部们也说，这城都拆成这样了，你去跑这？旅游能弄成啥？咱把那煤窑弄好就行了，你去跑旅游干啥？张书记反正是不行，就去跑这个旅游。

当时我们的生活实际上也不行。虽然皇联煤矿已经有盈利了，我们和大桥下面的矿，我们有股也有盈利，本来这个钱该老百姓享受了，先受苦把这个钱投入到旅游上了。只有山城矿和县工业局，他们占用我们的地开矿，山城矿占了一百亩，工业局那矿占了四十亩。老百姓说了，占用我们的地，我们也不要你的钱，不管给多少都不要，只要一年照这个地给我们粮食就行，不管粮食涨价与跌价，我们只要粮食，就是这个粮食回来分给我们老百姓作为补助。

我们邻村郭峪村，当时因为搞那些矿富得流油，人家都不搞旅游，我们去搞这个。要说郭峪那个景点，比我们这儿多得多，村也大，城也大，有城就有古建筑么，还有庙。但是郭峪村干部与干部之间争权，主任想让支书下台，支书想让主任下台，老百姓也是分了几派，晚上忙着贴那宣传广告，不光是在郭峪贴，还上来我们皇城贴，上边写些“打倒谁，支持谁”之类的。就这会功夫，我们村长把旅游给跑回来了，上边批准了。

其实还真是一搞，搞对了，村长的眼光是对的，懂得国家政策，旅游才搞起来。领头人这一步走对就对了，领不对是步步错。旅游开始的时候，扫街的一个月挣几十块钱、一百来块钱，老百姓就感觉到这有活干了。

到了2000年，旅游就搞了好几年了，那不简单。以前城墙上豁豁呀呀的，我们小时候那会城墙还凑合可以转一圈，不完整，有几处都塌掉了。“文化大革命”时期就转不了了，不是因为革命破坏，而是集体搞建设把已经塌开的那个城墙口拆掉了。1967年、1968年集体拆得多，到了1969年以后私人也去拆，当时没人管，把拆下的砖都去修房或弄个小建筑。像樊家院那里，私人说城墙是自己的，拆了在那儿修了一个房。从那时开始就一直破坏，到1979年以后就没有破坏了。八几年就没人要那个砖了，比较富裕点的，自己去买砖也省劲，就没人去拆了。

院子也破破烂烂的。御书楼干脆就拆没了，光有“午亭山村”那匾和对联，放在城墙那里。刚改革开放还没有搞旅游的时候，香港来的人给出一万块钱说，买走你们这个吧！那时一万块钱吓人着呢，集体的东西谁敢卖？没人敢卖。来年人家掏十万块钱也没人敢卖。村里老百姓要是偷偷卖也就卖了，但是都感觉卖了是要犯法，没人敢卖。

后来发展旅游事业以后，在北京找的一些图纸，就照着开始修复，把原来塌房子的根基都找出来又照原貌修建起来。

像外城，管家院就没动，院子后头是一片地，知道那里以前有鱼池，又把它弄出来了。小姐院还是原来的，老百姓在里边住都有改修的，后来又按图纸把它改回来了，把南房也改成过厅了，那都是四梁八柱，好弄。樊家院那个房基本上没动。前院西房是原来的，南房原来有，塌了，老百姓把它券了三眼窑，后来才把窑拆了改成现在这样。中间那个过厅，原来是都塌了，一个圐圙，一块空地，里边长了一棵大榆树，两个人才能抱住。后院那些房都是原来的，就是小角房那些改了改。相府院后边的俩院，也是按图纸新修的，以前大食堂就在点翰堂后边。

内城里边，河山楼经我记事就成通天炮了，小时候来回扒着上到顶去摸鸽子，后来修复的时候，把那上边塌落的补高，新盖了顶，把中间那几层修起来。世德院前院就是原来的建筑，把上面那瓦坡屋顶修理了修理，三层楼都是原来的。我们都知道世德院家里原来还有个鱼缸，里边能看见上面那大山上有六棵松树。鱼缸是从河南洛阳弄回来的，还有个什么镜，好几样东西。后来也有来收古董的，那时候也没几家有古董了，都是过去有办法（钱）的人家悄悄卖了，穷家哪有。我们搞旅游时，像那些古桌古椅，想卖，集体作个价就收了，不卖也不强迫。

祠堂靠北面的小院院，那个是新修的。祠堂后边靠东面那一排都是窑洞，原来都住的人，现在有些补修。御史府以前的建筑是书房院，一百岁以下的人都见过，原来有一座房，最早开始上学的地方，后来就都拆没了，现在都是按北京拿的图纸新加的。还有容山公府，原来那里就没房，现在完全是新修的。

南书院，两个院中间是厅房，现在改成过厅了，陈阁老的画像原来就挂在那儿，是陈大胜他们的。原来厅房就一层，这一家会木匠，弄成两层了，梁倒是还没换。相府厅房（点翰堂）就换了两根梁，原来那梁粗多了，铺一条席在上边都看不着。

恢复古建的时候，城外面私人修的房子也都拆了，集体收了，分期搬、分期弄，皇城村又重新修了一个村子。学校下边那胡同里是第一期集体修的房，原来是十二家，拆了两家，现在还有十家；第二期就到了大队对面那里，是我们书记带着木匠去外边考察的，说这房不错呀，就照着修了，面积也不小，可是不实用；第三批就是第二批上边，那房子就很好了，独家小院，很实用，楼上楼下，上边有个小阁楼；第四批是上边那一溜；第五批是新区的前边那一片；第六批是新区的后边那一片；最后一批就是张书记他们那上边十一家。

当时搬迁的原则，就是集体修的房作价，自己的旧房也作价，长退短补。集体修这个房吧，修得越早质量越不高。最早的还是预制块，我们这后边这就成框架式了。预制块容易坏，框架式都是整体现浇上来的，结构好，也防地震。过去老百姓说，挣点钱都糊墙了，意思是都用到装修这上头了。以前砖修的房那就可以了，现在石灰抹了都不算好，还要贴壁纸，越来越高级。

到了2001年，我们皇城就搞成AAAA级旅游景区了。那时候老百姓都弄不懂什么是AAAA级，郭峪人都骂我们说，皇城人都得癌症了，是"死癌"。旅游发展可以了，又弄那个迎驾仪式、开城仪式，早上演"皇上驾到"，郭峪人骂皇城人是"皇城快倒"。

再说说当初郭峪人那收入都干什么了？建筑呢，没有什么建筑了，后来煤矿被整合了，皇城还出钱给他们修的东山塔。像郭峪城墙下那个停车场，我们弄上水泥打的，人家现在谣传，说明年不让我们用了，他们也要发展旅游。现在我们又在这后边建车场，花些冤枉钱。没办法，建设在人家的地界上了，有些事很难搞的。

现在旅游成事了，证明张书记有远见。当时阳城一家搞旅游的都没有，皇城是头一家。后来张书记又成立了一个集团，相府集团，又在北留弄了一个酒厂，在晋城弄了一个药厂。晋城那药厂可不是我们建的，那是市里边的药厂，管理有些不到位，赔得不行，市里市委书记马巧珍就跟我们书记说："给了你们吧！"这么样给了我们，投了好大资，一直搞了五年都没有见利，到最近这几年才见利。像后来，有些事也是上头领导乱折腾下头，省委书记说："太原有个汽车制造厂，也不能让它去倒闭了呀，工人们也要生活了呀，给了你皇城吧！"皇城出了多少钱我不知道，反正一直赔钱。弄到现在可以了，跟那个中道能源两个厂合作，产电动客车，现在那电动汽车，市里路上也有跑的，我们村也有跑的。（编者按：2015年12月8日，张家胜书记一大清早奔赴太原，与副市长约好10点钟商讨电动新能源车厂的事情，却不幸在高速路上出车祸身亡。）

搞这么大企业，为什么说皇城干部没人争，选村长、选书记就只有他张家胜的事？这么大一个摊子，谁去费这个力？也没人去动这个脑筋费这个力气去搞它呀。前一段时间张书记说他不干了，可是没人接着干，他还得干。相当不容易，搞这个东西是相当不容易的。

后记

王小留老人，不紧不慢，充满耐心，一片慈祥。

第一次见王小留老人，他正和几个老人坐在广场的石凳上晒太阳，身材很小，其貌不扬，感觉却非常朴实。那天下午，我们原本是敲了好几户打算采访的人家，结果不巧都吃

了闭门羹。后来走到广场，碰到了坐在那里的王小留老人，就冒险试试运气。结果，收获了意外的惊喜。我们就一直坐在大马路边上，人来人往，车水马龙，鸣笛四起，环境是嘈杂的，交谈却是平和的。夕阳西下，老人冻得鼻涕横流，我拿着录音笔的手也失去知觉，心满意足收工了。老人留下了他的住址和电话，我们约好后天再去他家继续聊。

到了约定的日子，我们先去了另外一个老人家里，因为访谈时间长耽误了一会，到他家的时候已经快下午四点。老人一瘸一拐地下着坡（风湿病，腿脚很不好），老远处看见我们就停住了，等我们走到跟前，老人一边念叨，“等了你们一下午啦，还以为不来了呢”，一边热心地领着我们往家走。

家里很安静，只有他和现在的老伴两个人，打扫得一尘不染。这次是在温暖的室内，柔软的沙发上，老人也不像第一次那么拘束了，娓娓道来。想起以前的艰苦日子，说到动情处，数度哽咽，那种陷入回忆的气氛令人印象深刻。后来才知道，老人命运多舛，中年丧妻，晚年丧子，人生大痛与不幸，一个人都承受了。

这就是王小留，生活的艰险，让时光在他身上留下深深的烙印，现在，一切安稳，岁月静好。

矿山文艺有情怀

口述 范双荣

范双荣

人物档案： 范双荣，男，1945年出生于城墙外券口院。1962年初中毕业于海会寺阳城二中。1969年开始在沟底煤窑当矿工，一直干到1986年，对坑下工作相当熟悉，会唱矿井上下传送煤炭时的窑歌，别有风味。老人心思细腻，平时爱写点诗歌散文，作品一摞厚，用他自己的话说，是"爱动点脑筋"，"讲点不一样的"。每次口述前，他都认认真真写好底稿，一本正经地坐在沙发上，一字一句用半标准的普通话念给我们听。关于题目，老人说，"文艺不文艺，无所谓，情怀必须有。"

访谈时间： 2015年11月11日/11月15日/12月26日/12月29日

访谈地点： 皇城村花园小区405号

我在郭峪上民高

过去村里上学、办公的地方就在庙里，我们村有一个东坡庙，一个西坡庙，都在半坡上。东坡庙就是小学，城墙里边的人上学，就是从樊家院跟前的城门出来，走个几十米就到了，半山上孤零零一个东坡庙，跟前没有住户，只有土地、山。后来大队部设立在东坡庙里，"东坡庙"就成了我们最高机构的代名词。现在那里都修平了，新建小学还在那儿。

这个东坡庙可能有一百多年了，就一个院子，分上院、下院，有个三十六七米长，十七八米宽。上下院地势不一样高，上头院到下头院起码有七八个台阶，具体我也记不得了，只知道不是三五个，差不多有一人高。

院子北面是正殿，从我记事就没有老爷像了。正殿有三大间房，大约就是八九米长，四五米宽吧，耳房就是三四米见方。我们上学就是在上院那个正殿，老师在正殿边上的一间小耳房里。那个庙东西是庙墙没有房。南面是戏台，都不够一层房高。戏台的东边有个门洞，西边有个角房，两边是对称的，上边都有个小楼，和戏台是通的，唱戏的人打脸（化妆）换衣服什么的，就在这里边。

以前的小学和现在不一样，是一至四年级，一个老师就全都教完了。上课的时候，老

师教完这个年级，再教那个年级。像我们皇城吧，七八十户人，一至四年级也就二三十个学生娃，还敢用几个老师？有的还不上小学，为啥？要放牛，家里边走不开。所以说，我们这个学校当时几乎是季节性的，上学主要靠春冬两季，到秋夏天，说的是放假，其实就是帮助大人种地、放牛。

皇城只有“小学”，当时五至六年级叫“高小”，是国家建立的，公办的。高小毕业就相当厉害了，比现在大学毕业的名气都还大。“完小”是完全小学，一至六年级都有。我小学毕业后应该读完小，润城就有个完小。因为润城离家十里路，比较远，我父亲看见我个子小，怕出了门照顾不了自己，等近处有了高小我才能去上，所以我虚岁十二小学毕业以后，又补习了一年。后来郭峪办了个民高。“民高”就是民办高小，公家给拨一个老师来建办这个学校，不出钱，谁上学谁掏钱，买桌椅板凳、发教师工资。

郭峪刚建这个民高的时候，是让靳民西老师过来办校，他是屯留人，刚从师范毕业过来的，那个时候的师范可能是高小毕业以后再上两年。这学校谁去都办不起来，何况一个十九岁的孩子就让他硬地拔葱。后来公家才又派了一个公办老师，是个老汉，也就四十几，王村人，叫卫慈德，帮助他办起来。当时老师确实是缺乏得太厉害了。

学校办起来以后，附近十来个村子的学生都来这个民高上学了。我们占的是郭峪小学的正殿，跟礼堂一样，原先是老爷庙、文庙，小学扎在那里边。我们刚去的时候，一个学生一个月交2块钱，办学校、老师的工资，都得我们付。仅仅2块钱，我们大部分家庭还交不起。学生娃坐个半头砖或者坐地上，借本书，有的甚至就借不上书，去哪借？后来才有了桌子买上书，那个桌子也不像样，就是瞎胡弄一个两三米的长桌，长板凳上坐四五个人，有坐的地方就行了。虽然我们名义上是个独立的学校，但是也有郭峪小学的老师代教，不然一个老师就没法代这么多课。

我在郭峪上民高的时候，正好赶上“大跃进”。那个阶段是全民总动员大炼钢铁，因为咱们国家比较落后吧，钢铁不够用。那个形势是“全民皆兵”，连学生娃都去了。我记得有一次是去庄河口下边捡、砸硫磺渣炼铁。那里早先是个国营磺厂，离我们六七里地，属于润城公社，而我们是北留公社，所以我认为这不是公社组织的，可能是县里组织的。那个炼铁炉还不如土炉，为什么？人家土炉还是高高大大的，一丈几尺高，那个炼铁炉干脆就一米半左右高，宽两米或者是长三米，大概就是这样方方的。至于这小炉子怎么炼的铁，我也不知道，可能偶尔也用大些的炉子炼吧。

还有一次，我们学生娃从东峪岭抬上、担上矿送到沟底那个炼铁炉。在离郭峪近的东峪岭上有人刨铁矿，皇城村里边没有炼铁炉，在离我们二里多地的沟底那上边有一个炼铁大高炉。具体是谁炼我不清楚，反正我们都参与了这个事，就记得这两次。

范双荣妻子卫兰芳十岁时在郭峪娘家照的全家福
（照片摄于1960年左右，郭峪申明亭，第二排左四为卫兰芳）

哪怕要石头房都不要土坯房

我们皇城村实际上分了三部分：城墙里边住了一部分；城墙外边的大券口，就是樊家院出口北边住了一部分；南书院也住了一部分。城墙里边可能住了皇城村的一半人家，剩下两处合起来基本上占一半。过去的时候，我们村后边有个沟，山上的水从那儿流下来。因为水太大，快到窑顶院那儿就分成两股水了，一股流到樊家院，再流到相府院门跟前，再从中道庄城门那儿流出去。还有一股流到大券口街上（现明清街），再流到外边。所以我们皇城，第一股水流经的地方，名叫前沟，因为从郭峪上来的方向他们那一片在前边。第二股水流经的地方，名叫后沟，相对比较山区点了。

前沟说的就是里罗城（内城）外罗城（外城），姓陈的祖上就住在城里边，有办法，修得好。我们杂姓住在城外边的后沟，有姓王的、姓张的、姓崔的、姓李的、姓范的、姓孙的，没有一家姓陈的。大券口这一片老早有十几个院，不超过十五个吧，有券口院、底下院、崔家院、孙家院、新房院、南院，窑顶院、上院等等。陈家那个时候计划把我们这些都圈到城墙里边，后来姓王的是种地的，不愿意，所以城墙就没有修到我们后沟。

前沟全是砖房，后沟的砖房还没有土坯房和锅筒房多。土坯房，我们叫糊垍房，其实不是全部都用土坯，它是门两边起个砖柱子，角上再起两个砖柱子，梁搁到上边，其余用土坯砌起来，屋顶倒还是瓦的。这个就跟现在的建筑一个道理，相当于结构框架弄起来以后中间用空心砖再垒。

除了土坯房，还有一些锅筒房。这个锅筒房润城多的是，不过字面上一般不写锅筒。锅筒是什么？老以前炼铁的时候，用泥弄成空筒筒，装上矿石，装上炭，再到炉里边烧，烧来烧去铁溏渣流出来以后，扔掉的那个筒筒就是锅筒。锅筒烧得相当硬，比砖还硬，也能垒起来修房，一个锅筒一个锅筒堆到一起就成了墙。也有的人修房是外边用锅筒里面用砖，这样里边比较光滑一点。锅筒房比土坯房还更硬实些，不怕下雨泡软了塌掉。

我家以前就住在后沟，进了大券口第一家（现明清街入口处），券口院，有房有窑。大券口以前有个大券楼也是分给我们的，下面通到村里，上面三间，现在拆了。这个楼以前是个古老的楼，是村口的一个标志，相当于村口的门楼，过去还有门能关上，不过我小时候就没有门了。

经我记事，村里就光我们一个姓范的，父亲去世得也早，爷爷奶奶我就没见过，家谱什么也没有，我们可能是从河南逃荒上来的。我儿子前几年去洪洞老槐树底寻根，哪能找着？只知道这个姓范的总根，小根找不着，只知道是老槐树底分配过来的。

我结婚以后，一家五口人就住了两间大一个小屋屋，一个架的床，一个炉后炕，睡觉就那么挤着，挤不下也没办法。那房子还是糊房（土坯房），祖上就修不起砖房。土坯是用泥和麦糠打成块块垒起来的，墙上钉个钉子都吃不住，戳出来就掉了，气得我老婆说，哪怕要石头房，都不要那糊房了。到了秋天、夏天，东西堆得满溜溜，都没法走路。院子后头的窑也塌了，不是经我手塌的，是早就塌的，我们修不动，烂摊摊扔在那儿。

七九年的时候，这两间小屋屋也要塌了，我们才开始修房。也是在大券口那儿，拆了旧的盖新的，修了三间瓦房。这瓦房光墙皮就有五十公分厚，外边全部是石头，里边薄薄地贴了一层砖，费灰费泥的。石头也不标准，都是河里拾的，圆的圆，长的长。河里涨了水，我们两口就光着腿跑到河里赶紧去捞石头，再用架子车吭哧吭哧拉回来，堆了那么大一老堆，受罪不小。石头是用破灰泥（石灰与土混合）砌的，我们村自古以来就有个专门挖土的土场，修房子、盖屋，大家都去那儿拉土，是村里的共同财产，不归私人。村里边有砖窑烧砖，我们在大队拉上砖，大队扣我们工钱。旧房子拆下来的砖头、木头也都利用了，不利用还得买新的，把这旧的修到下边，新的修到上边。屋里头还弄了个老大的炉台，火炕至少有一间屋子大，可算是有地方睡了，孩子们高兴得不行。

最后这儿借一点那儿借一点，才修成这三间房，还是用石头垒起来的。那时候修房，外边是石头的倒也不少，也有纯砖的。我们那窑洞后来也是用小石头、圆蛋蛋垒的，几年就塌得不能住了，挖出来又修。前前后后我总共盖了三次房，才搬到我现在住的这个房里。

范双荣全家福
（摄于1985年左右，郭峪卫家圪瘩大槐树院的后院，第一排为范双荣子女，第二排左起为卫兰芳、范双荣）

范双荣全家福
（摄于2015年，皇城相府御书楼前，左起三、四为卫兰芳、范双荣）

跟披甲坨老汉学唱窑歌

我们这地方做窑（煤矿）的，像庄、庄河口、沟底，包括皇城村，差不多家家都有，这一代大人没有，下一代年轻人有，在窑上的人太多了，现在基本上也是。以下是我写的过去的“窑”[1]：

《窑》

“窑”，过去叫窑，现在叫矿。所谓“窑歌”，实质上就是过去窑主和窑工（现在的矿工）相互制约，井上井下[2]传递核实产量数字的一个表达方式。[3]比如，从井下提第一个煤筐（货）时，井下挂货人喊“一枝花来顾大嫂”，井上就应“摇摇摆摆头一遭”。[4]以此类推，当日出多少货，喊叫核实多少回，当然中间也会掺杂些鼓劲、逗玩等即兴歌词。[5]再说从一到十的词不止一个，现在我只是提供了代表性的作参考与流传。[6]

1 以下文章为范双荣老人手写稿，脚注中“作者云：……”的内容为老人朗读时所作的解释。
2 作者云：主要是立井，我们这儿立井多，斜井也可以吧，不过斜井就不能哼窑歌了，听不见。
3 作者云：就跟现在过磅一样，一个货是一百二十斤，出多少货够一个工作日，下去多少人出多少货。
4 作者云：这说明上下呼应对照，你喊二我喊三不是就不对了？
5 作者云：窑主知道出了几个货，工人自己也知道，不吃亏。说不吃亏，实际上哪儿能不吃亏？
6 作者云：况且我也没有经过这个事，我是学人家的，我去矿上人家就已经七八年不像这样提货了，改成机器的汽吊车了。

一枝花来顾大嫂，摇摇摆摆头一遭
二度梅，开得好，二小姐担水把花浇
她三嫂，生得好，脸皮白来杨柳腰
叛国投敌杨四郎，肖杨排宴把命丧
五凤楼来修得好，五凤楼前表功劳
杨六郎，杨延昭，镇守边关把国保
七巧巧，泪淘淘，牛郎织女渡鹊桥
八大仙来他真逍遥，八仙过海水上漂
九莲灯，明绕绕，九天仙女把灯瞧
杜十娘，情意高，金银珠宝江中抛。[1]

说到做煤窑，我们这里还有很多规矩："在井下不准打口哨"。照明用的油灯你要点燃不能说"对灯"而只能说"烧灯"。被炭块砸伤只能说是"撞了一下"。老天上（即工作面顶端）有裂缝时，不能说那儿张着嘴[2]，而只能说"老天睁着眼"。井下的老鼠不能叫老鼠，只能叫"窑马"等专用行话。

过去煤窑打井（立井）时，用的工具是锤、铳、铫等工具，打井如遇到岩石最硬处，一天一个人只能打一毡帽壳的石屑。[3]比如沟底煤矿，此窑1945年打口，沟底村民和王街村民无偿给打窑的摊派小米。用小米当工钱买工具。井上一人一天一斗米工钱，井下一人一天一斗二升米（一斗米大约十七斤）。当时打成一个矿井花的工钱大约也就是能装满这个井的米。[4]过去做窑井下的运输工具是"拖"，"拖"是用荆条编成的长方形扁筐[5]，下边安的是小铁轮，"拖"一次只能拉一百多斤货。有好多煤窑井下巷道又低又窄，最低处只能

---

1 作者云：方圆左右没有人知道这个窑歌，有人知道他也不会哼，我们村就有人在井口干了八年，他都不会哼。咱说老实话，它就是这么个味道，记不太清楚了，有个大致印象，有些歌词差不多也算我编的吧。这个窑，我不能光说窑歌，还要细说比较全面的一些东西，多了。

2 作者云：张着嘴就是要吃人了。

3 作者云：只能打那么一点，太硬，手工拿那个铳一锤一钻打。

4 作者云：这意思是打井时不容易，像沟底窑打那个井圪筒，直径两米多，打了十三丈深，四十多米深，光打矿井见不了炭，就得一直往下边打，不打那么深就不行，打那个直井的时候，就得用那么多米才能打成那个直井。下边出了货（炭）就好弄了。

5 作者云：大概一米长，一尺多点宽，一尺多点高，不够尺半。

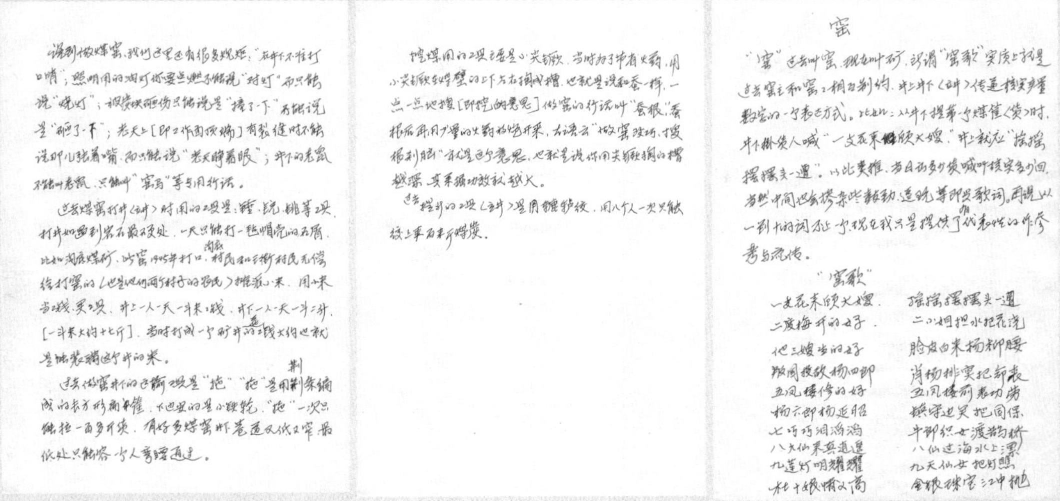

范双荣手稿——《窑》

容一个人弯腰通过。[1]

挖煤用的工具主要是小尖镢[2]。当时为了节省火药，用小尖镢在煤壁的上下左右掏成槽，也就是和蚕一样，一点一点地搜（即挖的意思），做窑的行话叫“蚕根”。“蚕根”后再用少量的火药放炮开采。古语云：“做窑没巧，搜根刹脑”，就是这个意思。也就是说你用尖镢掏的槽越深，其采掘功效就越大。

过去提升的工具（立井）是用辘轳绞，用八个人一次只能绞上百来斤煤炭。

写于2015年12月底

我是1969年开始下煤窑的，就在沟底煤窑。沟底煤窑是1945年开始打窑，当时是沟底和王街两个村的农民组织起来一块打这个煤窑口，王街村虽然属于沁水，但他们是邻村。后来把王街都打穷了，抽手不干了。因为村里边要个人交米来打窑，不然资金从哪来？王街打不动了，就沟底一个村子打。打好了以后，煤窑属沟底村。解放以后，也就是社会主

1 作者云：像沟底窑还宽大点，像我们皇城东山根窑上，有时候就是一个人圪低住圪脑才能钻过去，有时候还得爬着，把“拖”（运煤工具）推出去。

2 作者云：尖镢就是一个小长把，长长的尖尖的头，能掏四五寸深。

义资本改造那个时间，五几年的时候吧，沟底煤窑归了阳城手工业社。手工业社就是管理企业的单位，属县里边管。六几年吧，可能是经营得也不太好，手工业社又不管了。不管以后，就成了我们四个村子，实际上是四个大队，王街大队、沟底大队、皇城大队和郭峪大队把这个煤窑接管了。到七零年以后，煤窑又归北留公社管了，属于一个公社办企业，就是现在说的镇办企业。

我刚去煤窑的时候，窑就不小了，已经生产出货二十几年了，供方圆左近消耗，取暖、生火，还有搞钢铁。我们下去是从其他地方有一个进口和步道，通过坡井下去，而不是直井绞轱辘把人从井上吊下去。那时候就成机器吊货了，一个货就能吊一千几百斤，也没有这个窑歌了。我干了几年以后，山后披甲坨有个老汉用毛驴来这里驮煤，就是两边两个筐，中间穿上棍以后，搁到那鞍上边，一次能驮一百多斤吧。他来驮煤，我过磅的时候听他唱着窑歌。我们图高兴，逗他玩，每次让他再给我们哼哼那个窑歌。后来这个窑歌我记到心里边，唱了两次就记住了。

说到过去做窑，可真的不容易。窑底下的工作，主要就是掘进和回采，掘进是拱地洞，三四米宽，三四米高；回采面积就大了。当时坑下一个班就是三十来个人，坑上也就一二十个人，一共五六十个人，不到七十，都是方圆左近这些邻村的，沟底人多，皇城也有。坑下一共五个拉架子车（平车）的，从采矿的地方拉到井跟前，再往上吊提货；十二个打货的，也就是打炮的，分六个工作面挖煤，那会儿不是光手工打，已经用土炮打了；还有一些乱七八糟其他的人。全矿一天出三十多吨货，具体要分到每个人名下。一个车拉七吨半，后来变成八吨。

我是拉平车的，一次能拉七八百斤，一天拉二十二趟。一趟路程说远也不远，来回也就是一里多地吧，最远的来回二里，因为工作面采煤有远有近，不一样。一天下来可能有个四十来里地。跑四十里算个啥？不算个啥，主要是路不好走，有上坡下坡，虽然基本上铺了底板，可烂的地方就坑坑洼洼了。工作时间也没谱，看出货快慢。人家给你定了多少货，出够了才能出窑，出不够一直干。只要机器不坏，下边有货能打上，一天基本上就干八九个小时吧，有时候最长的就够十来个小时。基本除了吃饭都在拉货，吃饭也在坑下吃，把饭吊下来。后来人多了，就白天晚上两个班倒。

当时累是累，可是年轻不在乎，挣钱么，用的劲大着呢。像我们拉车的，出力大，最吃苦，所以工资最高。一天挣的钱，两块钱回到大队顶一个劳动日，矿上再给个人补助四毛钱。给大队顶劳动日的钱，也不是我们拿回来交，窑上和大队直接打交道结算就行。不光是我们下煤窑要给大队交两块钱，像木匠出去修房挣了钱，也是给大队交两块钱。大队也得有收入呀，光凭粮食还是不行，也得搞副业。我们出去挣上钱再交回大队，这叫搞副业，现在叫打工。到了年底的时候，大队和个人再结算一次劳动日工资。劳动日的工资是评出来的，根据大队一年的收入，收入大就评得多，一般情况下就是五毛，有时候六毛、七毛、八毛，有时候才四毛。比方说一年下来三百个劳动日，一个劳动日工资是五毛钱，一年就挣一百五十块钱，就是这么个概念。像我去拉车，每天除掉挣了大队一个劳动日工资，还另外挣了四毛钱补助，所以我们就相当可以了，等于是在村里一天挣两个工。

坑下打货的，现在叫采工，一个组长领五六个人，两个人负责一个工作面，组长是挣三毛五分，其余一般的挣三毛。总管坑下的窑头，就是现在的技工，人家能挣四毛钱。坑上工资就少了，井口也有过磅的，也有看场子的、营业会计、保管，乱七八糟都有，一般补助就两毛，顶多两毛五分钱。

我拉平车没几年就上来井口过磅了，工资变成了两毛五分钱。实际上一般人两毛钱，给我多了五分钱，为什么？因为我捎带的活多，主要是过磅，还代全场出纳、全场记工，还得给炮工取炸药雷管，还得往背担口送炭，那时候是生炉火抽风，这样井内瓦斯就不大了。除了这些，还得生一炉火给工人热饭。早上工人们提上饭来，我中午忙活地把饭放到火边热好了，下饭时候再吊到井下。我多挣了五分钱，就多干了多少活？对了，工人们上来没有澡堂，我还得给热洗黑水（洗澡水）。像我们二三十个人，就弄上那么三四个涩盆。涩盆就是后则腰烧的那种大瓷盆，和水缸一样的材料。工人们上来，浑身都是黑的，就拿手巾站着洗。等没有人洗身上、脸上了，再洗脚，反正还是那个水。冬天也在屋里洗，我们干煤窑的不缺煤炭嘛，家里边生火肯定是暖和的。这么多的活一天安排不好我就干不过来。尽管多，但是我愿意么，为了多挣人家五分钱能不愿意？到了后来，矿上给我评的“道德标兵”，全矿上就我一个人，道德标兵。在地面上过了二三年磅，我嫌挣得少，又下坑了。

思小泉水

我们皇城有价值的东西，就是相府院门前挂的匾、御书楼上的对联、陈廷敬画像这些，都不是随便弄的。不过以前“午亭山村”那个碑是秋天踩了当压菜石头，或者当座位，捶个什么东西用。后来拆了以后在陈九昌那窑跟前放了好长时候，要不然现在也没了。

但是我们皇城还有一样东西丢失的可惜。有一股水，就在明清街稍往北走的东半山上。那股水立秋以后特别大，清澈澈地从山里边流出来，冬暖夏凉，冬天去洗衣裳还冒热气，手伸到里边不冰，夏天是凉快的。那水是自然甜，只要有人来喝了那个水都说，这个水真好，比矿泉水绝对好。那股水是什么人做坏了？史山联办煤窑把水做断了，把这个脉气做断了，就跟人的经脉一样，做断就没有了，损坏完了。完全可以这么说，那个水要是在的话，价值连城。我家就住在这水跟前，大券口第一家，村边第一家，数我跟小泉水离得近，我对于它有感情，断了真可惜。我还给它写了一篇文章[1]：

《思小泉水》

皇城小泉水，清澈甘甜，千百年来供皇城多半个村子用水。上世纪末史山“史联”开矿，山挖空、水断流，此水今若在，价值连城。可惜……！！！

神赐御浆幽径秘
“黄龙八角”祖辈间[2]
溪流清澈常年旺
冬天暖和夏日凉
甘味羞煞矿泉水
秀姿不亚钱塘江[3]
蜻蜓蝴蝶自在飞[4]
田间杨柳埂栽桑[5]
担水弓腰不放挑
洗菜捶衣井下傍
路人口渴随摘叶[6]
千里百乡慕名尝

1 以下文章为范双荣老人手写稿，脚注中“作者云：……”的内容为老人朗读时所作的解释。
2 作者云：据说从史山那边的黄龙池流经我们这里，再从八角井流出来，老辈人都知道，我们不清楚。
3 作者云：我这就是个比喻，钱塘江不钱塘江的也无所谓。
4 作者云：我描写是真真实实的。
5 作者云：水前边跟田园一样，有杨树也有柳树，上边有园地，种的菜，那埌上栽的桑树。
6 作者云：要是喝水什么的，摘一个桑叶卷起来，舀上水就能喝，那水清澄澄的相当好呀！

争掏竞挖二十载[1]

脉断井枯水自遁[2]

千年风光今永别

《小泉》往昔心中存[3]

作者心中语：今虽有青山，但无绿水，可惜可叹可憾也！

写于1998年

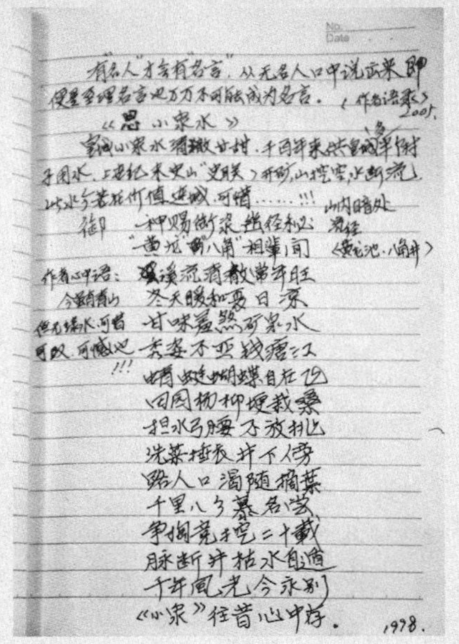
《思小泉水》
冬天暖和夏日凉
千里八乡慕名尝
争掏竞挖二十载
脉断井枯水自遁
千年风光今永别
《小泉》往昔心中存
1998.

范双荣老人手稿

我听说这个井上游都是石条盖着的水渠，不见天日，老后边（上游）的山上还有个暗井。这个山离这个井几十米远，就是东边那个山。都说这个暗井是八角井，实际上是六个角。前十来年搜集陈廷敬材料的时候，我见有本书上的图像是六个角。具体长啥样我也没见过，因为它在地里边埋着，土层埋得厚，看不见。我那诗里头为啥说“黄龙八角”？史山那边有个黄龙泉，老一辈传说这个小泉水是从史山那个黄龙泉流过来的，在黄龙泉撒上麦糠以后，基本上半个小时或者二十分钟，再或者一个小时，就在八角井里边就能看见了，有时间还能计算水流速度。具体是不是，没人细考证，我们这一辈都没人见过，只听大人说过这么一回事，我写的“黄龙八角祖辈闻”就这个意思。说“八角”肯定是皇城人传的，有些人见了，有些人没见，没人去数。那土埋层太厚，刨出来以后也没人具体数过是几个角，露出来四个角，还有人当是四角井。反正我没见过八角井，书上拍照的图像我数过，是六角，都上书了，肯定是对的。

水从山里这个井流出来以后，山跟前那一片叫流水口，经过暗水道又流到我们吃水的一个井里边，叫小泉。因为都是暗道，和山里边流出来的一样，所以这水是热的。上庄那个泉水据说和这个是一脉水，也是暖的，但是上庄那个水小得多了，三股水也没有这个一股水大。这两处泉水很像，都是条石墁的，和地面平的井。不过上庄的井是圆的，我们的小泉井

1 作者云：后边这些内容就不太好，有点反动了。你也开窑我也开窑，就是史联开窑把这个水弄没了。

2 作者云：水不知道去哪了，井里边干了。

3 作者云：只能存到心里头了，没有了。

上庄的泉井，冬天也是温的，冒热气

辘轳绞的井（摄于上庄）

是方的，差不多一米见方吧，二尺半是肯定够了。我们打水就是担上两个桶，不放挑，不放担，这样用桶一舀就可以了。南书院悟因楼和城门里祠堂院外边的井全都是辘轳绞的。

小泉的井下边还有个口口，水流下去以后，两边都能洗东西，石头条条支起来垒成一格一格的小池子，第二个池子洗菜，第三个、第四个洗干净衣服，石头能搓衣裳，也能用棒槌捶衣裳，最后一个洗尿布、抹布。没有什么条文规定，但是村民自然就遵守这个了。

水断了也就是近三十年吧，反正改革开放以后才开办的这个煤矿，当时我还在静坪种地，山上就崩缝了。

皇城村与张书记

至于说解放以前或者解放初期的事，我那时候还太小，没有多大的印象，解放后到农业社到现在这五六十年，我还稍多有点体会。我心里边有一种体会，就是我们这个村风还是比较好的，民风淳朴，老百姓憨厚，一家有事，全村都去帮忙，不管红白喜事。像我们白事办完以后，要全村谢孝。村子也不大，过去也就七八十户人家，该借钱借钱，该帮忙帮忙，不管种地还是什么，老百姓互相关照的这种意识都是很自然的。

再一个，我们村谁当上干部，老百姓都会拥护，不像周边有些村，这五六十年换了七八任甚至十几任干部，我们村就只换了三任，可以说完全没有派性。村干部也是廉洁奉公，带领老百姓敢于奋斗。像我们这地方是山区，其他村也都是山区，但是按土地来说，数我们村的土地又不好又远，都是山地，没有大块地，所以说我们几任干部都是和村民一条心，想改变这个“穷山恶水”。

比如七十年代左右，我们村光滩地就垫了几个，就是冬天把河疏通好了以后，再把河水冲过的地方垫成河滩地，能用河水浇。我们村边垫的地有上河滩，大西沟口，还有七柿滩。特别是七柿滩就垫了几十亩，它不是平平的河滩，有自然的小山丘。我们都是把山丘刨了以后，从外边拉上土垫，垫好以后种上庄稼。结果来年洪水把河边的堤坝冲开以后，前功尽弃，把原来垫的地都冲完了。后来我们村干部又带领大家，在那个山跟前劈山，劈了有半华里长，几十米宽，改河道，把河道疏通直，让洪水冲不开堤坝，才保住七柿滩。

当时这河道不疏通不行，哪怕开山挖山挖石头，和老天爷抗争不行，那老天爷也是厉害得了。现在这几年没有什么洪水，那几年洪水特别多，工程相当大，但是它大不过我们皇城人的气势和决心，最终是让河水让了道，洪水服了软，第二次垫地以后七柿滩就保住了。

打好坝、垫好滩地以后，我们村主任又让家家去掏鸡窝里的粪，种了五亩水稻，引小泉水去浇这个稻田。一亩地产九百斤水稻，那个稻不上化肥，我感觉没有哪里的大米比这个更好吃，清香，绵，口感好，这是七十年代后期、八十年代初的事情，几十年过去了，确切是什么时间记不清了。

光这个还不行，后来我们又上山去打水池，还想浇山上的地。先后打了三四个，光杨庄岭就打了两个，城后打了一个，河边建造了一个。因为打这个池，我忽然想起一个事，我们当时的村主任胡善元，他亲自带领大家在杨庄岭打水池，结果开土炮出了事故，把他撂到半空好几米高，反正离多远都能看见。看那个样是挺害怕的，不过后来也不要紧，我们村民因为这个事，也挺拥戴他这个干部的。

特别是到了这二十多年来，张家胜书记又带领大家建了一个新皇城，在山上挖山、填沟、垫地，开发了皇城相府，确实是呕心沥血，这个一点不过分。要说现在村民们享受的待遇相当不错，我说这都是我们村干部、村民的血汗换来的，来之不易，所以说要好好珍惜它。

我不会写诗，随便写了个藏头诗，“张家胜赢”，赞美张家胜的：

张臂揽月不是梦，
家贫促就志凌云。

胜也饱尝内中苦，
赢输输赢始无终。

写于2003年

张书记出事后，我把这首诗改了改，又给他写了一篇哀词，张书记出殡那天他们送纸，我就把这文章捎带过去了，后来办事人把这个发到微博上了。这些都是我自发的，是心里的感触。张书记去世对于我们皇城是一大损失，都悲痛得不行。

《沉痛悼念张书记》
皇城永远不会忘记，2015.12.8[1]
天沉沉，地凄凄，华阳恸，樊水泣；
皇城倾[2]，三华惊[3]，动撼阳晋；
鹊不叫，号不鸣，阁老不宁[4]！
痛哉！痛哉！！痛哉！！！[5]

《好人一路走好》
张臂揽月不是梦，
家贫促就志凌云。
胜也饱尝内中苦[6]，
好人为民始无终。

写于2015年12月10日

---

1 作者云：12月8号是出事故的那天。
2 作者云：张书记去世以后，皇城就倾斜了。
3 作者云：皇城和沟底以前是新华社，郭峪和大桥是晋华社，史山是国华社，我们这一片就叫三华片。
4 作者云：也不是真这样，就是形容我们不得劲，难受得不行。
5 作者云：开始想写，“痛哉！惜哉！遗哉！”后来不知道为什么还是写成三个“痛哉”了。
6 作者云：干成一份事业相当不容易呀，张书记一个农民，张开手揽月亮了呀，那能容易了？

皇城是皇还是黄

口述 李积业

李积业

人物档案： 李积业，男，1944年生于券口院。1961年初中毕业后回农业社参加劳动，先后担任两年大队监收员兼小队计工员，两三年保管，一年副队长，后来一直在大队当电工直到退休。

访谈时间： 2015年11月14日

访谈地点： 皇城村老年公寓

我是1944年出生的，1961年初中毕业以后，十九岁就回来农业社了。那时候一个村就是一个大队，分几个小队。我干了两年大队监收员兼小队计工员。大队的监收员就是管理秋季回来的粮食，老百姓从地里收回来，过了秤，搁到大队，监收员弄上标准再给大家分吃粮。“文革”的时候，我在大队干了两三年保管。像麦、谷这些，给老百姓分粮，分了以后还有剩下的就是储备粮，这些都得有人管。说是把粮食收到一起，其实是这儿一座房，那儿一座房，不在一个地方，因为那时候集体没有什么建设，只能借用老百姓的房，让人家把楼上腾出来用一下，搁上粮食再锁住。还有一些东西也需要保管，像喂蚕的，做席（八八宴）的，农具这些，也多了，小队有小队的，大队有大队的。“文革”那时候俩仨人都拿着钥匙，像贫协主任、文革管理人，都要管理这些。后来我又干了一年副队长，然后就当大队电工，一直到六十一岁退休。

老房子东倒西歪的

按传说，我们皇城本来弄的是红黄的“黄”。陈阁老他妈是大脚，想上北京，陈廷敬嫌他妈那脚大，才又给他妈修了这个，让他妈就看看这吧。这样奸臣上奏康熙说陈阁老有

篡位之心，他听到这赶紧回来把这城墙一通刷成黄的，就叫“黄城”。这只能是传说，咱也没有什么根据。可能也用过一段时间皇帝的“皇”，有人就说，竟敢用皇帝的“皇”？后来又改成红黄的“黄”。现在弄旅游，又请专家评论，改成皇帝的“皇”了。

过去村里头就俩庙，东坡庙、西坡庙。东坡庙是公家的，大队部在那儿，学校有时候也在庙上。西坡庙就是西山院，是一个老爷庙，土改时候给老百姓分了，分了以后各户管理各户的，那地方太高，没人住，就搁点草，喂牲口。

七几年的时候，城墙里头的院子都还住的人。老房子东倒西歪的，也有快塌的，没钱修。那时候全大队一年的收入核算总共才两万七千多块钱。反正一年一口人有二三十块钱，吃菜吃粮什么都够了，再加上花销，三十多块钱就够了。

相府院当时就住了七八家，都是姓陈的。后来这房不够住，就都出来外头修的房。相府院后头，当时有地基没房，可能是房塌了，变成一片空地，老百姓种点蓖麻啦什么的，现在这俩院是后来维修的。小姐院前头有个厅，厅前面原来就有鱼池，乱七八糟倒垃圾填了，后来挖出来在上面修了修。管家院，过去说是西院，那房也不是一个四合院，原来是前后院俩院，根据地势修的，现在改修了的不是原来那样。樊家院原来有前院、后院、窑院三四个院了，前院后院中间的过厅塌了，有一棵大榆树长在里头。世德院原来就是那个样，它也没有什么改变，进去一个门串三个院。南书院原来是陈廷敬近门人住的，没有什么特殊的情况。

祠堂过去是陈廷敬他们搁神主（祖宗牌位）的地方，里头有专门烧纸的地方，据传说，后边这半坡、小东山姓陈的清明都要来这里烧纸。后来老百姓住在里头就唤成“老狮院”了。

河山楼原来就是那么个直圪筒，也没有顶，底下整个没有楼板了。还有梁圪窿，像大些的娃儿扒上能上到顶，现在那都是后来才修的。

里罗城、外罗城的城墙倒是还有，就是不齐。不是人家原来的不齐，是后来这三四百年坏了以后才不齐的。当时断了好几截过不去，里罗城有断的，外罗城也是断的，靠南书院这儿有断的，后来又都照原来那么修起来了。城门可不少，里罗城俩城门一直是开着走人，靠祠堂那个叫前城门，靠河山楼那个叫后城门。经我记得还有木头门，比现在的耐实些，后来集体的饲养员当床用了。余下的那些城门倒是也有门，就是不大，垒起来了走不通。藏兵洞原来就有三四行，窑不大，数量多，高处没人住，底下住了五六家，都是老百姓，后来古建恢复又修的。

我家以前住在城墙外头，现在的明清街这里，民国时候的老房子。吃水就在东坡庙下面，那实际上是好水，整个村都没有这好水。八一年或者八二年做窑把这水做没了，断断续续还有一点。后来就一点水也没了，八几年安了自来水。

破坏最明显的是陈廷敬像

要说“文革”时候破坏最明显的，就是红卫兵把陈廷敬这像毁坏了。那是陈廷敬的真像，有一个九尺高的坐像，原来是在南书院陈守忠那儿保管的，挂在人家那老厅房中间。后来红卫兵弄出来，搁在学校老师做饭的饭厦底下，扔了一段时间。后来陈廷敬两张像这儿扔那儿扔的，不知扔哪儿了。

陈廷敬墓地，那倒不是“文革”时候破坏的，是七几年土地基本建设才刨开的。土地基本建设就是把小地做成大地，把不平的地弄平，一做就把墓刨出来了。我倒是没下去过，好些人下去过，听人说底下地方还不小了，老石条券的墓，也没有什么雕刻，有石头门、石头匾。里面的人都是一椁一棺，就是棺材外头再套棺材，死人骨头也有，可能是乱哄哄的。传说过去已经被盗过墓了，可是这棺材板和穿的绸缎乱七八糟这些还在，人家仅仅是把金银财宝盗走了。

后来他们下去把能抬的都拉出来利用了。东坡庙那么大，上头院、下头院两边都没房，七几年修房的时候，那门、楼板，都是用的那棺材板。外头这儿弄了一个水打磨磨房，也用了点，高处是厚棺材板棚的。那些绸缎，让娃们耍了，在这土坡上拉上拉下的。现在那墓地里面是空的，什么都没有，就光石头了。路两边的石人石马也弄翻把它埋了种成地，现在弄旅游才又刨出来。有的也不全了，胳膊什么的坏了，人家又补修的，位置都还是过去那地方。

河东河西三十年

口述 程毛旦

程毛旦

人物档案： 程毛旦，男，1940年生，1985年来到皇城村筹建国营皇城煤矿，后定居于此，以外来人的视角，亲自见证了皇城村三十年来翻天覆地的变化。

访谈时间： 2015年12月26日

访谈地点： 皇城村村委会议室

晚上吃的能看见星星月亮

我是1985年来这个地方的，有三十年了。当时皇城村相当穷啊。穷到什么程度？村里边这些房子都是乱七八糟，这儿有几个破房，那儿也有几个破房，都不是很有秩序地修建，破烂不堪，根本就不像现在的皇城相府。

城里边住的大部分都是人家姓陈的，内城里边住了十来家，外城可能住了三四家。都是一个小院里头住四五家，一家住个两三间。有些人还在内城里边修了一点房，就是现在御史府那里。家家户户，你养一个牛，我养几只羊，人和牲畜基本上都住在一块了。河山楼那个地方全部都是垃圾，堆的垛的把城墙堵得什么都没有了。城墙也上不去人了，都是树，到处都有塌陷的豁口，后城干脆开了个大口子，人来人往的。藏兵洞很小，洞口都种着很粗的树，还留了两三个窑洞，福建那些在这边打煤窑的民工住在里边，也不出钱，就是瞎住了。河山楼底下的窑洞还住了五六家，卫小虎、卫福明就住在那坎下边，垃圾都快堵住他那窑洞了。世德院背后那个地方，堆得全是垃圾，就没有房，还长了粗粗的松树和香椿树，我记得他们在那里掰香椿吃。不过垃圾清出以后，我发现那个地方下边还有地下室。

陈家在里边住的是原来陈廷敬那时候给他们留下来的旧房，比城墙外边还是要好多了。城外的人普遍过得不好，有姓李的，姓范的，姓王的，他们这几家人在城外边住，都是烂房，墙面都是土坯，很少有砖垒的房。像明清街（大券口）现在修的大券楼，以前都没有楼了，只有那么个样子吧。里边就是一条很陈旧的街道，街上那牛羊粪便，一下雨，脚都进不去。住房简直没法看，有牛有猪，也有人，相当脏。像我从部队回来，在北京农村最差的地方住，也没有像皇城这个地方这么寒酸的，不说远的，底下那个郭峪村都比这里强。这个村基础相当不好，姓陈的也是各顾各地过日子。

不仅住房不好，吃的也不好，包括张家胜书记，那时候他都当村委会主任了，吃的也很糟糕。过去穷人形容就是："晚上吃的能看见星星月亮"，意思是这碗里都是稀饭，根本就吃不上白面。老百姓那时候就是种地，干一天活。一般家里有个人在外面工作，或者在外面做什么买卖，这样的家庭还稍微好些，零花钱不断，过得差不多，来个客人，还能接待人家吃一顿饭，多数家里来人以后，做的饭人家都吃不下。

这就是我八几年那时候才来村里边的现状。我问过张家胜，我说你一天当着村委主任，怎么改变这村里边的现状？他中间也找太原的来搞测绘，搞规划，弄了好几次都没有实现。相府门口的御书楼倒是修起来了，修得也是破烂不堪。上面的碑和对联就在御书楼边的地上，那里有一个陈家的老头，一般不让外人去动那个东西，私人把它看住了，也没有任何代价，相当负责任。我去他家的时候说："这个碑是康熙时候的，得保护呀。"他说："我就在这里看这个，任何人不能动。香港人来了，说是要拓碑，都没叫他拓。"我说："你看住这个是对的。" 这个老汉现在已经死了，我都记不得他叫什么，是陈小迷的父亲。

皇城富起来靠的是皇联煤矿

我来皇城这儿就是筹建煤矿，县政府定了三个新矿，其中在皇城这里规划了一个，叫国营皇城煤矿，我是筹建处的负责人，所以和张家胜打交道就比较多。那时候皇城自己都没开采煤矿，这房后的山上，原来村里边建了一个矿，也出煤，产量低，底下古人都开采过了。那时候煤炭又不值钱，一吨炭块卖上十八九、二十来块钱，那煤面就没人要，都甩到河里让车拉走了。

到了1986年，皇城就自己建矿了，在后边那沟里建了皇联煤矿，张家胜带领着干。

皇联煤矿是皇城村跟北留镇政府联合办的，当时北留政府在这个地方还有个山城矿。这个皇联煤矿占了我们国营矿的地皮，它那个坑口办在我们这矿区里边，后来我们让了它一些面积，才办起来矿区。那个矿建的很费劲，煤层有二百多米，坡度也很大，不像我们这个矿，地表到煤层一共一百零几米，煤层浅，一年就打到底了。

矿建起来以后，张家胜当了矿长。我去看过几次，这村里边就没有一个那么大干劲的人。我们是国营矿，属于阳城县工业局办的，后边的经济实力比他强，我也就支持他点工作。像这些水管呀，坑木呀，他没有了就说，“我拿你两根木头吧？”我说：“行！”拿上就走了。有时候他们来拿点水泵啊，风筒布啊，这些都是煤矿需要的东西。

其实皇城富起来，就靠的是这个皇联煤矿。九六年、九八年那时候，煤炭一吨都要卖到一千六七百块钱，太值钱了。从张家胜把这个煤矿建起来，九八年往后，皇城就不一样了。老百姓丰衣足食，基本上吃饱了，生存条件改善了，思想也随形势的发展解放了，不像过去那么守旧，只是劳动劳动，做做吃吃，什么也不考虑。

陈廷敬是一笔财富

当时开发旅游是一个热门的课题，就不是光这儿，别的好多地方都搞这个。但是皇城村没有一个人认识到这个陈廷敬是一笔财富，张家胜就能认识到这问题。所以他组织上人，有一个是赵鱼龙，还有一个樊黑旦（樊书堂），还有一个外边村里的赵子祥，原来当过家胜的老师，这些人成立了一个开发旅游项目领导组。每天就是去北京开会，请专家论证，就不是三次五次，搞了好多次，来回一直穿梭在北京。又请专家来这个地方，在广场那个地方搭了一个台，开论证会，论证完了才开始动工。请的工程师在里边搞图纸，搞设计。从论证到开工，准备工作就做了好长时间，可能有一年多。

我那时候就是管管内部综合治理、后勤呀这些乱七八糟的，没参与他那个。偶尔我也进里边转一转，看一看。后来成立了指挥部，跟那些人坐一坐，看看人家怎么搞。里边那工程队最起码都有十几个，整个都铺开了，有外地的，像福建、湖北的两个工程队；有我们山西的，晋南那边搞旅游开发的三四个工程队。凡是搞过古建的这些工程队，张家胜都请来了，他很不容易。因为开始的时候，我也跟他一起弄过，承受不了他那工作量，太大了。里边那个大梁，木头都是从东北采购回来的，那不是一般的木头呀，要多粗有多粗，要多长有多长，光木头要进多少。他太不容易了，去采购这些原材料都跑这么远，我们本地就没这些。

开发以前，城里原来就是一片废墟，光那个大牌楼、小牌楼还存在。“文化大革命”以前也没人敢去修房，没钱修不起。“文革”的时候，我听他们说，这个地方搞破坏不是那么严重，也搞破“四旧”、立“四新”这些大的运动，破坏了一些，像那砖墙上的砖雕，有的砸了，但不是那么厉害，原样还有。“文化大革命”后期，七几年吧，修房的就有些。城墙有的都让老百姓拆掉修房了。以前就没人管，谁想拆就拆，谁想破坏就破坏，也不是专门破坏，反正需要建房或者弄窑洞，就拆了它。

我八几年刚来那会，动工修房的人很少。八几年以后，才在外边修了一部分房，就是现在停车场那儿，大概有十几家。这地方原来可能是农业学大寨那时候垫的地，分给老百姓修房了。以前在城外边住土坯房的，靠着城墙外边修了五六家砖房，很像样。搞古建恢复的时候，又动员他们把房都拆了搬迁，拆了以后，他们去哪住我想不起来了，因为新小区都还没建起来，急得要复古了么。

皇城里边也开始强制执行。张家胜规定的，村里边牲畜不能在里头住，鸡不能养，猪不能养，狗不能养。把环境马上就治理起来，逐步地把那房往外头搬迁。这个搬迁工作，大部分还是好做，少数人和张家胜对抗着不搬，很难弄。我去做过他的工作，根本就不接待，做不通工作。后来通过阳城检察院、公安局、法院，一块下来强制执行，叫他搬迁了。我们都觉得应该，没有人同情他，太过分了。

后来开始修新房，我记得第一批修了一个小区十二院房，总共修了这么五次，才把皇城村捋顺，才有个秩序。现在环境卫生也改善了，老百姓也富起来了。这三十年皇城的大变化，我是亲眼看见的。速度也很快，可以说是翻天覆地的变化，借着我们国家改革开放这个大好时机，再加上他们办的这些煤矿，老百姓真的是翻身了。我现在跟人家皇城也享福了，有暖气，有热水，有电灯，都不出钱，收视费也不出。还有就是上学，只要是你能上，上大学都给你报销学费，这就很不简单。

我感觉领头人很重要

皇城村这个变化，我感觉领头人很重要。张家胜他是真正有点开拓精神。我对家胜的看法就是，他是个工作狂。工作狂就是别人休息了，他不休息，还在外边转，发现问题以后是连夜都不过，马上就要纠正。这个很难得，作为一个领导，不管他有多少缺点，有多少问题，他这种工作精神是没有人可比的。像皇城能够改变到这种程度，一般人做不到。就是国家、党的政策再好，路线再好，领头人没有点创新实干的精神就不行，他太不容易了。

还有张书记超前的思维能力，比一般人都要想得、看得远。开发相府完了以后，不知道他怎么知道有剧组在北京拍《康熙王朝》，那时候这个片已经都快拍完了。他就跑到北京，花了三四百万，争取到来这儿拍了好几天，当时那个陈道明啊，还有剧组的主要演员，住在这老百姓家，吃的接待的都可以。

过去陈廷敬那个时代究竟有多好，咱也没见过，也没听说过，反正我当时看了那个旧城，藏兵洞啊，城墙啊，不管它有多烂，我感觉这里出过富人吧，有钱的人，做官的人。陈廷敬那个时代就很不错了，可是要跟张家胜这一代比就不行了。咱不是夸人家皇城，我觉得那个变化没法形容。

本来他要能再干十年，皇城的变化可能会更大一些，可是出了这么一个事故，这个人太可惜了，可惜得厉害！

后　记

我从2001年第一次到皇城村，至今已经16年了。在这16年中，已经记不清曾去过多少次了！但每次去，都能感受到皇城村的巨大变化。

皇城村一直非常重视文化研究。从1998年组织各界学者召开“名相陈廷敬暨皇城古建学术研讨会”至今，各种研究硕果累累，研究内容也非常全面，既有以“人”为本研究陈廷敬，也有从“物”出发分析皇城村的。其中，正式出版的就有《皇城陈氏诗人遗集》（1998年）、《陈廷敬与皇城相府》（2002年）、《皇城相府》（2003年）、《陈廷敬史实年志》（2009年）、《陈廷敬诗学研究》（2009年）、《陈廷敬大传》（2012年）等；还有一些成果是内部印发的：《皇城石刻文编》（1998年）、《皇城历史人物志》（1998年）、《皇城相府诠释》（2013年），如此等等，不一而足。除此之外，还有大量学术论文，不胜枚举，这里不一一赘述。

这对于准备投身皇城村研究大军的我们，可谓喜忧各半。喜的是，资料很多，可以站在前人的肩膀上；忧的是，资料太多，要做出点新东西来不容易，因为我们也不想为研究而研究，不想做浪费纸张的无谓劳动。这时，我们忽然想到一个突破点：“口述”。

口述史在国外已经风靡很长时间了，也有丰富的经验和相对成熟的规范。最近国内也开始热起来了。刚开始的口述，主要关注热点人物、焦点人物、高层人物、大人物等，但后来逐渐开始关注普通老百姓生活，如老八路、知青，等等。

“历史”分“大历史”和“小历史”。所谓大历史，就是改朝换代、王侯将相、治乱兴衰的历史，所谓小历史，就是普通百姓个人的、日常生活经历的、喜怒哀乐的历史，或某个聚落地方性的历史。历史学家多关注大历史的研究，如“雍正继位之谜”，就有无穷多的历史学家投入了无穷的精力来考证这一问题。但对于小历史，从古到今，都鲜有关注。实际上，小历史更重要，更鲜活，更有研究价值，因为小历史是关注芸芸众生如何生活的，如何想的。

研究“小历史”最得力的工具就是口述。口述使得普通人受到尊重，用他们自己的声音和经历，创造属于自己的历史。它还提供了一个不同寻常的视角，使人们从内心深处审视过去。口述与生俱来的巨大潜力，想必在不远的将来，会以星星之火，燎原全球。我们团队最近几年一直在做老工匠的口述，已有的这些口述经历让我们相信，皇城村村民经历了翻天巨变后，一定有更多的话题可讲、想说，于是便有了本书的尝试。

但在皇城的访谈真正开始后，就面临很多迷茫，其中最大的迷茫，就是如何围绕我们既定的“建筑”主题展开。我们作为建筑专业人士，毫无疑问，更关心“建筑”本身。但当我们问起“过去的房子怎么样”时，受访者竟不知如何回答或者觉得无话可说，却总是动情地回忆起当时的生活，犹如历历在目。几次访谈之后，我们终于意识到，脱离了特殊的社会大背景而只关心“建筑”，一切谈论根本没有意义。狭隘的主题局限了自己，也局限了受访者。于是，我们决定抛开“建筑”，从“生活”入手开始访谈。当经过改进的新问题提出时，他们终于产生了共鸣，且有着强烈的倾诉愿望。于是，他们饱含情感地滔滔不绝、侃侃而谈，我们饶有兴趣地静静聆听、重新审视，因为这一切忽然变得妙不可言、动人心弦。口述者所讲的，是关于建筑的生活；而我们所听的，是关于生活的建筑。

就这样，我们四次往返皇城村，总计采访34人次，33.2万字抄本及近120小时录音，终于完成了这项艰巨而光荣的任务。这些口述，非常难得地展现了一幅活生生的村落历史场景，也为皇城村留下了一份弥足珍贵的“记忆”！而且，随着时间的推移，相信这些口述会越来越珍贵。作为研究者的我们，对村落也有了和以前迥异的思考角度。

当然，我们也有很多遗憾。其中，最大的遗憾就是没能采访到张家胜书记。张家胜在1995年至2016年间担任村支书，先后被评为“全国劳动模范”、“全国优秀党务工作者”、“全国十大杰出村官”、“全国农村优秀人才”和山西省“优秀共产党员”等，是皇城村发展的掌舵者和发动机。我个人在各种场合也多次接触过张家胜。他个子不高，说话直截了当，思路清晰，亲和力很强。之所以未能采访到张书记，得归咎于我们的访谈计划。我们本着严谨的工作态度，计划先采访普通民众，收集到足够的信息后，再重点采访关键人物。然而，就在我们第二次打算奔赴皇城之时，惊闻张家胜意外去世的噩耗。这于皇城村和我们，都是一大无法估量的损失，我们唯余敬意与惋惜。

口述工作离不开群众的支持。感谢负责接洽此项目研究的皇城村委干部，如程青霞、吕王军等为我们口述工作的鼎力支持；感谢本书中的每一个口述者，其中樊书堂为我们提供了大量关于旅游开发的珍贵照片与资料；郭培刚作为曾经的村干部，对皇城村重要历史事件、整体发展脉络的讲述有突出贡献。陈兴富为本书上篇的历史文化研究做了关键指导和真诚鼓励。刘广元、王永胜、王有义，他们的口述，对我们的研究内容作了重要补充，但因为篇幅原因未纳入本书。另外，上庄村的王晋强、张冬梅夫妇，他们在工作、生活各方面提供热心帮助，让我们更快、更好地融入当地生活。访谈结束后，认真负责地帮助我们整理录音文件。

当然，特别感谢山西省住建厅一贯的鼓励和支持。厅长李栋梁、副厅长李锦生、总规划师翟顺河等领导对这一工作给予了积极支持；村镇处处长张海星、副处长郭创以及赵俊伟为了保证调查研究工作的顺利开展，做了大量的组织和协调工作！在此，一并表示真诚的谢意！

薛林平

北京交通大学建筑与艺术学院

2016年6月19日